JN443179

제4판

SAS를 활용한 통계자료분석 실습

SAS OnDemand for Academics 활용법 수록

정기문 · 한성실 지음

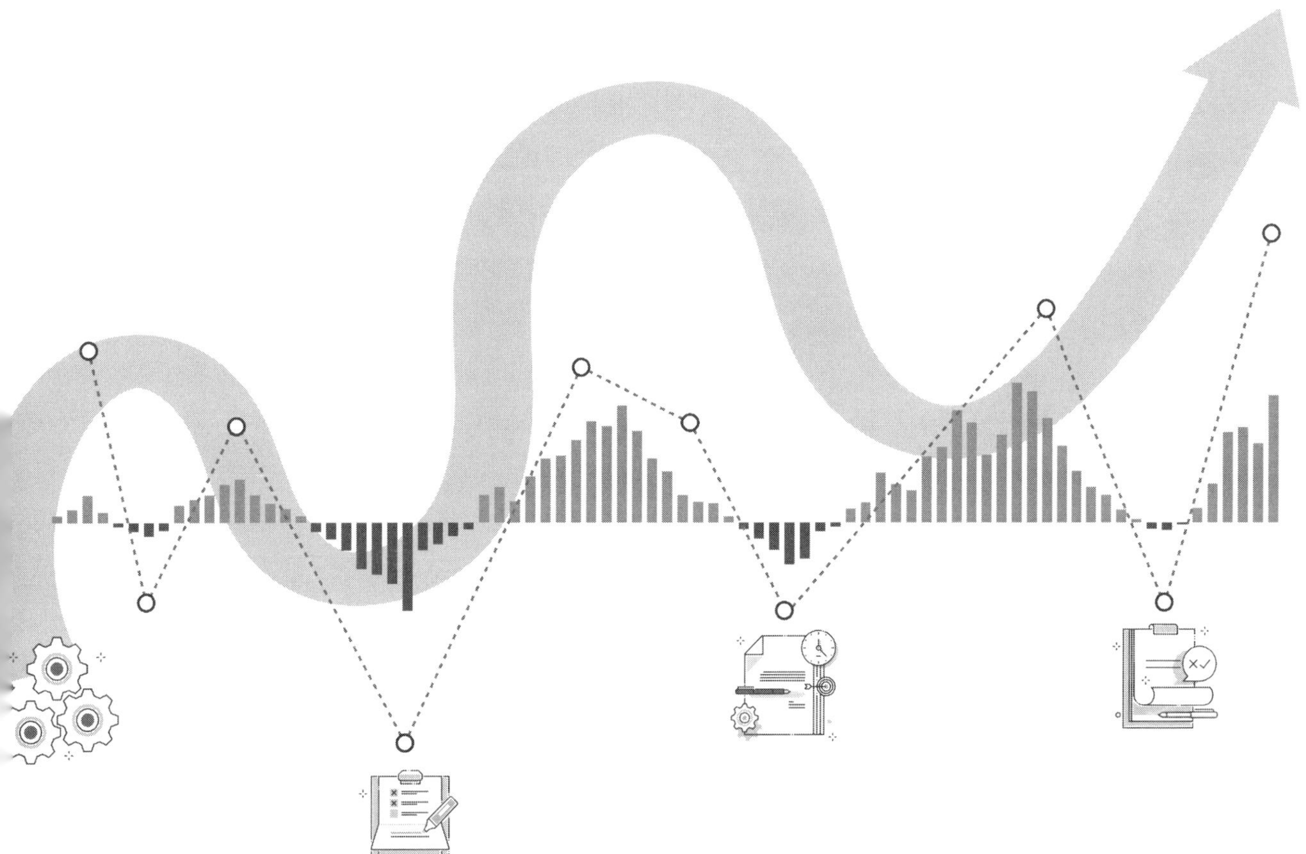

자유아카데미

머리말(제 4판)

본서의 제 3판에서는 2014년도부터 SAS사에서 SAS 사용자를 널리 보급하기 위한 차원으로 무료로 보급한 SAS University Edition(SAS UE)의 활용법을 소개하였다. 그러나 SAS UE는 가상머신 Virtualbox를 설치한 후 이를 기반으로 SAS가 작동되는 방식이었기 때문에 설치단계에서 시스템의 환경적 오류가 발생하는 문제가 자주 발생하였다. 이에 SAS사에서는 2021년 8월부터 SAS UE 서비스를 종료하고 클라우드 환경 기반의 무료 온라인 SAS 프로그램인 SAS OnDemand for Academics(SAS ODA)을 공급하기 시작하였다. 따라서 새롭게 서비스가 시작된 SAS ODA의 활용법을 수록할 필요가 있다고 생각하였다.

기본적으로 제 4판은 제 3판의 내용을 바탕으로 저술되었으며, 특별히 다음과 같은 내용들에 대해서는 수정과 보완이 이루어졌다. 첫째, 교재에서 설명이나 표현이 어색하거나 적절하지 못했던 부분에 대해 부가 설명 또는 수정을 통해 보완하였고, 오탈자를 수정하였다. 둘째, 클라우드 환경 기반의 무료 온라인 SAS 프로그램인 SAS ODA를 사용하여 통계자료분석을 수행하고자 하는 독자들을 위해서 SAS ODA의 활용법을 부록에서 자세히 소개하였다.

제 4판을 내면서도 여전히 부족하고 미흡한 점이 있기는 하지만 SAS를 이용하고자 하는 독자들에게 조금이나마 도움이 되기를 기대하며, 미진한 부분에 대해서는 앞으로도 계속 수정, 보완해 나가고자 한다.

끝으로 이 책의 출판을 위해 애써주신 자유아카데미 여러분의 수고에 진심으로 감사를 드린다.

2022년 2월

정 기문・한 성실

머리말(제 3판)

지난 개정판에서는 최근에 보급된 SAS University Edition의 간단한 활용법을 소개하고 "SAS 영구파일 만들기" 등 1판에서 미진하다고 생각했던 부분을 자세히 기술하여 독자들의 의견을 반영하였다. 더불어 최근에 출시된 버전인 SAS 9.4를 활용한 분석 결과로 내용을 수정하였다. 그럼에도 불구하고 여전히 SAS 분석결과가 텍스트 위주로 소개되어 있어서 분석결과에 유용한 그래프를 함께 제공해 주는 SAS 9.4의 장점을 반영하지 못했다는 아쉬움이 있었다. 또한 개정판의 "제 3장 SAS 데이터 단계"에서 소개되고 있는 확률분포와 관련된 내용이 많이 부족하다는 생각이 있어 저자들은 제 3판에서 이러한 개정판의 부족한 부분을 수정하고자 하였다.

기본적으로 제 3판은 개정판의 내용을 바탕으로 저술되었으며, 특별히 다음과 같은 내용들이 수정되고 보완되었다. 첫째, 설명이나 표현하는 부분이 어색하거나 적절하지 못했던 부분과 오탈자를 수정하였다. 둘째, SAS를 활용하여 다양한 확률분포를 다루는 내용을 3장에 새롭게 추가하였다. 셋째, 분석 결과에 유용한 그래프를 함께 제공해 주는 SAS 9.4의 장점을 반영하여 본문에서 다루는 예제 프로그램의 결과에 그래프를 함께 제시함으로써 독자들이 분석결과를 좀 더 쉽게 이해할 수 있도록 하였다.

제 3판을 출판하면서 1판과 개정판을 발행할 때와 마찬가지로 여전히 부족하고 미흡한 점이 있기는 하지만 SAS를 이용하여 통계자료분석을 수행하고자 하는 독자들에게 조금이나마 도움이 되기를 기대하며, 출판된 이후에도 독자들의 의견을 계속 반영하여 수정, 보완해 나가고자 한다.

끝으로 이 책의 출판을 위해 애써주신 자유아카데미 여러분의 수고에 진심으로 감사를 드린다.

2017년 2월

정 기문 • 한 성실

머리말(개정판)

본서의 제 1판이 발행된 지도 벌써 8년이라는 긴 세월이 흘렀다. 2007년도에 첫 출간이 이루어진 이후 독자 여러분들의 많은 성원으로 여러 차례 인쇄를 하였고, 이제 개정판까지 출간되기에 이르렀다. 물론 제 1판은 몇 번의 수정을 거치면서 보완되어 인쇄가 되었으나 부족한 부분에 대한 집중적인 수정이 이루어지지는 못했다. 더불어 2007년도 이후에 SAS의 버전은 9.1에서 현재의 9.4에 이르기까지 여러 차례의 업그레이드를 통해서 적지 않은 변화를 보였다. 이에 저자들은 제 1판의 내용을 현재의 SAS 9.4 버전을 활용한 내용으로 수정하고, 독자들의 의견을 반영하여 새롭게 수정 및 보완된 개정판을 낼 필요가 있다고 생각하였다.

또한 2014년도부터 SAS사에서는 SAS 사용자를 널리 보급하기 위한 차원으로 개인들을 위한 무료버전인 SAS University Edition을 보급하고 있으나, 홍보 부족과 이에 관련된 서적이 없어 SAS University Edition을 사용하는 사용자가 매우 부족한 것이 사실이다. 이에 본 개정판에서 SAS University Edition의 활용법을 소개하고자 하였다.

기본적으로 개정판은 제 1판의 내용을 바탕으로 저술되었으며, 특별히 다음과 같은 내용들이 수정되고 보완되었다. 첫째, 설명이나 표현하는 부분이 어색하거나 적절하지 못했던 부분과 오탈자를 수정하였다. 둘째, SAS 9.1를 기초로 하여 저술되었던 제 1판을 2014년도에 새롭게 출시된 버전 9.4를 사용하여 개정하였다. 특히, 1장과 2장의 내용은 버전 9.4에 맞게 많은 부분이 수정되었다. 셋째, 2.4절의 "SAS 영구파일 만들기" 부분을 이해하기 어렵다는 독자들의 의견을 반영하여 이 부분을 매우 자세히 기술하였다. 넷째, SAS University Edition의 활용법을 자세히 소개하였다.

물론, 개정판을 내면서도 여전히 부족하고 미흡한 점이 있기는 하지만 SAS를 이용하여 통계자료분석을 하고자 하는 독자들에게 조금이나마 도움이 되기를 기대하며, 미진한 부분에 대해서는 앞으로도 계속 수정, 보완해 나가고자 한다.

끝으로 이 책의 출판을 위해 애써주신 자유아카데미 여러분의 수고에 진심으로 감사를 드린다.

2015년 8월

정 기문 • 한 성실

머리말

SAS는 가장 널리 사용되는 통계 패키지 중의 하나로 통계학 분야 뿐 아니라 다른 여러 응용 분야에서도 이에 대한 사용이 보편화되었다. 특히, Version 8 이후부터는 SAS의 분석결과가 한글로 제공되는 등 대폭적인 변화가 있었으며, 이 책은 SAS 9.1(Korean)을 기초로 하여 집필하였다. 현재 SAS에 대한 여러 형태의 교재들이 많이 출간되어 있으나, SAS가 포함하고 있는 내용이 워낙 방대하고, 다양해서 이를 한 권의 책에 모두 포함하기가 쉽지 않으며, 통계자료분석을 위한 SAS의 사용방법을 설명하는 교재들의 경우 너무 많은 내용을 포함하고 있거나, 너무 간결한 형태로 설명되어 있는 것이 대부분이다.

이 책은 저자들이 대학에서 SAS를 이용한 통계자료분석 강좌를 10여 년 동안 강의하면서 꼭 필요하다고 생각되는 부분만을 포함하도록 하였고, 하나의 자료파일을 이용하여 10장까지의 모든 예제 프로그램을 다루도록 하였다. 이 책은 각 장별로 필요한 통계학의 이론들을 간결하게 설명하고, SAS의 사용형식과 예제 프로그램, 프로그램 결과와 이 결과를 분석하는 형태로 구성되었다. 각 장의 마지막에는 본문에서 설명되었던 프로그램의 일반적인 형식을 요약하여 정리한 프로시저 요약부분을 수록하였고, 실습문제를 통하여 SAS를 처음 이용하는 독자들에게 충분한 실습 연습이 가능하도록 하였다. 11장에서는 설문조사에 대한 기본적인 개념과 분석방법을 설명하고, 10장까지 다루어진 내용을 실제 설문조사 결과로 얻어진 자료에 활용하는 방법을 설명하였다.

이 책은 한 학기에 강의 가능한 정도의 내용과 양을 포함하도록 하였으며, 통계학을 전공하는 독자들 뿐 아니라 SAS를 처음 접하는 독자들이나 통계학 비전공자들도 쉽게 SAS에 접근할 수 있도록 SAS의 기본적인 내용을 중심으로 다루고 있다. 또한, 독자들의 편의를 위해서 이 책의 본문에 포함된 자료파일을 출판사의 홈페이지(HTTP://www.freeaca.com) 자료실을 통해서 다운로드 받을 수 있도록 하였다.

이 책을 내면서 부족하고 미흡한 점이 있다고 생각되나, SAS를 이용하여 실제 자료를 분석하는 방법을 배우고자 하는 독자들에게 조금이나마 도움이 되기를 기대하며, 미진한 부분에 대해서는 앞으로도 계속 수정, 보완해 나가고자 한다.

끝으로 이 책의 출판을 도와주신 자유아카데미 여러분의 수고에 진심으로 감사를 드립니다.

2007년 8월

사랑하는 다예가 지금처럼 항상
건강하고 밝은 아이로 자라기를 바라며

정 기문 • 한 성실

차 례

제 I 부 SAS 다루기

제 1장 SAS의 이용 ■■■ 1

제 2장 SAS 파일 다루기 ■■■ 9

제 3장 SAS 데이터 단계 ■■■ 33

제 7장 범주형 자료분석 ■■■ 139

제 8장 상관분석 ■■■ 157

제 9장 회귀분석 ■■■ 171

제 10장 분산분석 ■■■ 201

제 11장 설문지 분석 ■■■ 219

부록 SAS OnDemand for Academics 활용 ■■■ 247

찾아보기 - Subject index ■■■ 271

찾아보기 - SAS index ■■■ 279

제 1장

SAS의 이용

1.1 SAS의 화면구성

1.2 SAS의 사용방법

1.3 SAS 도움말의 사용

최근에 와서 어떠한 학문 분야를 막론하고 통계학을 응용하지 않는 분야는 찾아보기가 어려우며, 각 분야에서 다루어지는 방대한 양의 통계 자료를 해석하기 위해서는 통계 패키지의 사용이 필수적인 일이 되었다. 이러한 통계패키지에는 여러 가지 종류가 있지만, 그 중에서 가장 광범위하고 체계가 잘 갖추어진 것이 SAS(Statistical Analysis System)이며, 실제로 통계자료분석에서 SAS는 가장 널리 사용되고 있는 통계패키지이다.

이러한 SAS를 자료분석에서 사용한다고 해서 SAS 전체를 알아야 하는 것은 아니며, 실제 자료분석에 필요한 기법은 분야에 따라 다르다. 따라서, SAS의 일반적인 사용방법 이외에는 자신이 분석하고자 하는 내용에 적합한 분석기법을 찾고, 이를 이용하여 결과를 얻은 다음 이를 해석하는 방법을 알 수 있으면 된다.

SAS를 이용하여 자료를 분석하는 과정은 크게 데이터 단계(DATA step)와 프로시저 단계(PROCEDURE step)로 구분된다. 데이터 단계에서는 분석에 사용될 자료(data)를 SAS 공간으로 불러들여 SAS가 인식할 수 있는 상태로 만드는 단계이며, 프로시저 단계는 데이터 단계에서 만들어진 SAS 데이터 셋을 이용하여 자료에 적합한 분석방법을 수행하여 결과를 얻는 단계이다. SAS를 사용하는데 필요한 프로시저와 프로그램 작성방법 등에 대한 내용은 SAS 도움말에 자세하게 설명되어 있으므로 이를 이용하면 SAS 사용에 많은 도움이 될 것이다.

이 장에서는 SAS 프로그램의 화면 구성과 사용방법 및 SAS 도움말을 이용하는 방법에 대해서 SAS 9.4를 사용하여 설명하고자 한다.

1.1 SAS의 화면구성

Ver. 8 이전의 SAS 프로그램은 화면구성 뿐 아니라 에러 메시지나 노트 부분이 모든 영문으로 표기되어 있었으나, Ver. 8 이후부터는 한국어로 설치할 수 있게 되어 SAS에 익숙하지 않은 프로그래밍 초보자들도 쉽게 사용할 수 있게 되었다. 본 교재에서 사용하는 SAS는 Ver. 9.4의 프로그램으로 SAS의 초기 화면은 [그림 1-1]과 같은 형태로 구성되어 있으며, 각 창에서 제공하는 정보와 각 창에서 수행되는 내용은 다음과 같다.

1) 탐색기 창

Ver. 8 이후부터 추가된 창으로 현재 설정되어 있는 'SAS 환경'의 내용을 보여준다. 즐겨 찾는 폴더의 내용을 볼 수 있으며, 내 컴퓨터의 내용과 폴더, 파일목록을 볼 수 있다. 라이브러리에서는 활성된 라이브러리의 목록을 관리할 수 있다. 활성화된 창에서 이전 단계의 탐색기 창으로 돌아가기 위해서는 도구상자에 있는 아이콘을 클릭하면 된다. 라이브러리에 대한 자세한 설명은 2장에서 자세하게 설명되므로 이를 참고하기 바란다.

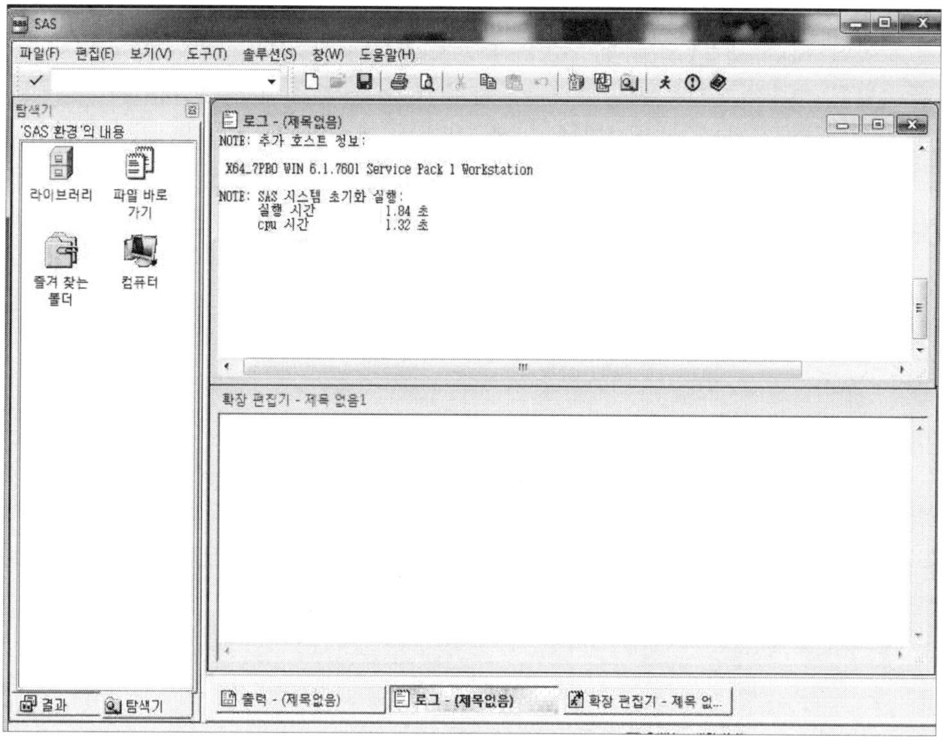

[그림 1-1] SAS의 초기 화면

2) 결과 창

Ver. 8 부터 추가된 창으로 현재 설정되어 있는 SAS 출력 창의 상태를 보여준다. 각 프로시저의 실행결과 구성된 SAS WORK 파일과 출력결과에 대한 정보들이 실행 순서대로 요약되어 제공된다. 출력 창의 내용을 삭제하면, 결과 창에 나타난 메시지들도 삭제되므로 출력 창에서 특정 부분만을 삭제할 때 유용하게 사용된다. 즉, 출력 창에 나타난 결과 중에서 삭제하고자 하는 부분을 결과 창의 목록에서 선택한 다음 이를 지울 수 있다.

3) 확장편집기(Program Editor) 창

실제로 SAS 프로그램을 기술하고, 편집하기 위한 창으로 Ver. 8 이후에는 프로시저와 명령어, 지정된 값 등이 각각 다른 색상의 문자로 표시되도록 하여 프로그램 작성에 도움이 되도록 하였다.

4) 로그(Log) 창

확장 편집기에서 작성된 SAS 프로그램을 실행시켰을 때 SAS 프로시저별로 실행과정(노트)을 알려주고, 경고 메시지나 오류가 있는 경우에는 이에 대한 내용(오류)을 보여준다. 로그 창에서는 생성된 SAS파일에 포함된 변수의 수와 관측치 수에 관한 정보를 제공해주고, 데이터 단계별, 각 처리 절차별 실행시간에 관한 정보를 제공해 줄 뿐 아니라, 프로그램상의 오류 발생시 그 내용을 알려준다. SAS 프로그램은 명령어 단위별로 수행되므로 어떤 한 명령어가 오류로 인해 수행되지 않은 경우라 하더라도 다음 단계에서 오류가 없다면 결과를 출력해 주므로, 출력 창에 나타난 결과가 잘못된 결과일 수 있다. 따라서, 로그 창을 반드시 주의 깊게 살펴보는 습관을 길러야 한다.

5) 출력(Output) 창

SAS 프로그램이 오류 없이 수행된 경우 실행결과가 제공된다.

[그림 1-2] 솔루션의 분석 메뉴 선택

1.2 SAS의 사용방법

자료를 분석하기 위해서 SAS 프로그램을 이용하는 방법은 크게 프로그램 방식과 메뉴 방식으로 나눌 수 있다. 대부분의 경우에는 분석하는데 필요한 특정 프로시저를 호출하여 자료를 분석하는 프로그램 방식이 많이 사용되지만, 메뉴 방식에 의해 대화식으로 분석을 수행할 수 있는 기능도 있다.

메뉴 방식으로 자료분석을 수행하기 위해서는 SAS의 메뉴에서 솔루션의 분석메뉴를 이용한다. [그림 1-2]는 솔루션의 분석 메뉴를 선택한 화면이다. 이와 같은 솔루션의 분석메뉴에서 특정 분석방법을 선택하면, [Analyst: (new project)]의 새로운 창이 생성되며, SAS 화면의 메뉴가 자료분석을 위한 메뉴를 선택할 수 있도록 변환된다. 그러나, 이 부분은 SAS 구입시 추가 옵션사항으로 이 메뉴를 사용하기 위해서는 별도의 라이센스가 필요하다. 본 교재에서는 프로그램 방식을 사용한 자료분석에 대해 설명할 것이다.

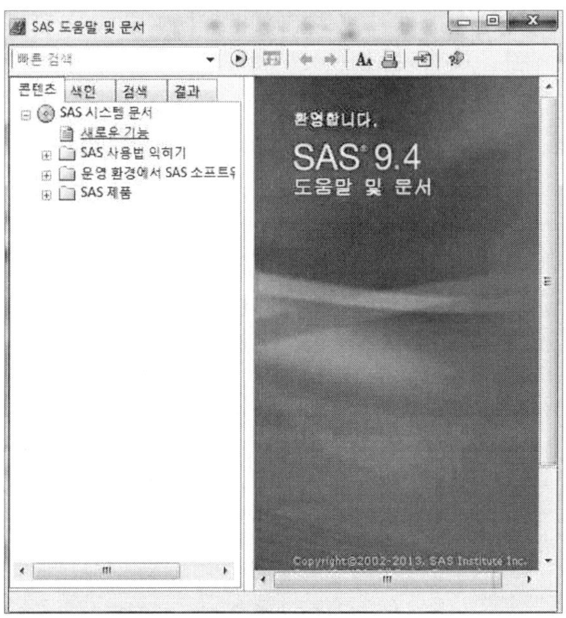

[그림 1-3] 도움말 메뉴에서 SAS 도움말과 문서 선택

1.3 SAS 도움말의 사용

SAS 도움말을 이용하기 위해서는 **도움말** 메뉴에서 **SAS 도움말과 문서**를 선택해서 키워드를 입력하거나 색인을 통해서 필요한 정보를 찾는 방법과 자료분석을 위한 프로시저나 명령어를 알고 있는 경우에 SAS 화면의 좌측 상단의 명령어 입력란에 직접 필요한 프로시저나 명령어를 **help** 명령어를 이용하여 입력하는 방법이 있다. 예를 들어 평균, 표준편차 등의 기술통계량을 산출하기 위해서 사용되는 MEANS 프로시저에 대한 도움말을 찾고자 하는 경우에는 명령어 입력란에 **help MEANS**와 같이 입력하면 MEANS 프로시저와 관련된 도움말을 제공하는 화면으로 이동하게 된다. 그러나, 찾고자 하는 분석방법의 프로시저나 명령어를 정확히 알지 못하는 경우에는 메뉴의 도움말을 이용하는 것이 좋다. [그림 1-3]은 **도움말** 메뉴에서 **SAS 도움말과 문서**를 선택한 화면을 보여준다.

SAS 도움말과 문서 창의 왼쪽에 있는 **색인** 메뉴는 SAS 프로시저 또는 명령어의 키워드를 알파벳순으로 제공하고 있으므로 입력란에 필요한 키워드를 입력하고, 아래에 있는 **항목보기** 단추를 선택하면, 해당 항목에 대한 도움말을 볼 수 있다. 예를 들어 SAS 도움말 및 문서 창의 색인의 **빠른검색** 입력란에서 MEANS라고 입력하면 [그림 1-4]와 같이 MEANS 프로시저를 포함하여 MEANS와 관련된 항목들의 도움말을 찾을 수 있는 화면을 제공한다. 이 화면에서 PROC MEANS를 선택하면 오른쪽에 이와 관련된 도움말을 얻을 수 있다. [그림 1-5]는 이와 같이 빠른검색 입력란에서 MEANS라고 입력한 후에 PROC MEANS를 선택하여 얻게 되는 MEANS프로시저의 도움말 결과이다. 선택한 항목에 대한 도움말이 오른쪽 창에 표시되어 있음을 볼 수 있다.

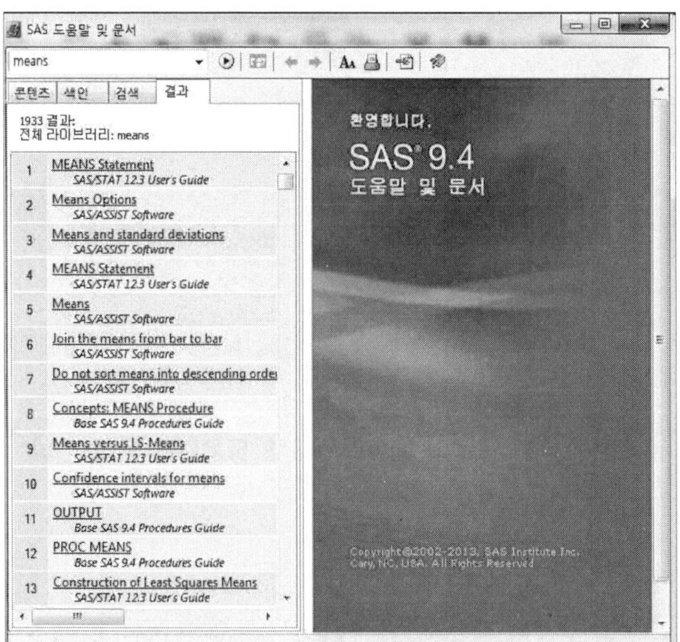

[그림 1-4] 도움말 메뉴의 색인에서 MEANS 프로시저 도움말 찾기

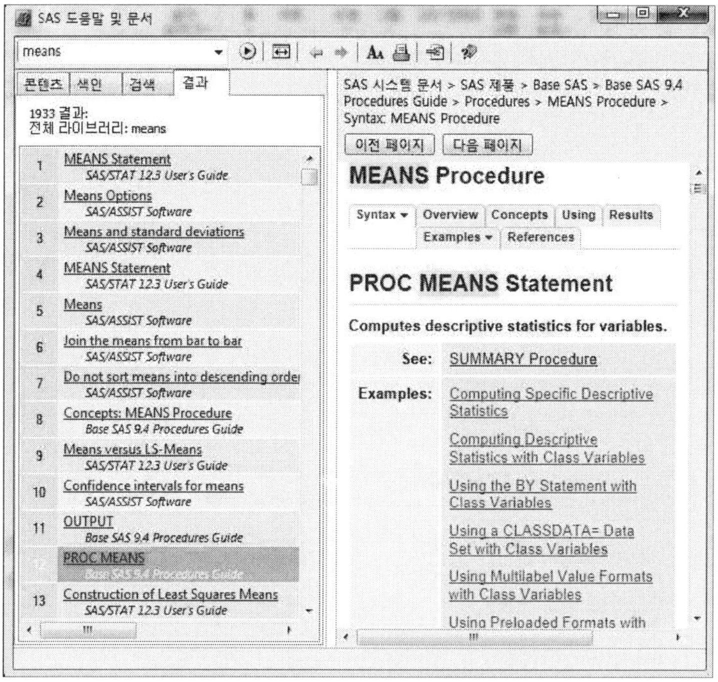

[그림 1-5] 도움말 메뉴를 사용한 MEANS 프로시저 도움말

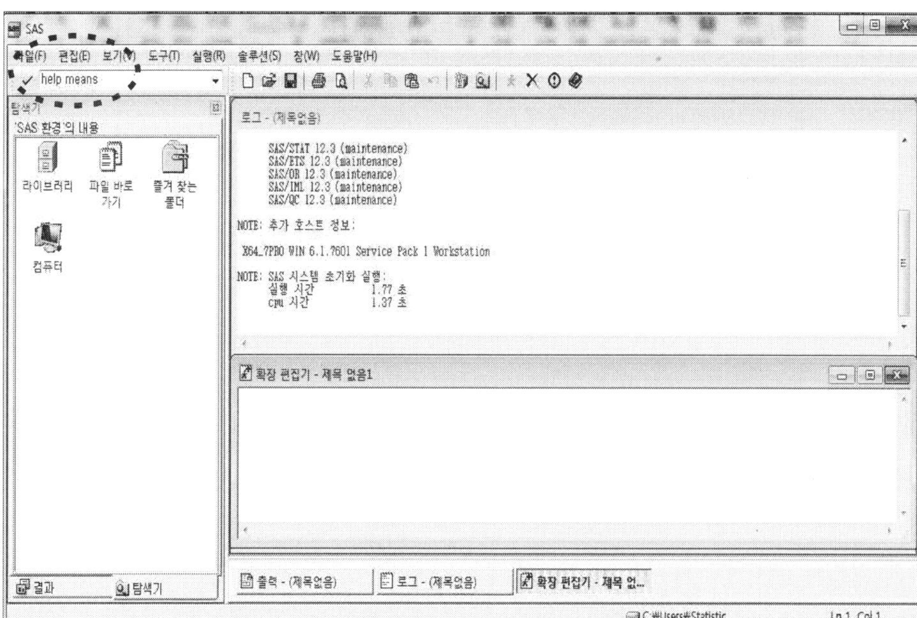

[그림 1-6] SAS 초기화면에서 MEANS 프로시저 도움말 찾기 입력

위에서 설명한 바와 같이 **도움말** 메뉴를 이용하여 필요한 정보를 얻을 수도 있지만, SAS 초기화면의 좌측 상단에 있는 명령어 입력란에 직접 도움말이 필요한 내용을 입력할 수도 있다. 즉, MEANS에 대한 도움말을 얻기 위해 입력란에 [그림 1-6]과 같이 help MEANS라고 입력한 후에 enter를 쳐보자. 그러면, [그림 1-7]과 같이 SAS 도움말과 문서 창이 열리면서 MEANS 프로시저에 대한 도움말이 나타난다. 만약 찾은 항목에서 도움말을 요청한 내용을 포함한 관련된 항목들이 나타나면, 이 중에서 원하는 내용을 선택하면 된다.

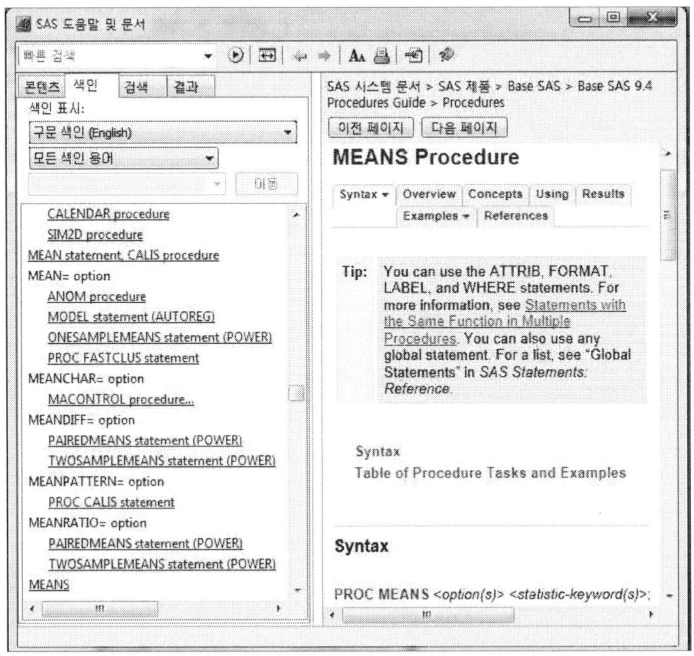

[그림 1-7] SAS 초기화면에서 직접 입력한 MEANS 프로시저 도움말 결과

제 2장

SAS파일 다루기

2.1 SAS파일 생성하기

2.2 외부파일(엑셀, SPSS 파일 등) 가져오기

2.3 다른 형식(엑셀, SPSS 파일 등) 으로 저장하기

2.4 SAS 라이브러리와 영구파일 만들기

이 장부터 사용되는 모든 예제 프로그램에서는 다음에 제시된 4개의 자료를 사용하고자 한다. 이 자료는 각각 전산통계학과 1, 2반의 학생 15명에 대한 일반사항과 이들의 수학, 영어점수와 두 가지 상황 하에서 검사된 지능지수를 포함하고 있다.

SAS 자료 1

1반 학생들의 일반사항

SAS파일명
- exam1

반	번호	이름	성별	전공	나이	지역
1	1	김승현	M	통계	20	서울
1	2	최경희	F	전산	20	광역시
1	3	강희영	F	전산	20	서울
1	4	이남석	M	전산	20	지방
1	5	이주형	M	전산	21	서울
1	6	한상철	M	통계	20	지방
1	7	김호준	M	통계	20	광역시
1	8	김선영	F	통계	22	서울
1	9	정동준	M	통계	20	지방
1	10	이수미	F	전산	20	광역시
1	11	이정아	F	전산	21	지방
1	12	한경기	M	통계	21	지방
1	13	김숙희	F	통계	22	서울
1	14	한미라	F	전산	20	광역시
1	15	임철민	M	통계	25	광역시

SAS 자료 2

1반 학생들의 지능지수와 성적

SAS파일명
- exam2

반	번호	이름	수학점수	영어점수	지능지수1	지능지수2
1	1	김승현	80	77	125	135
1	2	최경희	70	68	118	121
1	3	강희영	79	80	125	128
1	4	이남석	87	72	127	125
1	5	이주형	70	69	118	115
1	6	한상철	80	81	106	116
1	7	김호준	75	63	98	105
1	8	김선영	83	70	114	116
1	9	정동준	89	73	132	130
1	10	이수미	60	79	105	110
1	11	이정아	79	78	126	128
1	12	한경기	90	85	139	138
1	13	김숙희	74	92	137	135
1	14	한미라	79	84	107	115
1	15	임철민	95	92	139	142

SAS 자료 3

2반 학생들의 일반사항

SAS파일명 - exam3

반	번호	이름	성별	전공	나이	지역
2	1	강성혁	M	통계	21	서울
2	2	정수진	F	전산	22	서울
2	3	김수민	M	통계	23	광역시
2	4	정선미	F	통계	21	서울
2	5	조영기	M	전산	20	지방
2	6	강은주	F	통계	21	지방
2	7	전지영	F	전산	21	광역시
2	8	정희숙	F	통계	22	지방
2	9	강난희	F	통계	20	서울
2	10	나석영	M	통계	21	지방
2	11	유승진	M	통계	21	광역시
2	12	김윤정	F	전산	22	광역시
2	13	홍석철	M	통계	23	서울
2	14	이순철	M	통계	21	지방
2	15	김수진	F	전산	20	광역시

SAS 자료 4

2반 학생들의 지능지수와 성적

SAS파일명 - exam4

반	번호	이름	수학점수	영어점수	지능지수1	지능지수2
2	1	강성혁	89	72	127	129
2	2	정수진	90	88	140	145
2	3	김수민	74	76	120	117
2	4	정선미	80	78	123	125
2	5	조영기	82	89	116	120
2	6	강은주	77	75	124	128
2	7	전지영	95	84	137	139
2	8	정희숙	81	90	127	130
2	9	강난희	75	81	111	121
2	10	나석영	94	95	145	146
2	11	유승진	89	72	124	126
2	12	김윤정	91	88	125	128
2	13	홍석철	79	75	127	130
2	14	이순철	80	77	125	126
2	15	김수진	72	83	109	117

2.1 SAS파일 생성하기

이 절에서는 SAS의 확장편집기 창에서 프로그램을 통하여 SAS파일을 생성하는 두 가지 방법에 대해서 설명하고자 한다. SAS파일을 생성하는 첫 번째 방법은 외부에서 작성되어 아스키 파일(ASCII file)의 형태로 저장되어 있을 때 이를 SAS로 불러들여 파일을 생성하는 방법이고, 두 번째 방법은 SAS의 확장

편집기에서 직접 자료를 입력하는 방법이다. 먼저 SAS파일을 생성하는데 필요한 몇 가지 SAS 명령어와 기호를 살펴보자.

- 명령문의 종료
  SAS의 모든 명령문은 반드시 세미콜론(;)으로 종료된다.
- $기호의 사용
  자료 분석을 위해 수집된 자료의 형태를 살펴보면 자료는 문자자료와 수치자료의 두 가지 형태로 구분된다. SAS파일을 구성할 때 문자자료인 경우 SAS에서 이를 인식하도록 하기 위해 **INPUT** 명령어에서 정의되는 변수 중 문자변수 뒤에는 반드시 $ 기호를 표기한다.
- @@기호의 사용
  SAS에서 자료를 읽는 과정은 라인별로 수행되므로 한 줄에는 하나의 관측치에 대한 자료가 있어야 한다. 한 줄에 하나 이상의 관측치가 입력되어 있는 경우 **INPUT** 명령문의 마지막에 @@ 기호를 사용하면 **INPUT** 명령문에 기술된 변수의 수만큼 자료를 읽는 과정을 반복하여 자료를 읽어들이게 된다.

이제 위에서 설명된 SAS 명령어를 이용하여 SAS파일을 생성하는 방법을 살펴보고자 한다. 이를 위해서 먼저 앞에서 제시된 자료의 속성을 변수명으로 지정하자. [표 2-1]은 자료의 각 속성에 대한 변수명과 자료의 형태 및 내용을 요약한 것이다. 모두 11개의 변수가 사용되며, 이름과 성별, 전공, 지역을 나타내는 4개 변수는 문자자료이고, 나머지 7개 변수들은 수치자료이다.

☞ 통계자료의 형태와 변수

통계분석을 위해 수집된 **통계자료**(statistical data)는 일반적으로 **질적자료**(qualitative data)와 **양적자료**(quantitative data)로 나눌 수 있다. 질적자료는 관측 결과가 수치자료가 아닌 **범주형태**(categorical type)의 자료로서 성별, 혈액형, 전공, 설문조사 결과 등의 자료가 이에 해당되며, 수치 연산을 할 수 없는 자료이다. 반면에 양적자료는 관측 결과가 **수치형태**(numerical type)인 경우로 성적, 키, 몸무게, 지능지수 등의 자료로서 연산이 가능한 자료를 말한다. 일반적으로 양적자료는 자료가 가지는 값에 따라 **연속형자료**(continuous data)와 **이산형자료**(discrete data)로 구분할 수 있고, 질적자료는 순서가 있는 **순위형자료**(ordinal data)와 순서가 없는 **명목형자료**(nominal data)로 구분된다.

[표 2-1] 자료 요약

속 성	변수명	내 용	자료의 형태
반	class	1=1반, 2=2반	수치
번호	id	번호	수치
이름	name	이름	문자
성별	gender	M=남자, F=여자	문자
전공	dept	통계/전산	문자
나이	age	나이	수치
지역	reg	서울/광역시/지방	문자
수학점수	math	수학점수	수치
영어점수	eng	영어점수	수치
지능지수1	iq1	프로그램 연수 이전의 지능지수	수치
지능지수2	iq2	프로그램 연수 이후의 지능지수	수치

1) SAS 확장편집기에서 직접 자료를 입력하는 방법

자료를 SAS파일로 생성하기 위한 두 가지 방법 중 SAS의 확장편집기에서 직접 자료를 입력하여 SAS파일을 생성하기 위한 SAS 프로그램의 일반 형식은 다음과 같다.

```
DATA sas파일명;
  INPUT 변수명1 변수명2 ~;
  CARDS;
    자료 …
  ;
RUN;
```

위의 일반형식에 있는 각 명령어의 내용은 다음과 같다.

DATA

SAS파일을 생성하기 위한 프로그램은 반드시 **DATA**로 시작하며, **DATA** 다음에 명기된 sas파일명으로 파일이 작성된다.

sas파일명

분석자가 임의로 정할 수 있으며, 읽어 들인 자료파일을 SAS가 인식할 수 있는 형태로 변환된 SAS파일의 이름이다.

INPUT

자료의 속성을 나타내는 변수명을 지정하기 위한 명령어로 SAS파일을 구성하기 위해서 읽어 들이는 자료의 속성을 변수로 지정한다. 여기서, 변수명은 분석자가 임의로 정할 수 있으며, 이 명령어에 대한 자세한 사용방법은 3.1절의 SAS의 기본 명령어에서 다루어진다.

CARDS

SAS에서 직접 자료를 입력하는 경우 사용하는 명령어로 이 명령어 다음에 직접 자료를 입력하고, 자료 입력이 끝난 다음 줄에는 반드시 세미콜론(;) 으로 자료 입력이 종료되었음을 표시해야 한다.

RUN

SAS 명령문의 종료를 의미하며, **RUN** 명령어를 만나야만 프로그램이 수행된다.

프로그램 2.1

SAS에서 직접 자료를 입력하는 방법

```
DATA Exam1;
  INPUT class id name $ gender $ dept $
        age reg $;
  CARDS;
    1  1  김숙현  M  통계  20  서울
    1  2  최경희  F  전산  20  광역시
    1  3  강희영  F  전산  20  서울
              ~       ~       ~
    1 14  한미라  F  전산  20  광역시
    1 15  임철민  M  통계  25  광역시
 ;
RUN;
```

프로그램 2.1은 1반 학생들의 일반사항 자료(SAS 자료 1)를 Exam1이라는 SAS파일로 구성하기 위한 프로그램으로 여기서, 이름(name)과 성별(gender), 학과(dept) 및 지역(reg) 변수는 문자자료이므로 변수명 뒤에 $ 기호를 사용하였다. 프로그램 수행 후 로그 화면을 살펴보면, Exam1 파일이 7개의 변수(variable)와 15개의 관측값(observation)을 포함하고 있다는 것을 알 수 있다. 프로그램 2.1을 수행하여 생성된 SAS파일 Exam1의 내용을 확인하기 위해서는 화면 좌측의 라이브러리에 나타나 있는 모든 라이브러리 목록에서 원하는 파일을 선택하면 된다. 라이브러리의 WORK를 클릭하면, 프로그램 실행을 통하여 구성된 SAS파일 Exam1이 생성되어 있으며, 이 파일을 클릭하면, 다음과 같이 Work.Exam1 파일을 확인해 볼 수 있다. 여기서 Work는 사용자가 특정 라이브러리를 지정하지 않을 경우에 디폴트로 지정되는 라이브러리로 생략이 가능하여 일반적으로 프로그램에서는 Exam1이라고 사용한다(라이브러리 설정에 대한 자세한 내용은 2.4절 참조).

VIEWTABLE: Work.Exam1

	class	id	name	gender	dept	age	reg
1	1	1	김승현	M	통계	20	서울
2	1	2	최경희	F	전산	20	광역시
3	1	3	강희영	F	전산	20	서울
4	1	4	이남석	M	전산	20	지방
5	1	5	이주형	M	전산	21	서울
6	1	6	한상철	M	통계	20	지방
7	1	7	김호준	M	통계	20	광역시
8	1	8	김선영	F	통계	22	서울
9	1	9	정동준	M	통계	20	지방
10	1	10	이수미	F	전산	20	광역시
11	1	11	이정아	F	전산	21	지방
12	1	12	한경기	M	통계	21	지방
13	1	13	김숙희	F	통계	22	서울
14	1	14	한미라	F	전산	20	광역시
15	1	15	임혜미	M	통계	25	광역시

2) 텍스트파일을 SAS로 읽어들이는 방법

SAS파일을 생성하는 두 번째 방법은 외부에서 작성되어 아스키 파일 또는 텍스트 파일의 형태로 저장되어 있는 자료파일을 SAS로 불러들이는 방법이다. 이 방법의 일반 형식은 다음과 같다.

```
DATA sas파일명;
  INFILE '자료파일이 저장되어 있는 폴더의 경로와 자료파일명';
  INPUT 변수명1 변수명2 ~;
RUN;
```

일반형식에서 **DATA**, **INPUT** 및 **RUN** 명령어는 SAS에서 직접 자료를 입력하는 방법에서 이미 설명되었으므로 **INFILE** 명령어에 대해서만 설명한다.

INFILE

외부파일을 불러들이는 경우 사용하는 명령어로 반드시 ' ' 내에 입력해야 하며, 자료파일이 존재하는 경로명과 자료파일의 이름을 정확하게 입력한다. **INFILE** 명령어 다음에는 반드시 **INPUT** 명령어가 필요하다.

1반과 2반 학생들의 지능지수와 성적에 대한 자료가 각각 C 드라이브의 SAS 폴더에 a2.txt와 a4.txt의 이름으로 저장되어 있다고 하자. 프로그램 2.2와 프로그램 2.3은 각각 자료의 입력형태가 다음과 같이 자료와 자료 사이에 한 칸 이상의 공백(blank)이 포함되어 있는 경우와 자료들이 공백 없이 입력되어 있는 경우 이를 SAS로 불러들여서 SAS파일 exam2와 exam4를 생성하기 위한 프로그램이다. 첫 번째와 같이 입력된 자료의 형태를 자유형식(free format)이라 하고, 두 번째와 같이 입력된 자료의 형태를 고정형식(fixed format)이라 한다.

<자유형식 입력 : a2.txt>	<고정형식 입력 : a4.txt>
1 1 김승현 80 77 125 135	2 1강성혁8972127129
1 2 최경희 70 68 118 121	2 2정수진9088140145
1 3 강희영 79 80 125 128	2 3김수민7476120117
1 4 이남석 87 72 127 125	2 4정선미8078123125
1 5 이주형 70 69 118 115	2 5조영기8289116120
1 6 한상철 80 81 106 116	2 6강은주7775124128
1 7 김호준 75 63 98 105	2 7전지영9584137139
1 8 김선영 83 70 114 116	2 8정희숙8190127130
1 9 정동준 89 73 132 130	2 9강난희7581111121
1 10 이수미 60 79 105 110	210나석영9495145146
1 11 이정아 79 78 126 128	211유승진8972124126
1 12 한경기 90 85 139 138	212김윤정9188125128
1 13 김숙희 74 92 137 135	213홍석철7975127130
1 14 한미라 79 84 107 115	214이순철8077125126
1 15 임철민 95 92 139 142	215김수진7283109117

프로그램 2.2
텍스트 파일을 SAS로 불러들이기 위한 방법
- free format

```
DATA exam2;
 INFILE 'C:\SAS\a2.txt';
 INPUT class id name $ math eng iq1 iq2;
RUN;
```

프로그램 2.2에서 이름을 지정하는 변수(name)가 문자변수이므로 이 변수명 뒤에 $ 기호를 사용하였다. 외부에 저장된 파일을 불러들이기 위해 **INFILE** 명령어가 사용되면, **CARDS** 명령어는 사용할 필요가 없다.

프로그램 2.3
텍스트 파일을 SAS로 불러들이기 위한 방법 - fixed format

```
DATA exam4;
  INFILE 'C:\SAS\a4.txt';
  INPUT class 1 id 2-3 name $ 4-9 math 10-11
        eng 12-13 iq1 14-16 iq2 17-19;
RUN;
```

프로그램 2.3은 공백 없이 입력된 고정형식의 자료파일을 불러오기 위한 프로그램으로 다른 명령어는 동일하게 사용되며, 자료 사이에 한 칸 이상의 공백이 없으므로 각 변수를 몇 칼럼까지 읽어야 하는지를 직접 변수명 옆에 지정해 주면 된다. 문자변수에서 한글의 경우 한 글자가 2칼럼을 차지하게 되므로 이름을 지정하는 변수(name)는 모두 6칼럼이 필요하게 된다. 프로그램 2.2와 프로그램 2.3을 실행하여 생성된 SAS파일 exam2와 exam4는 앞에서 설명된 방법과 마찬가지로 라이브러리의 WORK 폴더에서 선택함으로써 그 내용을 확인해 볼 수 있다.

2.2 외부파일(엑셀, SPSS 파일 등) 가져오기

2.1절에서는 SAS에서 명령문을 이용하여 직접 SAS파일을 생성하기 위한 두 가지 방법에 대하여 설명하였다. 이 절에서는 엑셀이나 데이터베이스와 같이 다른 형태로 저장되어 있는 데이터 파일을 SAS로 가져오기 위한 방법을 설명한다. SAS에서 외부파일을 가져오기 위해서는 다음과 같이 **파일** 메뉴의 **데이터 가져오기**를 이용하면 된다.

데이터 가져오기를 선택하면, 다음과 같이 외부 데이터 파일을 정의하기 위한 《**Import Wizard-Select Import type**》 대화상자가 나타난다.

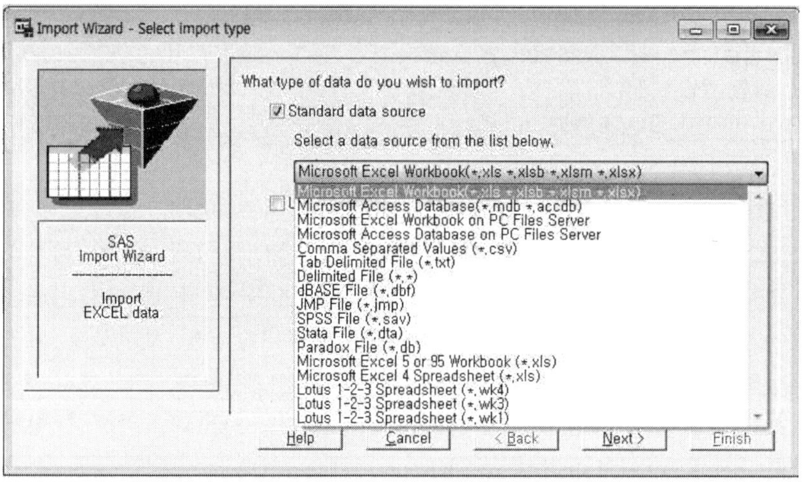

여기서, **Standard data source** 아래의 **select a data source from the list below**의 오른쪽 화살표 부분을 클릭하면, 선택할 수 있는 데이터 파일의 형식이 나타나므로, 여기서 원하는 파일 형식을 선택하고, [Next >]를 클릭한다.

이제, 2반 학생들의 일반사항이 엑셀 파일(a3.xlsx)로 저장되어 있다고 할 때 이를 SAS로 가져오는 방법을 살펴보자. 엑셀파일이므로 목록 중에서 **Microsoft Excel Workbook(*.xls *.xlsb *.xlsm *.xlsx)**를 선택한 다음 [Next >]를 클릭한다. 그러면, 다음과 같이 엑셀 파일의 위치와 파일명을 지정할 수 있는 《**Connect to MS Excel**》 대화상자가 나타난다. 여기서, [Browse...]를 클릭하여 나타나는 《**열기**》 대화상자에서 가져오려는 파일이 위치한 폴더와 파일을 선택한 다음 [OK]를 클릭한다. 이 때 SAS로 가져오려는 엑셀파일이 **MS EXCEL** 프로그램 상에 열려져 있는 경우 에러가 발생하게 되므로 엑셀파일을 반드시 닫은 상태에서 불러오기를 해야 한다.

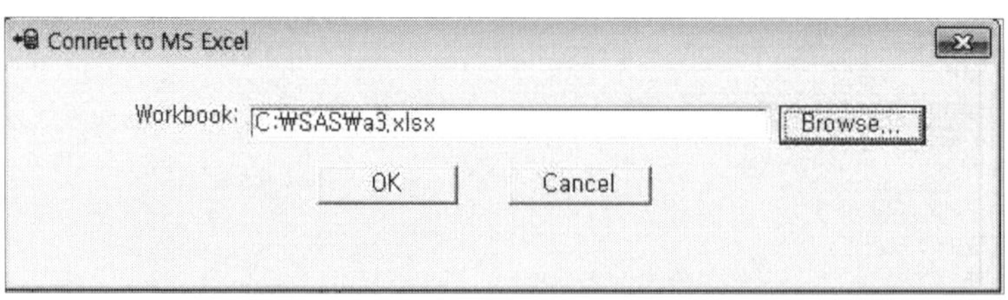

그러면, 다음과 같이 지정된 엑셀 파일에서 가져오려는 데이터가 위치한 워크시트를 지정하기 위한 《**Import Wizard-Select Table**》 대화상자가 나타난다.

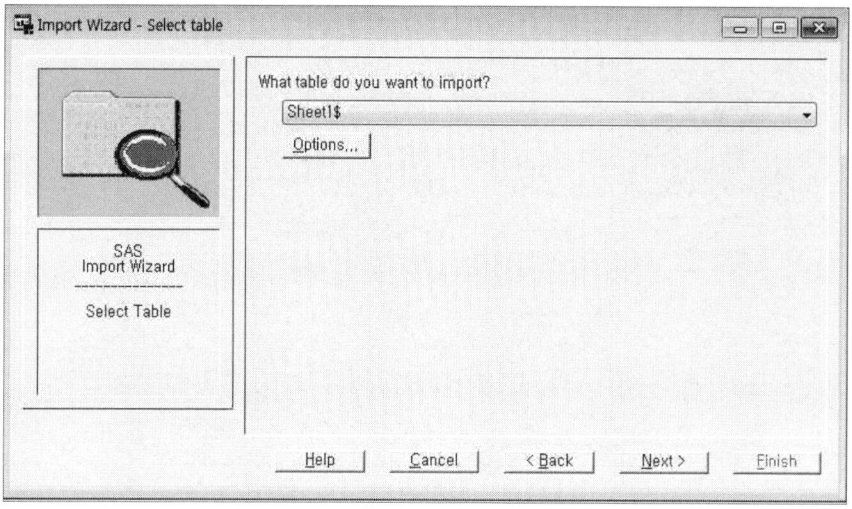

이 대화상자에서 Options... 을 선택하면, 다음과 같이 엑셀 워크시트의 옵션을 정의할 수 있는 《**SAS Import : Spreadsheet Options**》 대화상자가 나타난다. 여기서는 데이터의 형식과 위치, 크기를 지정할 수 있는데, 여기서 주의해야 할 점은 가져오려는 엑셀 파일의 첫 번째 줄에 변수명이 입력되어 있는 경우 다음의 대화상자에서 이를 변수명으로 인식하기 위해서는 첫 번째 옵션인

Use data in the first row as SAS variable names

를 반드시 선택해야 한다. 만약 엑셀 파일에 변수명이 입력되어 있지 않은 상태일 때 이 옵션이 선택되어 있으면 데이터를 바르게 불러올 수 없다.

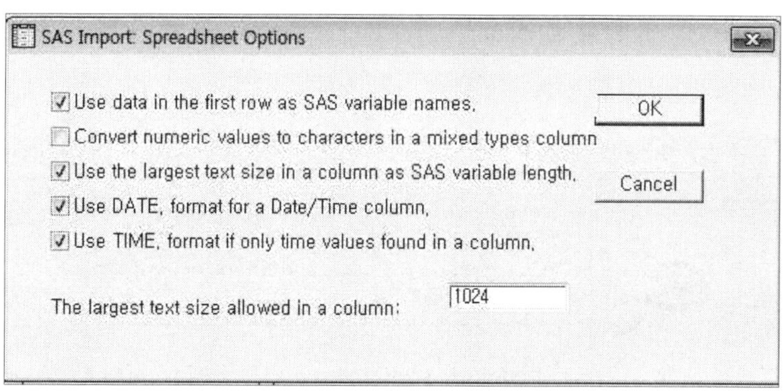

옵션을 지정하고, OK 를 클릭한 다음 이전의 대화상자에서 워크시트가 선택되었으면, Next > 를 클릭한다. 그러면, 앞 단계에서 선택한 엑셀 파일을 저장하기 위한 다음과 같은 《***Import Wizard - Select library and member***》 대화상자가 나타난다.

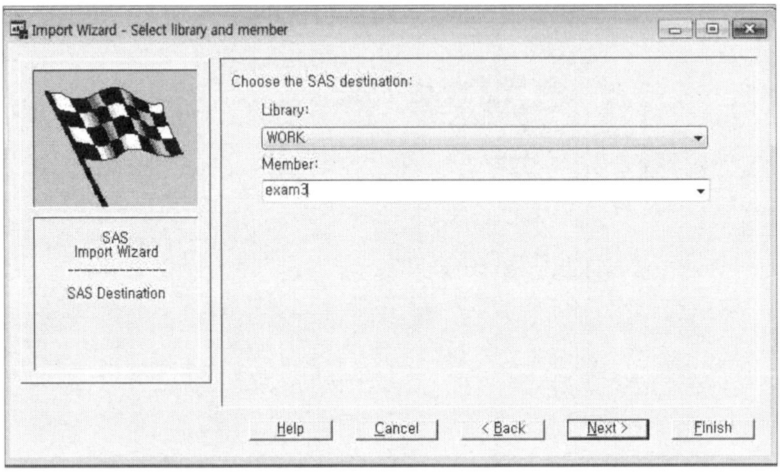

여기서는 파일을 저장할 라이브러리와 파일명을 지정한다. **Library**는 기본적으로 WORK가 사용되며, 분석자가 원하는 다른 **Library**가 있는 경우에는 이를 선택하면 된다. **Library**에 대한 자세한 내용은 2.4절에서 다루어질 것이므로 참조하기 바란다. **Member**는 실제로 SAS에서 사용될 SAS파일명을 지정하는 것으로 여기서 지정한 파일명으로 저장된다. SAS파일명을 exam3로 지정한 다음 [Next >]를 클릭한다.

그러면, 다음과 같은 《**Import Wizard-Create SAS statements**》 대화상자가 나타난다. 이제까지 실행한 데이터 가져오기의 모든 단계는 SAS의 **PROC IMPORT** 프로시저를 메뉴 방식으로 실행한 것인데, 여기서는 이를 SAS 명령문 파일로 저장할 수 있다. 이를 파일로 저장해 두면, 동일한 형식의 데이터 파일을 또 가져올 때 유용하게 사용될 수 있다. 저장을 원하지 않으면, [Finish]를 클릭한다.

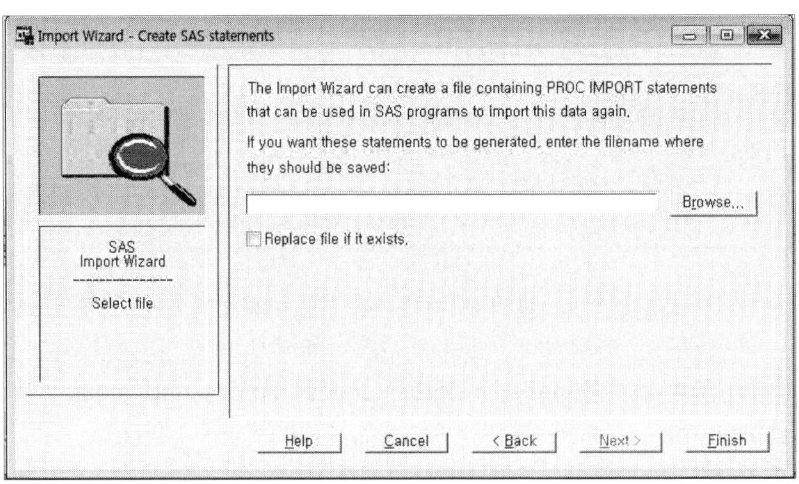

SAS LOG 화면을 보면 **NOTE: WORK.Exam3 데이터셋을 성공적으로 생성했습니다.**와 같은 메시지가 나타나며, Exam3 파일이 생성된다. 라이브러리의 WORK 내에 SAS파일 Exam3가 생성되어 있으며, 이 파일을 클릭하면, 다음과 같이 Work.Exam3 파일을 확인해 볼 수 있다.

VIEWTABLE: Work.Exam3

	반	번호	이름	성별	전공	나이	지역
1	2	1	강성혁	M	통계	21	서울
2	2	2	정수진	F	전산	22	서울
3	2	3	김수민	M	통계	23	광역시
4	2	4	정선미	F	통계	21	서울
5	2	5	조영기	M	전산	20	지방
6	2	6	강은주	F	통계	21	지방
7	2	7	전지영	F	전산	21	광역시
8	2	8	정희숙	F	통계	22	지방
9	2	9	강난희	F	통계	20	서울
10	2	10	나석영	M	통계	21	지방
11	2	11	유승진	M	통계	21	광역시
12	2	12	김윤정	F	전산	22	광역시
13	2	13	홍석철	M	통계	23	서울
14	2	14	이순철	M	통계	21	지방
15	2	15	김수진	F	전산	20	광역시

엑셀의 *.xlsx 또는 *.xls 파일형식과 더불어 흔히 데이터 파일로 저장되는 방식이 엑셀에서 저장되는 *.csv 파일형식인데, 이러한 파일도 앞에서 자세히 설명된 *.xlsx 파일을 불러오는 방법과 동일하게 진행하면 어려움 없이 SAS파일로 생성할 수 있다. 엑셀 파일 뿐 아니라 데이터 가져오기 메뉴를 이용하면 여러 가지 형태의 텍스트 파일과 MS ACCESS, DBASE, LOTUS와 같은 데이터베이스 소프트웨어에서 구성된 데이터베이스 파일도 쉽게 가져올 수 있다.

한편, SAS와 함께 가장 많이 사용되는 통계 소프트웨어 중의 하나가 SPSS인데, SPSS 데이터 파일을 SAS에서 사용하고자 하는 경우에 즉, *.sav 파일을 SAS파일로 생성하고자 하는 경우에도 엑셀 파일을 불러오는 방법과 동일하게 진행하면 어려움 없이 SAS파일로 생성할 수 있다. 다만, 데이터 가져오기를 선택해서 얻어지는 **《Import Wizard-Select Import type》** 대화상자에서 **SPSS 파일(*.sav)**를 선택하면 된다.

2.3 다른 형식(엑셀, SPSS 파일 등)으로 저장하기

이 절에서는 SAS파일을 다른 형태의 파일로 전환하는 방법에 대해 설명한다. 즉, SAS파일을 엑셀파일이나 텍스트 파일로 변환하여 저장하면 이들 파일은 다른 소프트웨어에서 사용될 수 있다. 이를 위해서는 다음과 같이 **파일** 메뉴의 **데이터 내보내기**를 이용하면 된다.

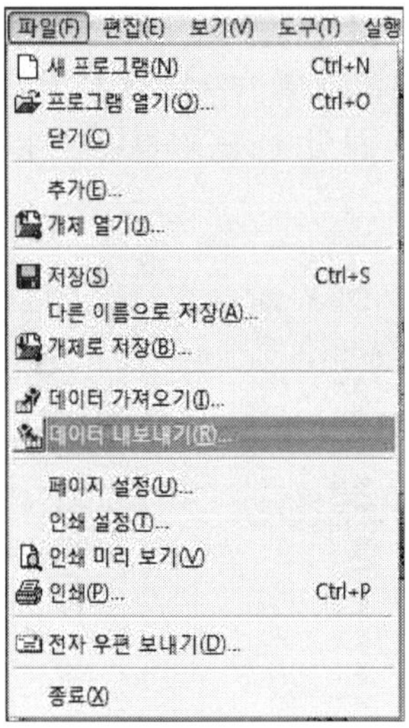

데이터 내보내기를 선택하면, 다음과 같이 외부 데이터 파일을 정의하기 위한 《**Export Wizard-Select Library and member**》 대화상자가 나타난다. 여기서, **Library**는 파일이 존재하는 꾸러미를 나타내는데, 특별히 지정되지 않는 경우에 모든 SAS파일은 WORK에 존재한다. **member**는 각 **Library**에 포함된 SAS파일의 목록이 나타나 있다. **Library**와 **member**의 오른쪽 화살표 부분을 클릭하여 내보내고자 하는 파일이 존재하는 **Library**를 지정하고, 선택된 **Library**에서 해당 파일을 선택한 다음 [Next >]를 클릭한다.

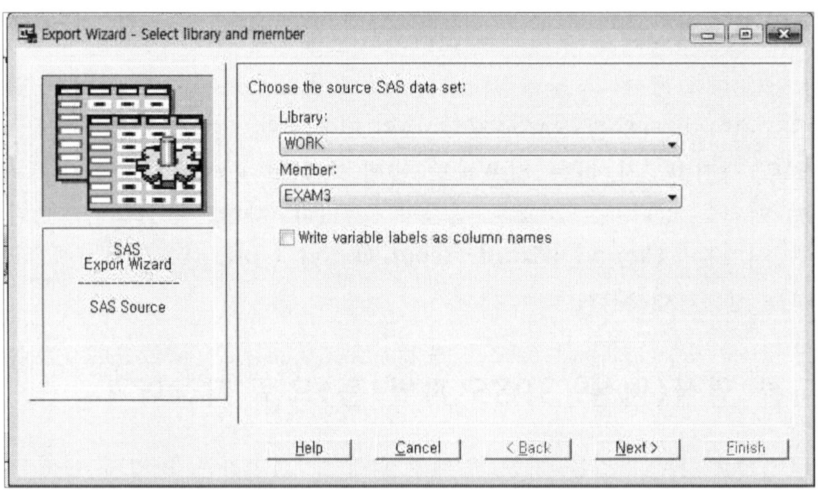

2반 학생들의 일반사항에 대한 SAS파일 EXAM3를 엑셀파일로 내보내고자 한다면, 엑셀파일로 지정하기 위해 목록 중에서 **Microsoft Excel Workbook(*.xls *.xlsb *.xlsm *.xlsx)**를 선택한 다음 [Next >]를 클릭한다.

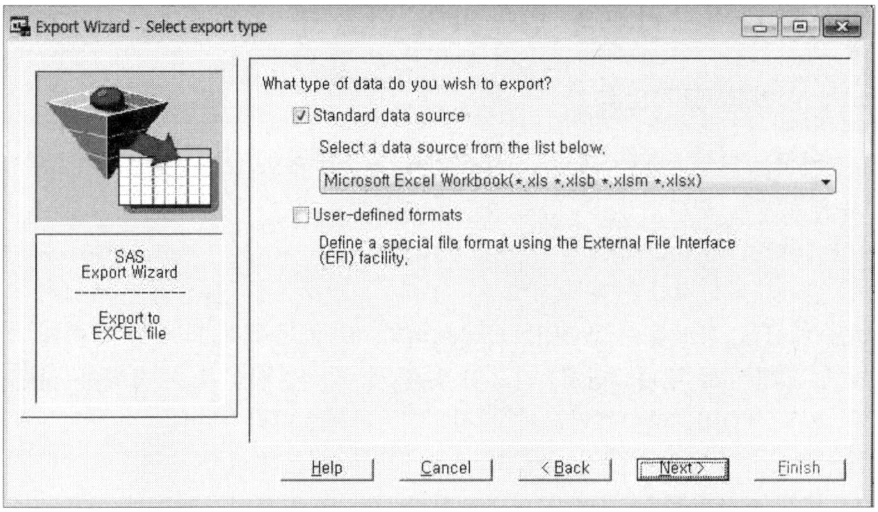

그러면 다음과 같이 엑셀파일을 저장하기 위한 **《Connect to MS Excel》** 대화상자가 나타난다. 여기서, 직접 경로와 파일명을 입력하던지 [Browse...]를 선택하여 엑셀파일로 변화하여 저장될 위치(폴더)와 파일명을 지정해준 다음 [OK]를 클릭한다.

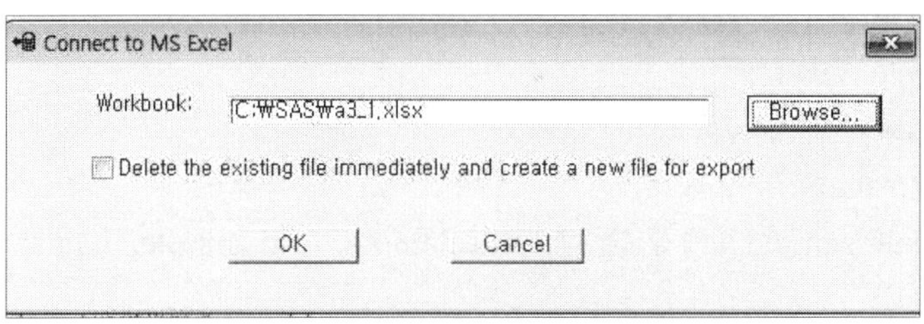

다음에 나타나는 **《Export Wizard-Select Table》** 대화상자에서는 필요에 따라 엑셀파일의 시트이름을 지정할 수 있으며, 반드시 지정해야 하는 것은 아니다. 마지막으로 [Finish]를 클릭하면, SAS LOG 화면에 다음과 같은 메시지가 나타난다.

NOTE: 내보내기 프로세스가 성공하면 파일 "C:\SAS\a3_1.xlsx"이(가) 생성됩니다.

NOTE: "Sheet" 테이블을 성공적으로 생성했습니다.

SAS파일을 SPSS 데이터 파일로 저장하기 위해서도 앞에서 자세히 설명한 방법 즉, SAS파일을 엑셀 파일로 저장하는 방법과 동일하게 사용하면 된다. 다만, 데이터 내보내기의 **《Export Wizard-Select Library and member》** 대화상자에서 **SPSS 파일(*.sav)**를 선택하면 된다.

2.4 SAS 라이브러리와 영구파일 만들기

1) SAS 라이브러리 만들기

이 절에서는 SAS 자료 파일을 시스템에 영구적으로 보관할 수 있는 방법에 대해 설명하고자 한다. 영구파일로 한 번 만들어두면 다음부터는 자료를 불러오기 위한 **DATA** 단계를 실행시킬 필요가 없게 되어 대량의 자료를 SAS로 처리하고자 할 때 처리시간을 단축시킬 수 있다. 일반적으로 SAS 시스템에서 작성된 SAS 데이터 파일들은 WORK 라이브러리 또는 사용자가 지정한 특정 라이브러리에 저장되게 된다. 먼저, 사용자가 특정 라이브러리를 지정하지 않은 경우에는 모두 WORK 라이브러리에 저장되고, 라이브러리의 이름 WORK는 생략이 가능하다. 두 번째는 사용자가 라이브러리의 이름과 SAS 자료 파일이 저장될 물리적인 저장위치를 지정하는 경우이다. 이 때는 라이브러리의 이름을 SAS 데이터 파일의 이름과 함께 사용하여야 한다. 예를 들어, sample이라는 SAS파일은 다음과 같은 형태 중의 하나로 SAS 프로그램에서 사용될 것이다. 여기서 WORK 라이브러리의 이름은 생략할 수 있으므로 ①과 ②는 동일한 표현이고, 일반적으로 ①과 같이 사용하며, ③의 예에서 stat.sample의 의미는 사용자가 라이브러리 이름을 stat으로 지정하고 라이브러리 생성방법에 의해 라이브러리를 생성했을 때 사용되는 SAS파일 이름이다.

① sample
② work.sample
③ libname.sample (예를 들어, stat.sample, kmj.sample, han.sample 등)

한편, WORK 라이브러리는 임시 기억장소이기 때문에 이 라이브러리에 저장된 SAS파일은 SAS 프로그램이 종료되면 자동적으로 삭제된다. 그러나, 사용자가 지정한 특정 라이브러리에 SAS 자료 파일을 저장하면 영구파일로 작성되어 SAS 프로그램을 종료하더라도 지정된 경로의 위치에 이 파일이 그대로 존재하게 된다. 따라서 영구파일로 SAS 데이터 파일을 저장하기 위해서는 먼저 라이브러리를 생성하여야 하는데, 라이브러리를 만드는 방법은 프로그램을 이용하는 방법과 **파일** 메뉴의 **개체열기** 메뉴를 이용하는 방법이 있다.

프로그램을 이용하여 라이브러리를 생성하는 방법

라이브러리를 만들기 위한 SAS 프로그램의 일반 형식은 다음과 같다.

LIBNAME 라이브러리 이름 "경로";

위의 일반형식에서 명령어의 의미는 다음과 같다.

LIBNAME

영구파일로 저장할 때 영구파일이 저장될 위치를 지정하기 위한 명령어로 라이브러리 이름과 영구파일이 저장될 위치, 즉 저장될 폴더 경로를 지정한다.

프로그램 2.4
라이브러리 생성

```
LIBNAME Stat "c:\sas";
```

프로그램 2.4는 라이브러리 Stat을 C **드라이브의 sas 폴더**에 만들기 위한 명령어이다. 이를 실행시키면 로그 창에 라이브러리 Stat이 생성되었다는 메시지가 나타나는데, 이는 지금부터 라이브러리 Stat을 사용할 있다는 의미이다. 탐색기 창의 **라이브러리**를 클릭하면 **활성 라이브러리** 목록을 볼 수 있는데 다음과 같이 Stat이라고 하는 라이브러리가 생성되었음을 알 수 있다.

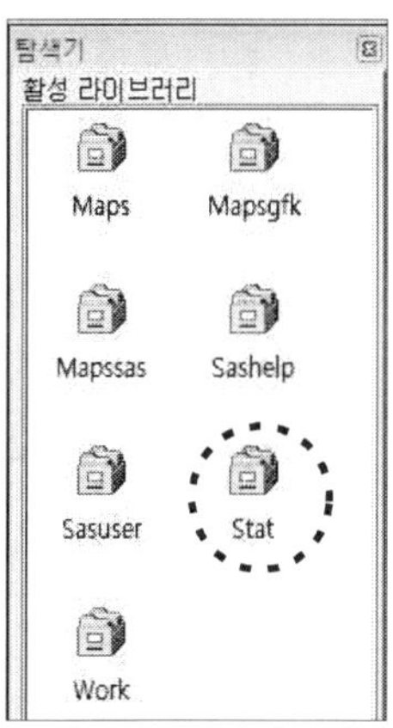

이제, 생성된 라이브러리 Stat을 사용해서 SAS 데이터 파일을 생성할 때 SAS파일명을 **Stat.***** 와 같이 설정하면 지정된 위치인 C **드라이브의 SAS 폴더**에 그 파일이 영구적으로 저장되게 된다.

메뉴를 이용하여 라이브러리를 생성하는 방법

프로그램 코드입력이 아닌 메뉴방식을 이용하여 영구파일을 생성하는 방법을 살펴보자. 메뉴방식을 이용하기 위해서는 다음과 같이 **파일** 메뉴의 **개체열기** 메뉴를 선택한다.

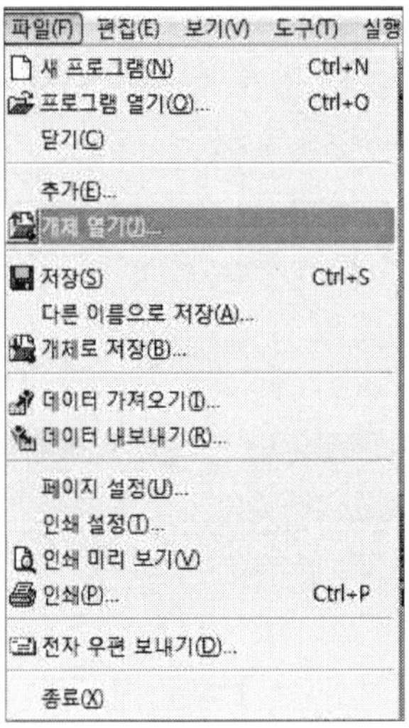

개체열기 메뉴를 선택하면 다음과 같은 《**엔트리 선택**》 대화상자가 나타난다. 오른쪽 위에 있는 도구상자 중에서 첫 번째 도구상자를 선택하면 다음과 같은 《**새로운 라이브러리**》 대화상자가 나타나는데, 여기서, 라이브러리의 **이름**과 **경로**를 지정한 다음 [확인]을 클릭하면 지정된 라이브러리가 생성된다. 라이브러리가 잘 생성되었는지 확인하기 위해서 탐색기 창에서 라이브러리를 클릭하면 새로운 라이브러리 Kmj가 생성되어 있음을 확인할 수 있다. 이 때 **시작할 때 자동 할당(B)**을 선택하면 SAS를 종료한 후 다시 시작하는 경우에도 설정된 라이브러리가 자동으로 생성되어 좀 더 편리하게 사용할 수 있다.

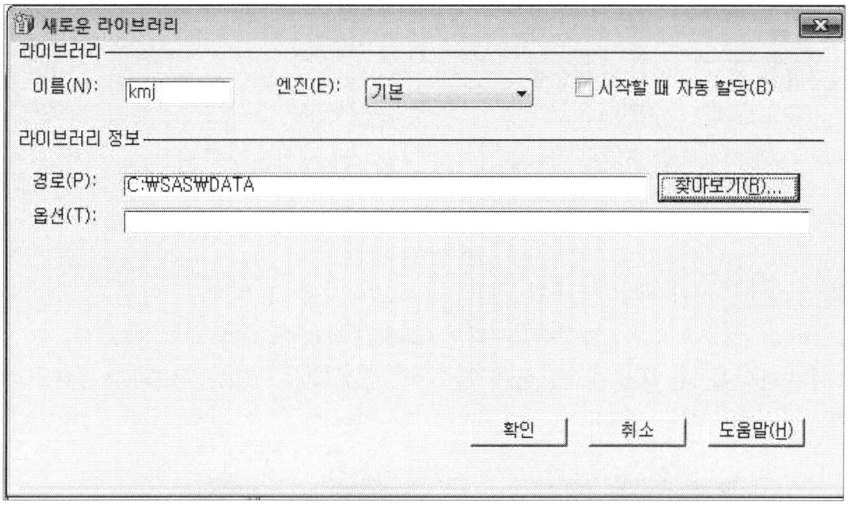

이제까지 설명한 바와 같이 영구파일을 생성하기 위한 방법은 프로그램을 이용하거나 **개체열기** 메뉴를 이용하는 두 가지 방법이 있으므로 사용하기에 편리한 방법을 이용하면 된다. 새로운 라이브러리를 생성하기 위해서 SAS의 메인 화면이 우측에 있는 **새로운 라이브러리 생성** 도구상자 를 클릭해도 된다.

2) SAS 영구파일의 생성과 사용

영구파일로 SAS 데이터를 저장하거나 이미 생성된 SAS 영구파일을 불러와서 분석에 사용하기 위해서는 먼저 라이브러리를 생성하여야 하는데, 라이브러리를 생성하는 방법은 앞에서 자세히 설명하였으니 이를 참조하면 된다. 먼저, SAS 데이터 파일을 영구파일로 저장하는 방법에 대해서 살펴보자.

일반적으로 SAS 데이터 단계에서 SAS 데이터 파일을 생성하기 위해서 지정되는 **DATA** 문의 SAS 파일이름 지정을 **라이브러리이름.SAS파일이름**(예를 들면, stat.exam1, stat.exam2, kmj.exam3, han.exam4 등)으로 지정한 후에 데이터 파일을 생성하면 된다. 물론 프로시저 단계에서 **OUTPUT** 문을 통해서 생성되는 SAS 데이터 파일도 동일하게 사용하여 영구파일로 생성할 수 있다. 예를 들어, 네 번째 자료파일 a4.txt를 SAS파일 Exam4로 생성하고, 이를 영구파일로 저장하는 방법을 살펴보자. 프로그램 2.5는 **C 드라이브의 SAS 폴더**에 지정된 라이브러리 Stat을 생성하고, SAS파일 Exam4를 지정된 위치에 영구파일로 저장하기 위한 것이다.

프로그램 2.5를 실행시키면 로그 창에 라이브러리 Stat이 생성되었다는 메시지가 나타나며, Stat.Exam4 데이터 셋이 생성되었다는 것도 보여준다.

프로그램 2.5
영구파일 작성 방법

```
LIBNAME Stat "c:\sas";
DATA Stat.Exam4;
 INFILE 'C:\SAS\a4.txt';
 INPUT class 1 id 2-3 name $ 4-9 math 10-11
       eng 12-13 iq1 14-16 iq2 17-19;
RUN;
```

이를 확인하기 위해서 탐색기 창의 라이브러리를 클릭하면 다음과 같이 Stat이라고 하는 영구파일을 저장하기 위한 라이브러리가 생성되었음을 알 수 있다. 이 라이브러리를 클릭하면 Exam4 파일이 생성되어 있고, 이를 활성화하여 파일내용을 살펴볼 수 있다.

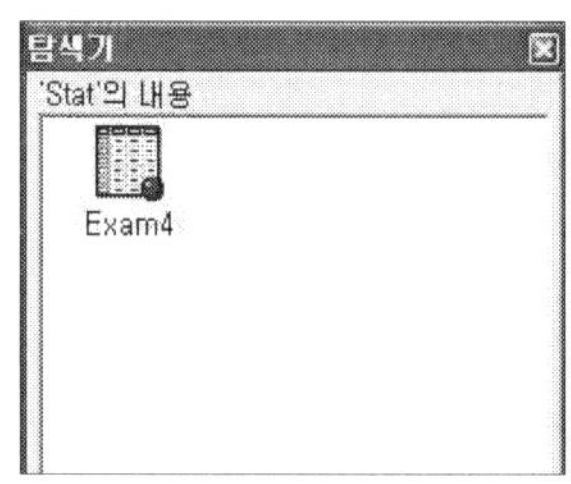

한편, 이미 프로그램 2.3을 실행시켰다면 다음의 프로그램 2.6과 같이 **SET** 문을 사용해서 영구파일을 생성할 수도 있다. 일반적으로 분석을 위한 최종 SAS파일은 여러 번의 데이터 및 프로시저 단계를 거쳐 완성되기 때문에 이 방법이 많이 사용된다. **SET** 문에 대해서는 3장에서 자세하게 다룰 것이므로 이를 참조하기 바란다.

프로그램 2.6
영구파일 작성 방법-SET

```
LIBNAME stat "c:\sas";

DATA stat.exam4;
    SET exam4;
RUN;
```

영구파일의 속성을 알아보기 위해 SAS 프로그램을 종료한 후에 Windows 탐색기를 사용하여 라이브러리로 지정되었던 폴더인 **"C:\SAS\"** 를 확인해 보면, "Exam4(.sas7bdat)"라는 SAS 데이터 파일이 저장되어 있음을 알 수 있다. 이제, 저장되어 있는 SAS 영구파일을 사용하는 방법에 대해서 설명하고자 한다. 먼저, SAS를 실행시킨 후 "**C 드라이브의 SAS 폴더**"에 저장되어 있는 SAS 영구파일 Exam4(.sas7bdat)를 SAS 프로그램에서 사용하기 위해서는 사용 전에 Exam4(.sas7bdat)가 저장되어 있는 경로가 지정된 라이브러리를 생성만 하면 된다. 예를 들어 다음과 같이 지정된 프로그램을 한번만 실행시키면 된다.

```
LIBNAME Stat "c:\sas" ;
```

물론, Exam4(.sas7bdat) 파일이 생성될 때 사용되었던 라이브러리 이름인 Stat을 동일하게 사용해도 되고, 전혀 새로운 이름의 라이브러리 이름을 지정하여도 문제가 없다. 이제, 탐색기 창의 라이브러리를 클릭하면 라이브러리 Stat이 생성되어 있고, 이 라이브러리를 클릭하면 Exam4 파일이 있음을 알 수 있다. 따라서 이제부터 이 SAS 데이터 파일을 사용하여 추가적인 분석을 수행할 수 있다. 새로운 라이브러리를 생성할 때 **시작할 때 자동 할당(B)**을 선택한 경우에는 위의 과정을 실행하지 않더라도 자동적으로 라이브러리가 생성된다.

프로시저요약

2장

SAS파일 생성 1 (직접입력)

```
DATA sas파일명;
  INPUT 변수명1 변수명2 ~;
  CARDS;
  자료 …
  ;
RUN;
```

SAS파일 생성 2 (외부파일 호출)

```
DATA sas파일명;
  INFILE '자료파일이 저장되어 있는 폴더의 경로와
                                   자료파일명';
  INPUT 변수명1 변수명2 ~;
RUN;
```

라이브러리 생성

```
LIBNAME 라이브러리이름 "경로";
```

영구파일 생성 1

```
LIBNAME 라이브러리이름 "경로";

DATA 라이브러리이름.sas파일명;
   INFILE …;
      ⋮
RUN;
```

영구파일 생성 2 (3장 SET 문 참조)

```
LIBNAME 라이브러리이름 "경로";

DATA 라이브러리이름.sas파일명;
   SET 존재하는 sas파일명;
      ⋮
RUN;
```

실습문제

2장

2.1 통계학 강좌를 수강한 학생들의 중간시험 성적과 기말시험 성적이 다음과 같다. 이 성적자료를 다음에 제시된 방법에 의해 각각 SAS파일 exam2_11, exam2_12 그리고 exam2_13을 생성하시오. 단, 변수명은 다음과 같이 설정하시오.

학번:id, 성별:gender, 중간성적:mid, 기말성적:final

학번	성별	중간성적	기말성적
2002001	M	78	88
2002002	F	75	80
2002003	F	86	79
2002004	M	92	88
2002005	M	88	93
2002006	F	67	90
2002007	M	86	77
2002008	M	80	87
2002009	F	95	86
2002010	M	79	90

- □ SAS 확장편집기에서 직접 자료를 입력하는 방법 - exam2_11
- □ 이 자료를 자유입력(free format) 형식에 의해 텍스트 형태로 입력하고 score1.txt로 저장한 다음 이 파일을 읽어들이는 방법 - exam2_12
- □ 이 자료를 엑셀에서 입력하여 score1.xlsx로 저장한 다음 이 파일을 데이터 가져오기를 이용하여 읽어들이는 방법 - exam2_13

2.2 실습문제 2.1에 있는 자료가 다음과 같은 형태로 저장되어 있다고 하자. 다음 자료를 입력하여 score2.txt로 저장한 다음 이 파일을 이용하여 exam2_2라는 SAS파일을 생성하시오. 단, 변수명은 실습문제 2.1과 동일하게 지정하시오.

```
2002001 M 78 88 2002002 F 75 80 2002003 F 86 79
2002004 M 92 88 2002005 M 88 93 2002006 F 67 90
2002007 M 86 77 2002008 M 80 87 2002009 F 95 86
2002010 M 79 90
```

2.3 실습문제 2.1에 있는 자료가 다음과 같은 형태로 저장되어 있다고 하자. 다음 자료를 입력하여 score3.txt로 저장한 다음 이 파일을 영구파일로 생성하시오. 라이브러리 이름은 test, 파일명은 exam2_3으로 지정하시오. 단, 변수명은 실습문제 2.1과 동일하게 하시오.

```
2002001M7888
2002002F7580
2002003F8679
2002004M9288
2002005M8893
2002006F6790
2002007M8677
2002008M8087
2002009F9586
2002010M7990
```

제 3장

SAS 데이터 단계
(SAS Data Step)

3.1 SAS의 기본 명령어

3.2 SAS 연산자 및 함수

3.3 SAS 함수를 이용한 확률분포

3.1 SAS의 기본 명령어

1) INPUT

SAS파일을 구성할 때 자료들의 속성을 변수로 지정하기 위해서 **INPUT** 명령어가 사용되며, 이를 이용하여 각 변수값들을 SAS에서 인식할 수 있도록 읽어들이는 방법에는 자유입력형식(free format type)과 열입력형식(column format type), 고정입력형식(fixed format type)이 있다. 자유입력형식은 입력된 자료와 자료 사이에 한 칸 이상의 공백이 포함되어 있는 경우에 사용할 수 있는 방법으로 이 방법을 사용할 때 주의할 점은 자료의 값이 8자를 초과하는 경우에는 앞의 8자만 인식한다는 점이다. 자유입력형식의 몇 가지 예를 살펴보자.

▌4개의 변수 a, b, c, d를 지정하는 예

```
INPUT a b c d;
```

▌a1, a2, …, a5와 같이 연속적인 형태로 지정되는 경우의 예

```
INPUT a1-a5;
```

열입력형식은 각 변수가 입력되어 있는 열의 시작 열과 끝 열을 지정하는 방법으로 각 자료값들이 한 칸 이상의 공백으로 구분되어 있지 않은 경우 사용되는 방법이다. 열입력형식의 예를 살펴보자.

▌변수 a는 1-2열, b는 3-5열, c는 6-9열, d는 10열에 있는 자료를 읽도록 지정하는 예

```
INPUT a 1-2 b 3-5 c 6-9 d 10;
```

고정입력형식은 변수명 다음에 입력되는 자료의 칸수를 지정하는 방법이다. 고정입력형식의 예를 살펴보자. 이 방법은 열입력형식과 비슷하지만, 모든 자료들의 칸수가 동일한 경우에 간단히 표현할 수 있어서 유용하게 사용될 수 있다.

▌변수 a는 4칸, b는 5칸, c는 2칸의 자료를 읽도록 지정한 예

```
INPUT a 4. b 5. c 2. ;
```

▌a1~a5 5개의 변수를 모두 4칸으로 읽도록 지정한 예

```
INPUT (a1-a5) (4.);
INPUT a1 4. a2 4. a3 4. a4 4. a5 4. ;
```

열입력형식과 고정입력형식을 지정할 때 주의할 점은 영문자와 숫자는 1칸으로 지정되지만 한글의 경우는 한 글자가 2칸으로 지정되므로 입력된 자료의 형태에 따라 적절하게 칸수를 지정해야 한다.

2) SET

SET 명령어는 기존에 존재하는 SAS파일을 새로운 SAS파일로 다시 정의하거나 2개 이상의 SAS파일을 변수별로 병합하여 새로운 SAS파일을 생성하고자 할 때 유용하게 사용되는 SAS 명령어이다. 두 경우에 사용되는 **SET** 명령어의 일반형식은 다음과 같다.

기존에 존재하는 SAS파일을 새로운 SAS파일로 다시 생성

```
DATA 새로운 sas파일명;
  SET 존재하는 sas파일명1;
RUN;
```

2개 이상의 SAS파일을 합쳐서 새로운 SAS파일 생성

```
DATA 새로운 sas파일명;
  SET 존재하는 sas파일명1 sas파일명2 ~;
RUN;
```

앞에서 설명된 **SET** 명령어를 이용하여 SAS파일을 생성하는 예를 살펴보자.

프로그램 3.1
SET 명령어를 이용한 파일 구성

```
DATA new;
  SET exam1;
RUN;
PROC PRINT DATA=new;
RUN;
```

프로그램 3.1은 **SET** 명령어에 의해 기존에 존재하는 exam1 SAS파일을 new라는 새로운 SAS파일로 정의하기 위한 예로 이 두 파일(exam1과 new)은 이름만 다를 뿐 동일한 파일이다. SAS파일 new를 출력한 결과가 결과 3.1에 나타나 있다. 이를 보면 SAS파일 new가 SAS파일 exam1과 동일하다는 것을 알 수 있다. **PRINT** 프로시저에 대한 사용방법은 4.1절에서 자세하게 설명되므로 참조하기 바란다.

결과 3.1

Obs	class	id	name	gender	dept	age	reg
1	1	1	김승현	M	통계	20	서울
2	1	2	최경희	F	전산	20	광역시
3	1	3	강희영	F	전산	20	서울
4	1	4	이남석	M	전산	20	지방
5	1	5	이주형	M	전산	21	서울
6	1	6	한상철	M	통계	20	지방
7	1	7	김호준	M	통계	20	광역시
8	1	8	김선영	F	통계	22	서울
9	1	9	정동준	M	통계	20	지방
10	1	10	이수미	F	전산	20	광역시
11	1	11	이정아	F	전산	21	지방
12	1	12	한경기	M	통계	21	지방
13	1	13	김숙희	F	통계	22	서울
14	1	14	한미라	F	전산	20	광역시
15	1	15	임철민	M	통계	25	광역시

프로그램 3.2는 **SET** 명령문에 의해 기존에 존재하는 두 개의 SAS파일(exam1과 exam3)을 변수별로 합쳐서 새로운 하나의 SAS파일 one으로 정의하기 위한 예로 exam1의 관측치 수가 15개이고, exam3의 관측치 수가 15개이므로 새로 생성되는 SAS파일 one에는 이 두 파일의 관측치 수의 합인 30개의 관측치가 존재하게 된다. **SET** 명령어를 이용하여 두 파일을 병합하고자 하는 경우 두 파일(exam1과 exam3)에 포함된 변수명은 반드시 일치해야 하며, 일치하지 않는 경우 새로 생성되는 SAS파일 one에는 결측값(missing value)이 나타나게 된다.

프로그램 3.2
SET 명령어를 이용한 파일 병합

```
DATA one;
  SET exam1 exam3;
RUN;
PROC PRINT DATA=one;
RUN;
```

결과 3.2

Obs	class	id	name	gender	dept	age	reg
1	1	1	김승현	M	통계	20	서울
2	1	2	최경희	F	전산	20	광역시
3	1	3	강희영	F	전산	20	서울
4	1	4	이남석	M	전산	20	지방
5	1	5	이주형	M	전산	21	서울
6	1	6	한상철	M	통계	20	지방

7	1	7	김호준	M	통계	20	광역시
8	1	8	김선영	F	통계	22	서울
9	1	9	정동준	M	통계	20	지방
10	1	10	이수미	F	전산	20	광역시
11	1	11	이정아	F	전산	21	지방
12	1	12	한경기	M	통계	21	지방
13	1	13	김숙희	F	통계	22	서울
14	1	14	한미라	F	전산	20	광역시
15	1	15	임철민	M	통계	25	광역시
16	2	1	강성혁	M	통계	21	서울
17	2	2	정수진	F	전산	22	서울
18	2	3	김수민	M	통계	23	광역시
19	2	4	정선미	F	통계	21	서울
20	2	5	조영기	M	전산	20	지방
21	2	6	강은주	F	통계	21	지방
22	2	7	전지영	F	전산	21	광역시
23	2	8	정희숙	F	통계	22	지방
24	2	9	강난희	F	통계	20	서울
25	2	10	나석영	M	통계	21	지방
26	2	11	유승진	M	통계	21	광역시
27	2	12	김윤정	F	전산	22	광역시
28	2	13	홍석철	M	통계	23	서울
29	2	14	이순철	M	통계	21	지방
30	2	15	김수진	F	전산	20	광역시

3) MERGE

MERGE는 2개 이상의 SAS파일을 관측치별로 합쳐서 하나의 새로운 파일을 만들고자 할 때 사용되는 명령어로 새로 생성되는 SAS파일은 관측치 수는 그대로이고, 합쳐지는 두 파일에 존재하는 모든 변수들을 포함하게 된다. **MERGE** 를 사용하여 파일을 병합할 때는 반드시 기준이 되는 변수가 있어야 하며, **BY** 명령어에 이 기준변수를 지정해야 하고, **MERGE**를 실행하기 전에 기준이 되는 이 변수에 의해 자료파일이 먼저 정렬되어 있어야 한다. 다음은 **MERGE** 명령어의 일반형식이다.

```
DATA 새로운 sas파일명;
  MERGE 존재하는 sas파일명1 sas파일명2 ~;
  BY 변수명;
RUN;
```

프로그램 3.3은 SAS파일 exam1과 exam2를 관측치별로 합쳐서 새로운 파일 class1을 구성하기 위한 예이다. 현재 exam1에는 1반 학생들의 일반사항에 대한 7개의 변수(class, id, name, gender, dept, age, reg)가 포함되어 있고,

exam2에는 1반 학생들의 지능지수와 성적에 대한 7개 변수(class, id, name, math, eng, iq1, iq2)가 포함되어 있다. 이 때 **MERGE** 명령어에 의해 합쳐진 새로운 SAS파일 class1에는 두 파일에 존재하는 11개의 모든 변수(class, id, name, gender, dept, age, reg, math, eng, iq1, iq2)가 포함된다. 이 예에서 보는 바와 같이 (class, id, name)의 3개 변수는 두 파일에 모두 존재하는 변수인데 동일한 변수명이 존재하는 경우에는 두 번째 파일에서 사용된 변수가 남아 있게 된다. 따라서, 다른 자료인 경우 같은 변수명을 사용할 수 없으며, 이 예에서 3개의 변수(class, id, name)는 두 파일에서 동일한 자료이므로 위와 같이 사용할 수 있다. 이 때 병합하고자 하는 두 파일에 모두 포함되어 있는 기준변수는 id이므로 **BY**에 id를 지정하였고 **MERGE**에서 사용하고자 하는 두 자료파일 exam1과 exam2를 변수 id에 의해 사전에 정렬하였다. **SORT** 프로시저는 4장에서 자세하게 설명되어 있으므로 이를 참조하기 바란다.

프로그램 3.3
MERGE 명령어를 사용한 파일병합

```
PROC SORT DATA=exam1;  BY id; RUN;
PROC SORT DATA=exam2;  BY id; RUN;
DATA class1;
  MERGE exam1 exam2;
  BY id;
RUN;
PROC PRINT DATA=class1;
RUN;
```

결과 3.3

Obs	class	id	name	gender	dept	age	reg	math	eng	iq1	iq2
1	1	1	김승현	M	통계	20	서울	80	77	125	135
2	1	2	최경희	F	전산	20	광역시	70	68	118	121
3	1	3	강희영	F	전산	20	서울	79	80	125	128
4	1	4	이남석	M	전산	20	지방	87	72	127	125
5	1	5	이주형	M	전산	21	서울	70	69	118	115
6	1	6	한상철	M	통계	20	지방	80	81	106	116
7	1	7	김호준	M	통계	20	광역시	75	63	98	105
8	1	8	김선영	F	통계	22	서울	83	70	114	116
9	1	9	정동준	M	통계	20	지방	89	73	132	130
10	1	10	이수미	F	전산	20	광역시	60	79	105	110
11	1	11	이정아	F	전산	21	지방	79	78	126	128
12	1	12	한경기	M	통계	21	지방	90	85	139	138
13	1	13	김숙희	F	통계	22	서울	74	92	137	135
14	1	14	한미라	F	전산	20	광역시	79	84	107	115
15	1	15	임철민	M	통계	25	광역시	95	92	139	142

프로그램 3.4

MERGE, SET 명령어의 사용

```
PROC SORT DATA=exam3;  BY id; RUN;
PROC SORT DATA=exam4;  BY id; RUN;
DATA class2;
  MERGE exam3 exam4;
  BY id;
RUN;
DATA class;
  SET class1 class2;
run;
```

결과 3.4

Obs	class	id	name	gender	dept	age	reg	math	eng	iq1	iq2
1	1	1	김승현	M	통계	20	서울	80	77	125	135
2	1	2	최경희	F	전산	20	광역시	70	68	118	121
3	1	3	강희영	F	전산	20	서울	79	80	125	128
4	1	4	이남석	M	전산	20	지방	87	72	127	125
5	1	5	이주형	M	전산	21	서울	70	69	118	115
6	1	6	한상철	M	통계	20	지방	80	81	106	116
7	1	7	김호준	M	통계	20	광역시	75	63	98	105
8	1	8	김선영	F	통계	22	서울	83	70	114	116
9	1	9	정동준	M	통계	20	지방	89	73	132	130
10	1	10	이수미	F	전산	20	광역시	60	79	105	110
11	1	11	이정아	F	전산	21	지방	79	78	126	128
12	1	12	한경기	M	통계	21	지방	90	85	139	138
13	1	13	김숙희	F	통계	22	서울	74	92	137	135
14	1	14	한미라	F	전산	20	광역시	79	84	107	115
15	1	15	임철민	M	통계	25	광역시	95	92	139	142
16	2	1	강성혁	M	통계	21	서울	89	72	127	129
17	2	2	정수진	F	전산	22	서울	90	88	140	145
18	2	3	김수민	M	통계	23	광역시	74	76	120	117
19	2	4	정선미	F	통계	21	서울	80	78	123	125
20	2	5	조영기	M	전산	20	지방	82	89	116	120
21	2	6	강은주	F	통계	21	지방	77	75	124	128
22	2	7	전지영	F	전산	21	광역시	95	84	137	139
23	2	8	정희숙	F	통계	22	지방	81	90	127	130
24	2	9	강난희	F	통계	20	서울	75	81	111	121
25	2	10	나석영	M	통계	21	지방	94	95	145	146
26	2	11	유승진	M	통계	21	광역시	89	72	124	126
27	2	12	김윤정	F	전산	22	광역시	91	88	125	128
28	2	13	홍석철	M	통계	23	서울	79	75	127	130
29	2	14	이순철	M	통계	21	지방	80	77	125	126
30	2	15	김수진	F	전산	20	광역시	72	83	109	117

프로그램 3.4는 SAS파일 exam3과 exam4를 관측치별로 병합하여 새로운 SAS파일 class2를 생성하기 위해서 **MERGE** 명령어를 사용하였다. 따라서, 생

성된 SAS파일 class2에는 2반 학생(15명)에 대한 모든 변수가 포함되어 있다. 즉, 15개의 관측치와 11개의 변수가 존재한다. 다음으로 프로그램 3.3에서 생성된 class1과 class2 파일을 변수별로 합쳐서 class라는 전체 자료를 포함하는 SAS파일을 생성하였다. **SET** 명령어에 의해 생성되는 SAS파일 class에는 30개의 관측치와 11개의 변수가 존재하게 된다. 이러한 결과는 프로그램 실행 후 나타나는 로그 화면에서 확인할 수 있다. 지금까지 설명된 **SET**과 **MERGE** 명령어의 근본적인 차이를 이해하기 위해서 다음과 같은 상징적인 그림이 도움이 될 것이다.

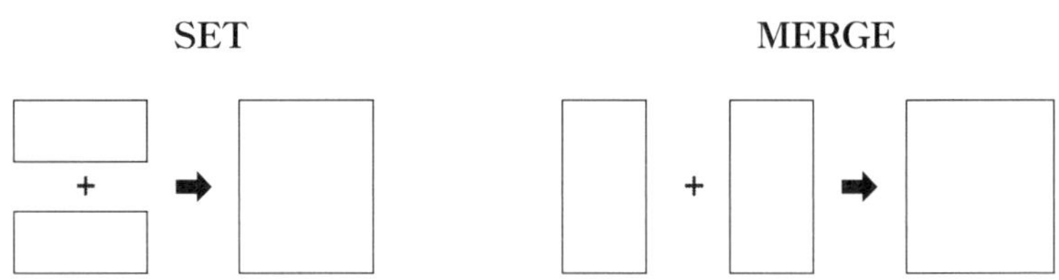

[그림 3-1] SET과 MERGE 명령어

4) KEEP

SAS파일에 존재하는 변수 중에서 특정변수만 포함하는 SAS파일을 정의하고자 할 때 사용하는 명령어로 다음과 같이 두 가지 형태로 사용할 수 있다.

```
DATA 새로운 sas파일명;
  SET 존재하는 sas파일명;
    KEEP 포함시키고자 하는 변수명1 변수명2 ~;
RUN;
```

```
DATA 새로운 sas파일명
    (KEEP=포함시키고자 하는 변수명1 변수명2 ~);
  SET 존재하는 sas파일명;
RUN;
```

프로그램 3.5는 exam1에 포함된 7개의 변수 중에서 4개 변수(class, id, name, reg)만 포함하는 SAS파일 aa을 정의하기 위한 예로 첫 번째 **KEEP** 명령어 사용방법을 이용한 것이다.

프로그램 3.5

KEEP 명령어의 사용 I

```
DATA aa;
  SET exam1;
    KEEP class id name reg;
RUN;
PROC PRINT DATA=aa;
RUN;
```

결과 3.5

Obs	class	id	name	reg
1	1	1	김승현	서울
2	1	2	최경희	광역시
3	1	3	강희영	서울
4	1	4	이남석	지방
5	1	5	이주형	서울
6	1	6	한상철	지방
7	1	7	김호준	광역시
8	1	8	김선영	서울
9	1	9	정동준	지방
10	1	10	이수미	광역시
11	1	11	이정아	지방
12	1	12	한경기	지방
13	1	13	김숙희	서울
14	1	14	한미라	광역시
15	1	15	임철민	광역시

프로그램 3.5는 다음과 같이 사용할 수도 있으며, 두 프로그램의 실행 결과는 동일하게 나타난다.

프로그램 3.6

KEEP 명령어의 사용 II

```
DATA aa(KEEP=class id name reg);
  SET exam1;
RUN;
```

5) DROP

DROP은 SAS파일에 존재하는 변수 중에서 특정 변수들을 삭제한 후 나머지 변수들만을 포함하는 SAS파일을 정의하고자 할 때 사용하는 명령어로 **KEEP** 명령어와 사용하는 방법은 동일하다.

```
DATA 새로운 sas파일명;
  SET 존재하는 sas파일명;
    DROP 제거하고자 하는 변수명1 변수명2 ~;
RUN;
```

```
DATA 새로운 sas파일명
    (DROP=제거하고자 하는 변수명1 변수명2 ~);
  SET 존재하는 sas파일명;
RUN;
```

프로그램 3.7은 exam1 파일에서 age와 reg 두 개의 변수를 삭제하고, 나머지 5개의 변수(class, id, name, gender, dept)만을 포함하는 새로운 SAS파일 bb를 정의하기 위한 예이다.

프로그램 3.7 DROP 명령어의 사용 I

```
DATA bb;
  SET exam1;
    DROP age reg;
RUN;
PROC PRINT DATA=bb;
RUN;
```

결과 3.7

Obs	class	id	name	gender	dept
1	1	1	김승현	M	통계
2	1	2	최경희	F	전산
3	1	3	강희영	F	전산
4	1	4	이남석	M	전산
5	1	5	이주형	M	전산
6	1	6	한상철	M	통계
7	1	7	김호준	M	통계
8	1	8	김선영	F	통계
9	1	9	정동준	M	통계
10	1	10	이수미	F	전산
11	1	11	이정아	F	전산
12	1	12	한경기	M	통계
13	1	13	김숙희	F	통계
14	1	14	한미라	F	전산
15	1	15	임철민	M	통계

KEEP 명령어와 마찬가지로 **DROP** 명령어도 다음 프로그램 3.8과 같이 사용하여도 동일한 결과를 얻게 된다.

프로그램 3.8
DROP 명령어의 사용 II

```
DATA bb(DROP=age reg);
  SET exam1;
RUN;
PROC PRINT DATA=bb;
RUN;
```

6) 조건문

SAS파일에 포함되어 있는 자료에 대해 조건 함수 **IF**를 사용하여 생성된 새로운 변수를 포함하는 SAS파일을 구성할 수 있다. 조건문이 여러 개인 경우 첫 번째 조건의 경우 **IF**문을 사용하고, 두 번째 조건문부터는 **ELSE IF**문을 연속적으로 사용하며, 제일 마지막 조건문에는 **ELSE**문을 사용한다. **IF**문을 사용하는 일반 형식은 다음과 같다.

IF 조건1 THEN 조건1이 참일 때 실행될 문장;
ELSE IF 조건2 THEN 조건2가 참인 경우 실행될 문장;
ELSE IF 조건3 THEN 조건3이 참인 경우 실행될 문장;
~
ELSE 위 조건 어느 것도 참이 아닌 경우 실행될 문장;

프로그램 3.9
IF ~ THEN ~ ;
ELSE ~;
명령어의 사용

```
DATA cc;
  SET class1;
    IF dept='통계' THEN math1=math+5;
      ELSE math1=math;
RUN;
DATA cc1(KEEP=name dept math math1);
  SET cc;
RUN;
PROC PRINT DATA=cc1;
RUN;
```

프로그램 3.9는 class1 파일에 포함된 1반 학생들에 대해 math1이라는 새로운 변수를 추가하여 cc라는 새로운 SAS파일을 생성하기 위한 프로그램이다. 전공(dept)이 통계인 사람들에게는 수학점수(math)에 5점을 추가하고, 나머지 사람들에게는 원래 수학점수를 그대로 가지도록 한 새로운 수학점수를 나타내는 변수 math1이 생성된다. 새로운 변수 math1이 추가된 SAS파일 cc에는 모두 12개의 변수가 포함되어 있으며, **KEEP** 명령어를 사용하여 구성되는 SAS파일 cc1에는 결과 3.9에서 보는 바와 같이 4개 변수(name, dept, math, maht1)만 포함되어 있다.

결과 3.9

Obs	name	dept	math	math1
1	김승현	통계	80	85
2	최경희	전산	70	70
3	강희영	전산	79	79
4	이남석	전산	87	87
5	이주형	전산	70	70
6	한상철	통계	80	85
7	김호준	통계	75	80
8	김선영	통계	83	88
9	정동준	통계	89	94
10	이수미	전산	60	60
11	이정아	전산	79	79
12	한경기	통계	90	95
13	김숙희	통계	74	79
14	한미라	전산	79	79
15	임철민	통계	95	100

결과 3.9를 보면 1반 학생들 중에서 전공(dept)이 통계인 학생들만 새로운 수학점수(math1)가 원래의 수학점수(math)에 5점이 더해져 있음을 알 수 있다. ■■■

프로그램 3.10은 **IF** 명령어를 사용하여 SAS파일 exam1에서 성별(gender)이 남자(M)인 관측치만 포함하는 male이라는 SAS파일을 생성하고 이를 출력하기 위한 프로그램이다.

프로그램 3.10

IF ~ ; 명령어의 사용

```
DATA male;
 SET exam1;
  IF gender='M';
RUN;
PROC PRINT DATA=male;
RUN;
```

결과 3.10

Obs	class	id	name	gender	dept	age	reg
1	1	1	김승현	M	통계	20	서울
2	1	4	이남석	M	전산	20	지방
3	1	5	이주형	M	전산	21	서울
4	1	6	한상철	M	통계	20	지방
5	1	7	김호준	M	통계	20	광역시
6	1	9	정동준	M	통계	20	지방
7	1	12	한경기	M	통계	21	지방
8	1	15	임철민	M	통계	25	광역시

프로그램 3.10과 같이 성별에 따라 SAS파일을 각각 따로 생성하고자 할 때 **OUPUT** 명령어를 사용하면 조건에 맞는 새로운 SAS파일을 쉽게 다시 생성할 수 있다. **OUPUT** 명령어를 이용하여 조건에 맞는 자료로만 구성된 새로운 SAS파일을 생성하기 위한 일반형식은 다음과 같다.

```
DATA sas파일명_1 sas파일명_2 … sas파일명n;
  SET 기존의 sas파일명;
    IF 조건1 THEN OUPUT sas파일명_1;
     ELSE IF 조건2 THEN  OUPUT sas파일명_2;
       ≀
    ELSE OUPUT sas파일명_n ;
RUN;
```

프로그램 3.11은 **OUTPUT** 명령어를 사용하여 조건에 맞는 자료로만 구성된 새로운 SAS파일을 생성하기 위한 프로그램의 예이다. SAS파일 exam1에서 지역(reg)이 광역시인 관측치들은 kwang이라는 SAS파일로, 지역이 서울인 관측치들은 seoul이라는 SAS파일, 나머지는 country이라는 SAS파일로 분류하여 3개의 새로운 SAS파일을 생성하기 위한 프로그램이다. 3개 파일을 출력한 결과가 다음에 나타나 있다. SET 명령어에서 사용되는 exam1 파일이 **KEEP** 명령어에 의해 먼저 4개의 변수(class, id, name, reg)만을 포함하게 되므로 새로 생성되는 3개의 파일에는 4개의 변수만 포함된다.

프로그램 3.11

IF ~ THEN OUTPUT ~ ; 명령어의 사용

```
DATA kwang seoul country;
  SET exam1(KEEP=class id name reg);
    IF reg='광역시' THEN OUTPUT kwang;
      ELSE IF reg='서울' THEN OUTPUT seoul;
      ELSE OUTPUT country;
RUN;
PROC PRINT DATA=kwang; RUN;
PROC PRINT DATA=seoul; RUN;
PROC PRINT DATA=country;
RUN;
```

결과 3.11

Obs	class	id	name	reg
1	1	2	최경희	광역시
2	1	7	김호준	광역시

Obs	class	id	name	reg
3	1	10	이수미	광역시
4	1	15	임철민	광역시
5	1	14	한미라	광역시

Obs	class	id	name	reg
1	1	1	김승현	서울
2	1	3	강희영	서울
3	1	5	이주형	서울
4	1	8	김선영	서울
5	1	13	김숙희	서울

Obs	class	id	name	reg
1	1	4	이남석	지방
2	1	6	한상철	지방
3	1	9	정동준	지방
4	1	11	이정아	지방
5	1	12	한경기	지방

프로그램 3.9는 **IF** 명령어를 사용하여 새로운 변수를 생성하는 프로그램이고, 프로그램 3.10과 프로그램 3.11은 **IF** 명령어를 사용하여 새로운 SAS파일을 생성하기 위한 프로그램이다.

3.2 SAS 연산자 및 함수

이 절에서는 SAS 데이터 단계에서 수식의 계산에 사용되는 기본적인 SAS 연산자와 SAS 함수를 설명하고자 한다.

1) SAS 연산자

SAS 데이터 단계에서 새로운 변수를 생성하거나 기존의 변수 값을 바꾸기 위한 수식을 정의할 때 사용되는 SAS 연산자에 대해서 살펴보자. SAS 연산자는 산술연산자(arithmetic operator)와 비교연산자(comparison operator), 논리연산자(logical operator)의 세 종류로 구분할 수 있다. 산술연산자는 일반적인 수식의 계산에 사용되는 연산자로 산술연산자와 각 연산자의 기능을 [표 3-1]에 정리하였다.

SAS파일에 포함되어 있는 변수를 이용하여 새로운 변수를 생성하기 위한 방법으로 3.1절에서 설명된 조건문(**IF**)을 사용할 수 있고, 조건에 상관없이 모든 자료에 대해 똑같이 변환하고자 하는 경우에는 기존의 변수들을 연산자를 이용하여 계산함으로써 새로운 변수를 생성할 수 있다.

[표 3-1] 산술연산자의 종류와 기능

연산자	기능	예	설 명
+	더하기	$c=a+b$	a와 b의 합을 계산하여 변수 c에 저장
-	빼기	$d=a-b$	a와 b의 차를 계산하여 변수 d에 저장
*	곱하기	$e=a*b$	a와 b의 곱을 계산하여 변수 e에 저장
/	나누기	$f=a/b$	a의 값을 b로 나눈 결과를 변수 f에 저장
**	거듭제곱	$g=a**b$	a^b을 계산한 값을 변수 g에 저장

프로그램 3.12는 class2 파일의 2반 학생들의 자료에서 각 학생들의 수학점수(math)와 영어점수(eng)의 합을 구하여 total이라는 변수를 생성하기 위해서 산술연산자 +를 사용하였고, 이 변수를 이용하여 각 학생별로 수학점수와 영어점수의 평균을 구하기 위해서 산술연산자 /를 사용하였다. 구해진 두 과목의 평균은 average 변수로 지정하였다. class2 파일에는 11개의 변수가 포함되어 있었으나, 실행 결과 생성되는 SAS파일 dd에는 모두 13개 변수가 포함된다. 또한, dd1 파일은 KEEP 명령어에 의해 지정된 5개 변수만이 포함되며, 이 파일 dd1을 출력하였다.

프로그램 3.12

산술연산자의 사용방법

```
DATA dd;
  SET class2;
    total = math+eng;
    average = total/2;
RUN;
DATA dd1(KEEP=name math eng total average);
  SET dd;
RUN;
PROC PRINT DATA=dd1;
RUN;
```

결과 3.12

Obs	name	math	eng	total	average
1	강성혁	89	72	161	80.5
2	정수진	90	88	178	89.0
3	김수민	74	76	150	75.0
4	정선미	80	78	158	79.0
5	조영기	82	89	171	85.5
6	강은주	77	75	152	76.0
7	전지영	95	84	179	89.5
8	정희숙	81	90	171	85.5
9	강난희	75	81	156	78.0

10	나석영	94	95	189	94.5
11	유승진	89	72	161	80.5
12	김윤정	91	88	179	89.5
13	홍석철	79	75	154	77.0
14	이순철	80	77	157	78.5
15	김수진	72	83	155	77.5

결과 3.12에서 보는 바와 같이 각 관측치별로 수학점수와 영어점수의 합을 계산하여 total이라는 총점을 나타내는 변수가 생성되었으며, 이 값을 2로 나눈 평균점수를 나타내는 average 변수가 생성되었다. ■■■

다음으로 SAS 수식에서 사용되는 비교연산자를 살펴보자. 비교연산자는 연산부호 또는 영문기호를 사용하여 표현할 수 있으며, 영문기호를 사용하는 경우에는 기호 좌우에 반드시 한 칸 이상의 블랭크가 삽입되어야 한다. [표 3-2]는 비교연산자의 종류와 그 기능을 나타내고 있다. 비교연산자의 결과는 항상 참(true) 또는 거짓(false) 중 하나의 결과로 나타나게 되며, 참인 경우 1의 값을 할당하고, 거짓인 경우 0의 값을 할당하게 된다.

[표 3-2] 비교연산자의 종류와 기능

연산부호	영문기호 (설명)	기능
=	EQ (EQual to)	같다
^= (~=)	NE (Not Equal to)	같지 않다
>	GT (Greater Than)	크다
<	LT (Less Than)	작다
>=	GE (Greater than or Equal to)	크거나 같다
<=	LE (Less than or Equal to)	작거나 같다
^>	NG (Not Greater than)	크지 않다
^<	NL (Not Less than)	작지 않다

프로그램 3.13은 1반 학생들(class1 파일)의 두 지능지수 점수를 비교하여 각각의 학생들에게 연수 프로그램의 효과가 있었는지를 출력하기 위한 프로그램이다. 프로그램 연수 후의 지능지수(iq2)가 연수 전의 지능지수(iq1)보다 더 크면, effect라는 변수에 "YES"의 값을, 그렇지 않으면 "NO"의 값을 할당하도록 하였다. 이 프로그램 실행 결과 얻어지는 SAS파일 ee에는 프로그램의 효과를

나타내는 effect 변수가 추가되며, 이 변수는 "YES" 또는 "NO"의 값을 가지게 된다. **KEEP** 명령어를 사용하여 필요한 변수만을 출력하도록 하였다.

프로그램 3.13

비교연산자의 사용방법

```
DATA ee;
  SET class1;
    IF iq1 < iq2 THEN effect='YES';
                 ELSE effect='NO';
RUN;
DATA ee1(KEEP=name iq1 iq2 effect);
  SET ee;
RUN;
PROC PRINT DATA=ee1;
RUN;
```

결과 3.13을 보면 effect 변수가 생성되었고, 이 변수는 YES 또는 NO의 값을 가진다. 즉, 비교연산자(<)에 의해 iq1과 iq2의 값을 비교한 다음 이 결과에 따라 YES 또는 NO의 값을 지정한다. 여기서는 비교연산자 < 가 사용되었으므로 두 값이 동일한 경우에는 NO의 값이 지정된다. ■■■

결과 3.13

Obs	name	iq1	iq2	effect
1	김승현	125	135	YES
2	최경희	118	121	YES
3	강희영	125	128	YES
4	이남석	127	125	NO
5	이주형	118	115	NO
6	한상철	106	116	YES
7	김호준	98	105	YES
8	김선영	114	116	YES
9	정동준	132	130	NO
10	이수미	105	110	YES
11	이정아	126	128	YES
12	한경기	139	138	NO
13	김숙희	137	135	NO
14	한미라	107	115	YES
15	임철민	139	142	YES

다음으로 논리연산자를 고려해보자. 논리연산자는 비교연산자를 사용한 수식을 여러 개 동시에 사용하는 경우에 유용하게 사용된다. 논리연산자도 연산부호와 영문기호를 사용하여 표현할 수 있으며, 영문기호를 사용하는 경우에는 기호 좌우에 반드시 한 칸 이상의 블랭크가 삽입되어야 한다. [표 3-3]은 논리연산자의 종류와 그 기능을 나타내고 있다. 앞에서 설명한 논리연산자는 2개 이상

의 수식을 서로 비교하여 결과를 제공하며, 여러 개의 수식을 비교하는 데에도 사용될 수 있다. 논리연산자의 결과 값은 항상 1 또는 0의 값을 가진다.

[표 3-3] 논리연산자의 종류와 기능

연산부호	영문기호	기능
&	AND	연산자 양쪽의 수식이 모두 참일 때만 1, 그렇지 않으면 0의 값을 할당
|	OR	연산자 양쪽의 수식이 모두 거짓일 때만 0, 그렇지 않은 경우 1의 값을 할당
^( ) 또는 ~( )	NOT( )	( )속의 수식이 참이면 0, 거짓이면 1의 값을 할당

프로그램 3.14는 프로그램 3.12에서 생성된 SAS파일 dd를 이용하여 2반의 각 학생들의 수학점수와 영어점수가 모두 반 평균점수보다 높은 학생들을 알아보려는 프로그램이다. SAS파일 dd에는 평균점수를 나타내는 average 변수가 포함되어 있으므로 수학점수의 반 평균을 나타내는 변수를 m_m, 영어점수의 반평균을 나타내는 변수를 e_m이라고 할 때 수학점수가 반평균보다 높다는 수식 (math>m_m)과 영어점수가 반평균보다 높다는 수식(eng>e_m)을 논리연산자 &(또는 **AND**)를 사용하여 연산한 결과를 변수 a에 저장하고, 이 결과를 포함하는 SAS파일 ff를 생성하였다. 변수 a는 0 또는 1의 값을 가지게 되며, 1의 값을 가지는 학생은 수학점수와 영어점수가 모두 반 평균점수보다 높은 학생을 나타낸다.

SAS파일 ff1은 SAS파일 ff 중에서 변수 a의 값이 1인 학생들만을 포함하도록 조건 함수 **IF**를 사용하였으며, **KEEP** 명령어를 사용하여 4개 변수(name, math, eng, a)만을 포함하도록 하였다.

프로그램 3.14 논리연산자의 사용방법

```
DATA ff;
  SET dd;
    m_m = 83.2;
    e_m = 81.55;
    a = math>m_m & eng>e_m;
RUN;
DATA ff1(KEEP=name math eng a);
  SET ff;
    IF a =1;
RUN;
PROC PRINT DATA=ff1;
RUN;
```

결과 3.14는 SAS파일 ff1을 출력한 결과로 변수 a의 값이 모두 1의 값을 가지고 있다. 이는 수학과 영어점수가 모두 반 평균점수보다 높은 학생이 전체 15명 중 4명이라는 것을 나타낸다. ■■■

결과 3.14

Obs	name	math	eng	a
1	정수진	90	88	1
1	전지영	95	84	1
3	나석영	94	95	1
4	김윤정	91	88	1

2) SAS 함수

함수는 자주 사용되는 수식이나 필요한 값들을 쉽게 구할 수 있도록 사전에 만들어 둔 프로그램으로 사용자들은 함수의 이름과 함수를 정의하는데 필요한 인수를 지정하여 원하는 결과를 빠르고 쉽게 얻을 수 있다. SAS에서도 다양한 함수를 제공하며, SAS함수(SAS function)를 사용하는 일반적인 형식은 다음과 같다.

변수명 = 함수명(인수1, 인수2, ~);

[표 3-4] 산술함수의 종류와 기능

함수명	기능	예	결과
ABS(a)	a의 절대값	x1=ABS(-3.5)	x1=3.5
MAX(a1,a2, ...)	a1, a2, ...의 최대값	x2=MAX(1,3,5)	x2=5
MIN(a1,a2, ...)	a1, a2, ...의 최소값	x3=MIN(10,20)	x3=10
MOD(a1,a2)	a1을 a2로 나눈 나머지	x4=MOD(15,4)	x4=3
SIGN(a)	a가 양수이면 +1, 음수이면 -1, 0이면 0	x5=SIGN(-3.14)	x5=-1
SQRT(a)	a의 제곱근값	x6=SQRT(49)	x6=7

각 함수에서 요구하는 인수와 사용방법이 다르므로 필요한 함수에 대한 인수의 지정방법을 알고 사용해야 한다. 여기서는 자주 사용되는 몇 가지 SAS 함수의 종류와 기능, 사용방법에 대해서만 설명하고자 한다. SAS에서는 약 300여개의 함수들이 정의되어 있으므로 여기서 설명되지 않은 함수에 대한 사용법은

SAS의 도움말을 참조하기 바란다. [표 3-4]는 산술함수(arithmetic function)의 종류와 기능을 나타내고 있다.

프로그램 3.15 산술함수의 사용방법

```
DATA f2_5;
  x1=ABS(-3.5);
  x2=MAX(1,3,5);
  x3=MIN(10,20);
  x4=MOD(15,4);
  x5=SIGN(-3.14);
  x6=SQRT(49);
RUN;
PROC PRINT DATA=f2_5;
RUN;
```

프로그램 3.15는 [표 3-4]의 몇 가지 산술함수를 사용하여 계산한 결과를 얻기 위한 프로그램이다.

결과 3.15

```
Obs   x1    x2   x3   x4   x5   x6
 1    3.5   5    10   3    -1   7
```

[표 3-5]는 연산결과의 자리수를 제어하기 위한 절단함수(truncation function)의 종류와 사용방법을 나타낸다. **ROUND** 함수에서 단위 부분의 값은 ⋯ 100, 10, 1, 0.1, 0.01, 0.001, ⋯ 의 값이 사용된다.

[표 3-5] 절단함수의 종류와 기능

함수명	기능	예	결과
CEIL(b)	b보다 같거나 큰 가장 작은 정수	y1=CEIL(3.58)	y1=4
FLOOR(b)	b보다 같거나 작은 가장 큰 정수	y2=FLOOR(-5.4)	y2=-6
INT(b)	b의 정수부분의 값	y3=INT(-1.58)	y3=-1
ROUND(b,단위)	b의 값을 반올림하여 주어진 단위까지 표시	y4=ROUND(132.46,0.1)	y4=132.5

프로그램 3.16은 [표 3-5]의 절단함수를 사용한 예를 보여준다. 여기서 변수 y4는 **ROUND** 함수에서 단위가 0.1이므로 132.46 값을 반올림하여 소수점 이

하 첫째자리까지 표시되어야 하므로 132.5의 값을 가지게 된다.

프로그램 3.16 절단함수의 사용방법

```
DATA f2_6;
  y1=CEIL(3.58);
  y2=FLOOR(-5.4);
  y3=INT(-1.58);
  y4=ROUND(132.46,0.1);
RUN;
PROC PRINT DATA=f2_6;
RUN;
```

결과 3.16

```
Obs   y1   y2   y3     y4
 1     4   -6   -1   132.5
```

[표 3-6] 수학함수의 종류와 기능

함수명	기능	예	결과
EXP(c)	지수승(e^c)	z1=EXP(1)	z1=2.71828
GAMMA(c)	c의 감마함수($\Gamma(c)$)	z2=GAMMA(4)	z2=6
LOG(c)	c의 자연로그($\ln_e c$)	z3=LOG(10)	z3=2.30259
LOG10(c)	c의 상용로그($\log_{10} c$)	z4=LOG10(100)	z4=2

[표 3-6]과 [표 3-7]은 수학에서 자주 사용되는 몇 가지 수학함수(mathematical function)와 삼각함수(trigonometric function)의 종류와 기능을 각각 설명하고 있다. [표 3-7]에 제시된 삼각함수 외에 역삼각함수 값을 얻기 위한 **ARCOS**, **ARSIN**, **ATAN** 함수가 있다. 프로그램 3.17은 [표 3-6]의 여러 가지 수학함수를 사용하여 계산한 결과를 얻기 위한 프로그램이다.

프로그램 3.17 수학함수의 사용방법

```
DATA f2_7;
  z1=EXP(1);
  z2=GAMMA(4);
  z3=LOG(10);
  z4=LOG10(100);
RUN;
PROC PRINT DATA=f2_7;
RUN;
```

결과 3.17

Obs	z1	z2	z3	z4
1	2.71828	6	2.30259	2

[표 3-7] 삼각함수의 종류와 기능

함수명	기능	예	결과
COS(d)	d의 코사인 값	w1=COS(pi/3)	w1=0.50000
SIN(d)	d의 사인 값	w2=SIN(pi/3)	w2=0.86603
TAN(d)	d의 탄젠트 값	w3=TAN(pi/3)	w3=1.73205

프로그램 3.18은 [표 3-7]의 삼각함수를 사용하여 계산한 결과를 얻기 위한 프로그램이다.

프로그램 3.18

삼각함수의 사용방법

```
DATA f2_8;
  pi=3.141592654;
  w1=COS(pi/3);
  w2=SIN(pi/3);
  w3=TAN(pi/3);
RUN;
PROC PRINT DATA=f2_8;
RUN;
```

결과 3.18

Obs	pi	w1	w2	w3
1	3.14159	0.50000	0.86603	1.73205

[표 3-8]은 통계학에서 자주 사용되는 표본 통계량 값을 구하기 위한 표본 통계량 함수(sample statistic function)의 종류와 기능을 설명하고 있다. 이 값들은 4장에서 설명되는 SAS의 다른 여러 프로시저들을 통해서도 얻을 수 있다. 표본 통계량 함수에서 지정되는 인수 e1, e2, ...는 값 또는 변수가 지정될 수 있다.연속된 이름을 가지는 여러 개의 변수에 대한 표본 통계량 함수는 **MEAN(OF** e1-e10)와 같이 정의할 수 있는데 이는 e1부터 e10까지의 10개 변수 값들의 평균을 구하기 위한 것이다. 각 함수에 의해 구해지는 통계량의 의미에 대한 설명은 4장의 자료의 정리 및 요약 부분을 참조하기 바란다.

[표 3-8] 표본 통계량 함수의 종류와 기능

함수명	기능	예	결과
MEAN(e1, e2, ...)	e1, e2, ...의 평균	v1=MEAN(1,2,3,4,5)	v1=3
SUM(e1, e2, ...)	e1, e2, ...의 합	v2=SUM(1,2,3,4,5)	v2=15
STD(e1, e2, ...)	e1, e2, ...의 표준편차	v3=STD(1,2,3,4,5)	v3=1.58114
VAR(e1, e2, ...)	e1, e2, ...의 분산	v4=VAR(1,2,3,4,5)	v4=2.5
CV(e1, e2, ...)	e1, e2, ...의 변동계수	v5=CV(1,2,3,4,5)	v5=52.7046
RANGE(e1, e2, ...)	e1, e2, ...의 범위	v6=RANGE(1,2,3,4,5)	v6=4
STDERR(e1, e2, ...)	e1, e2, ...의 평균에 대한 표준오차	v7=STDERR(1,2,3,4,5)	v7=0.70711
KURTOSIS(e1, e2, ...)	e1, e2, ...의 첨도	v8=KURTOSIS(1,2,3,4,5)	v8=-1.2
SKEWNESS(e1, e2, ...)	e1, e2, ...의 왜도	v9=SKEWNESS(1,2,3,4,5)	v9=0

프로그램 3.19
표본통계량 함수의 사용방법

```
DATA f2_9;
  v1=MEAN(1,2,3,4,5);
  v2=SUM(1,2,3,4,5);
  v3=STD(1,2,3,4,5);
  v4=VAR(1,2,3,4,5);
  v5=CV(1,2,3,4,5);
  v6=RANGE(1,2,3,4,5);
  v7=STDERR(1,2,3,4,5);
  v8=KURTOSIS(1,2,3,4,5);
  v9=SKEWNESS(1,2,3,4,5);
RUN;
PROC PRINT DATA=f2_9;
RUN;
```

프로그램 3.19는 [표 3-8]의 표본 통계량 함수를 사용하여 계산한 결과를 얻기 위한 프로그램이다.

결과 3.19

```
OBS  v1  v2     v3     v4     v5     v6    v7      v8   v9
 1    3  15  1.58114  2.5  52.7046   4  0.70711  -1.2   0
```

3.3 SAS 함수를 이용한 확률분포

자료 분석을 올바르게 수행하기 위해서는 통계학에서 사용되는 다양한 확률분포에 대한 이해가 필수적이라고 할 수 있다. 이 절에서는 확률분포와 관련된 부분에 있어서 이론적인 부분이 아닌 확률(probability) 계산, 분위수(quantile) 계산, 난수(random number) 발생 등 자료 분석을 위해서 필요한 부분을 SAS 함수를 활용하여 얻는 방법에 대하여 자세히 소개하고자 한다. 즉 정규분포를 중심으로 다양한 확률분포에 대하여 확률밀도함수(pdf : probability density function), 분포함수(cdf : cumulative distribution function), 분위수함수(quantile function), 난수발생함수(random number generating function) 등을 활용하는 방법을 다루고자 한다.

1) 확률함수 사용하기

확률변수 X가 평균이 μ이고 분산이 σ^2인 정규분포를 따르는 경우에 확률밀도함수는 다음과 같다.

$$f(x) = \frac{1}{\sqrt{2\pi}\sigma} e^{-\frac{(x-\mu)^2}{2\sigma^2}}$$

위와 같은 확률밀도함수에 대하여 특정 확률변수 값 x에 대응하는 $f(x)$ 값을 구하기 위해서는 다음과 같은 형식으로 PDF 함수를 사용한다.

PDF('NORMAL', x, μ, σ);

위의 일반 사용형식에서 사용되는 옵션은 다음과 같은 의미로 사용된다.

- x : 확률밀도함수 값을 구하고자 하는 x 값을 지정한다.
- μ : 정규분포의 평균 값을 지정한다.
- σ : 정규분포의 표준편차 값을 지정한다.

프로그램 3.20 정규분포의 확률밀도함수 값 구하기

```
DATA f2_10;
  pdf1=PDF('NORMAL', -1, 0, 1);
  pdf2=PDF('NORMAL', 0, 0, 1);
  pdf3=PDF('NORMAL', 1, 0, 1);
RUN;
PROC PRINT DATA=f2_10;
RUN;
```

프로그램 3.20은 **PDF** 함수를 사용하여 정규분포에서 확률밀도함수 값을 얻기 위한 프로그램이다. 즉, 확률변수 X가 평균이 0이고 분산이 1인 정규분포를 따른다고 가정하고, 이 때, $x=-1,0,1$에 대응하는 확률밀도함수 값 $f(-1)$, $f(0)$, $f(1)$의 값을 구한 것이다.

결과 3.20

Obs	pdf1	pdf2	pdf3
1	0.24197	0.39894	0.24197

프로그램 3.20에서 설명한 정규분포 이외에 다른 이산형 확률분포와 연속형 확률분포들도 자료분석을 위해 사용되는데, 대표적인 확률함수의 사용형식을 [표 3-9]에 정리하였다.

[표 3-9] 확률함수의 사용형식

확률분포		사용 형식
이산형	성공의 확률이 p인 베르누이분포	PDF('BERNOULLI', x,p)
	시행의 횟수가 n이고 성공의 확률이 p인 이항분포	PDF('BINOMIAL', x,p,n)
	성공의 확률이 p인 기하분포	PDF('GEOMETRIC', x,p)
	초기하분포	PDF('HYPER', x,N,R,n)
	성공의 확률이 p인 음이항분포	PDF('NEGBINOMIAL', x,p,n)
	평균 발생횟수가 m인 포아송분포	PDF('POISSON', x,m)
연속형	구간이 (a,b)인 균등분포	PDF('UNIFORM', x,a,b)
	평균이 μ이고 표준편차가 σ인 정규분포	PDF('NORMAL', x,μ,σ)
	자유도가 df인 t분포	PDF('T', x, df)
	평균 발생률이 $1/\lambda$인 지수분포	PDF('EXPONENTIAL', x,$1/\lambda$)
	두 모수가 a, b인 베타분포	PDF('BETA', x,a,b)
	두 모수가 a,$1/\lambda$인 감마분포	PDF('GAMMA', x,a,$1/\lambda$)
	자유도가 df인 카이제곱 분포	PDF('CHISQUARE', x, df)

프로그램 3.21은 확률변수 X가 시행의 횟수가 30이고 성공할 확률이 0.2인 이항분포 즉 $X \sim B(30,0.2)$일 때 $P(X=4)$, $P(X=6)$, $P(X=8)$의 값을 구한 것이다.

프로그램 3.21
이항분포의 확률함수 값 구하기

```
DATA f2_11;
  pdf1=PDF('BINOMIAL', 4, 0.2, 30);
  pdf2=PDF('BINOMIAL', 6, 0.2, 30);
  pdf3=PDF('BINOMIAL', 8, 0.2, 30);
RUN;
PROC PRINT DATA=f2_11;
RUN;
```

결과 3.21

Obs	pdf1	pdf2	pdf3
1	0.13252	0.17946	0.11056

2) 분포함수 사용하기

확률변수 X가 평균이 μ이고 분산이 σ^2인 정규분포를 따르는 경우에 분포함수(cumulative distribution function)는 다음과 같다.

$$F(x) = P(X \le x)$$

위와 같이 정의되는 분포함수를 사용하면 분석자가 원하는 다양한 형태의 확률 값을 얻을 수 있다. 특정 확률변수 값 x에 대한 분포함수 값을 구하기 위해서는 다음과 같은 형식으로 **CDF** 함수를 사용한다.

CDF('NORMAL', x, μ, σ);

위의 일반 사용형식에서 사용되는 옵션은 다음과 같은 의미로 사용된다.

- x : 분포함수 값을 구하고자 하는 x 값을 지정한다.
- μ : 정규분포의 평균 값을 지정한다.
- σ : 정규분포의 표준편차 값을 지정한다.

프로그램 3.22와 프로그램 3.23은 **CDF** 함수를 사용하여 확률변수 X가 표준정규분포를 따를 때 확률 $P(X \le -1.645)$와 $P(X \le 0)$, $P(X \le 1.645)$와 $P(-1.645 \le X \le 0)$의 값을 구한 것이다.

[표 3-10]은 대표적인 확률분포의 분포함수 사용형식을 정리한 것이다.

[표 3-10] 분포함수의 사용 형식

확률분포		사용 형식
이산형	성공의 확률이 p인 베르누이분포	CDF('BERNOULLI', x,p)
	시행의 횟수가 n이고 성공의 확률이 p인 이항분포	CDF('BINOMIAL', x,p,n)
	성공의 확률이 p인 기하분포	CDF('GEOMETRIC', x,p)
	초기하분포	CDF('HYPER', x,N,R,n)
	성공의 확률이 p인 음이항분포	CDF('NEGBINOMIAL', x,p,n)
	평균 발생횟수가 m인 포아송분포	CDF('POISSON', x,m)
연속형	구간이 (a,b)인 균등분포	CDF('UNIFORM', x,a,b)
	평균이 μ이고 표준편차가 σ인 정규분포	CDF('NORMAL', x,μ,σ)
	자유도가 df인 t-분포	CDF('T', x, df)
	평균 발생률이 $1/\lambda$인 지수분포	CDF('EXPONENTIAL', $x,1/\lambda$)
	두 모수가 a, b인 베타분포	CDF('BETA', x,a,b)
	두 모수가 $a,1/\lambda$인 감마분포	CDF('GAMMA', $x,a,1/\lambda$)
	자유도가 df인 카이제곱 분포	CDF('CHISQUARE', x, df)

프로그램 3.22
정규분포에서 확률 구하기

```
DATA f2_12;
  cdf1=CDF('NORMAL', -1.645, 0, 1);
  cdf2=CDF('NORMAL', 0, 0, 1);
  cdf3=CDF('NORMAL', 1.645, 0, 1);
RUN;
PROC PRINT DATA=f2_12;
RUN;
```

결과 3.22

```
Obs    cdf1        cdf2    cdf3
1      0.049985    0.5     0.95002
```

프로그램 3.23

정규분포에서 확률 구하기

```
DATA f2_13;
  cdf1=CDF('NORMAL', -1.645, 0, 1);
  cdf2=CDF('NORMAL', 0, 0, 1);
  prob=cdf2-cdf1;
RUN;
PROC PRINT DATA=f2_13;
RUN;
```

결과 3.23

Obs	cdf1	cdf2	prob
1	0.049985	0.5	0.45002

3) 분위수함수 사용하기

확률변수 X가 평균이 μ이고 분산이 σ^2인 정규분포를 따를 때 x의 값이 주어진 경우 **CDF** 함수를 이용하여 누적확률 $P(X \le x)$의 값을 구하는 방법을 설명하였다. 이제는 확률변수 X가 평균이 μ이고 분산이 σ^2인 정규분포를 따르고, 확률 $P(X \le x)$의 값이 주어진 경우 x의 값을 구하고자 하는데 이를 위해서는 **QUANTILE** 함수를 사용한다.

QUANTILE('NORMAL', *prob*, μ, σ**);**

위의 일반 사용형식에서 사용되는 옵션은 다음과 같은 의미로 사용된다.

- *prob* : 누적확률 값 즉, $P(X \le x)$ 의 값을 지정한다.
- μ : 정규분포의 평균 값을 지정한다.
- σ : 정규분포의 표준편차 값을 지정한다.

일반적으로 확률변수 Z가 평균이 0이고 표준편차가 1인 표준정규분포를 따를 때 $P(Z \ge z) = \alpha$를 만족하는 z의 값을 z_α라고 표기하고, 확률변수 T가 자유도가 $(n-1)$인 t-분포를 따를 때 $P(T \ge t) = \alpha$를 만족하는 t의 값을 $t_{(\alpha, n-1)}$와 같이 표기한다.

프로그램 3.24

정규분포에서 분위수 구하기

```
DATA f2_14;
  qf1=QUANTILE('NORMAL', 0.05, 0, 1);
  qf2=QUANTILE('NORMAL', 0.5, 0, 1);
  qf3=QUANTILE('NORMAL', 0.95, 0, 1);
RUN;
PROC PRINT DATA=f2_14;
RUN;
```

프로그램 3.24는 확률변수 X의 분포가 $N(0,1)$일 때, $P(X \le x) = 0.05$를 만족하는 x의 값과 $P(X \le x) = 0.5$, $P(X \le x) = 0.95$를 만족하는 x의 값을 구한 것이다. 이때 결과로부터 $z_{0.05} = 1.64485$라고 표기할 수 있다.

결과 3.24

Obs	qf1	qf2	qf3
1	-1.64485	0	1.64485

프로그램 3.25는 확률변수 X가 자유도가 각각 10, 20, 30, 50인 t-분포를 따를 때, $P(X \le x) = 0.05$를 만족하는 x의 값을 분위수함수

QUANTILE('T', *prob*, df)

를 사용해서 구한 것이다.

프로그램 3.25 t-분포에서 분위수 구하기

```
DATA f2_15;
  qf1=QUANTILE('T', 0.05, 10);
  qf2=QUANTILE('T', 0.05, 20);
  qf3=QUANTILE('T', 0.05, 30);
  qf4=QUANTILE('T', 0.05, 50);
RUN;
PROC PRINT DATA=f2_15;
RUN;
```

결과 3.25를 이용하면 $P(T \ge t) = \alpha$를 만족하는 t의 값을 $t_{(\alpha, n-1)}$와 같이 표기할 수 있으므로 $t_{(0.95,10)} = -1.81246$, $t_{(0.05,10)} = 1.81246$와 같이 나타낼 수 있다. 또한, 프로그램 3.24와 프로그램 3.25의 결과로부터 t-분포의 자유도가 커짐에 따라 $t_{(0.05, n-1)}$ 값이 표준정규분포에서의 $z_{0.05}$ 값에 가까워지는 것을 볼 수 있다.

결과 3.25

Obs	qf1	qf2	qf3	qf4
1	-1.81246	-1.72472	-1.69726	-1.67591

다음에 제시된 [표 3-11]은 대표적인 확률분포들의 분위수함수의 사용형식을 정리한 것이다.

[표 3-11] 분위수함수의 사용 형식

확률분포		사용 형식
이산형	성공의 확률이 p인 베르누이분포	QUANTILE('BERNOULLI', $prob,p$)
	시행의 횟수가 n이고 성공의 확률이 p인 이항분포	QUANTILE('BINOMIAL',$prob,p,n$)
	성공의 확률이 p인 기하분포	QUANTILE('GEOMETRIC',$prob,p$)
	초기하분포	QUANTILE('HYPER',$prob,N,R,n$)
	성공의 확률이 p인 음이항분포	QUANTILE('NEGBINOMIAL', $prob,p,n$)
	평균 발생횟수가 m인 포아송분포	QUANTILE('POISSON', $prob$, m)
연속형	구간이 (a,b)인 균등분포	QUANTILE('UNIFORM', $prob$, a, b)
	평균이 μ이고 표준편차가 σ인 정규분포	QUANTILE('NORMAL', $prob$, μ, σ)
	자유도가 df인 t-분포	QUANTILE('T', $prob$, df)
	평균 발생률이 $1/\lambda$인 지수분포	QUANTILE('EXPONENTIAL', $prob,1/\lambda$)
	두 모수가 a, b인 베타분포	QUANTILE('BETA', $prob,a,b$)
	두 모수가 $a,1/\lambda$인 감마분포	QUANTILE('GAMMA', $prob,a,1/\lambda$)
	자유도가 df인 카이제곱 분포	QUANTILE('CHISQUARE', $prob$, df)

4) 난수발생함수 사용하기

SAS에서는 모의실험(simulation study)을 위해 필요한 모의자료(simulation data)를 얻기 위한 난수함수(random number function)를 제공하고 있다. 난수함수를 사용하여 얻어지는 자료는 지정된 확률분포를 따른다고 가정되는 변량의 값이다. SAS에서 특정 확률분포를 따르는 난수를 발생시키기 위해서는 **RAND** 함수를 사용한다. 난수발생을 위해서는 난수발생시 사용할 초기값 즉 seed 값을 지정해야 하는데, 일반적으로 **RAND** 함수는 난수함수가 실행될 때의 컴퓨터 내의 시간이 초기값으로 사용된다. 따라서 **RAND** 함수를 실행시킬 때 마다 서로 다른 모의자료를 얻게 된다. 만약 고정된 특정 초기값을 사용하여 동일한 난수를 발생하고 싶다면 **CALL STREAMINIT**(seed) 문을 먼저 실행한 후에 **RAND** 함수를 실행하면 된다. 평균이 μ이고 분산이 σ^2인 정규분포를 따르는 난수를 생성하고 싶다면, 다음과 같은 형식으로 **RAND** 함수를 사용한다.

RAND('NORMAL', μ, σ);

위의 일반 사용형식에서 사용되는 옵션은 다음과 같은 의미로 사용된다.

- μ : 정규분포의 평균 값을 지정한다.
- σ : 정규분포의 표준편차 값을 지정한다.

프로그램 3.26은 정규분포 $N(75,5^2)$를 따르는 30개의 난수를 생성하기 위한 프로그램이다. 30개의 난수를 생성하기 위해서 **DO ~ END** 명령어가 사용되었으며, **OUTPUT** 명령어는 각 단계에서 생성되는 난수 x의 값을 SAS파일 f2_16에 저장하도록 하는 것이다.

프로그램 3.26 정규분포를 따르는 난수 발생

```
DATA f2_16;
  DO I=1 TO 30;
    x=RAND('NORMAL', 75, 5);
    OUTPUT;
  END;
RUN;
PROC PRINT DATA=f2_16;
RUN;
```

결과 3.26

Obs	i	x
1	1	71.7491
2	2	67.0252
3	3	69.5939
4	4	76.3047
5	5	69.0747
6	6	73.7165
7	7	74.5901
8	8	69.1458
9	9	80.8745
10	10	76.7599
11	11	75.4321
12	12	77.3727
13	13	84.9774
14	14	76.6187
15	15	77.5661
16	16	69.9846
17	17	70.0150
18	18	80.4401
19	19	81.4776
20	20	76.3906
21	21	72.4009
22	22	75.0773

23	23	72.7198
24	24	71.1977
25	25	77.6484
26	26	63.9511
27	27	82.0999
28	28	82.7976
29	29	65.2944
30	30	64.8170

결과 3.26은 프로그램이 실행될 때의 컴퓨터 내의 시간을 초기값으로 사용한 결과이기 때문에 프로그램을 실행시킬 때마다 다른 난수로 구성된 SAS파일이 얻어진다. 프로그램 3.27은 동일한 난수로 이루어진 데이터를 생성하기 위한 프로그램으로 **CALL STREAMINIT**(seed) 문을 먼저 실행한 후에 **RAND** 함수를 실행하여 난수를 얻은 결과이다.

프로그램 3.27
정규분포를 따르는 동일한 난수 발생

```
DATA f2_17;
  CALL STREAMINIT(12345);
  DO I=1 TO 30;
     x=RAND('NORMAL', 75, 5);
     OUTPUT;
  END;
RUN;
```

프로그램 3.28은 [표 3-12]에 제시된 **RAND** 함수를 사용해서 균등분포 $U(0,1)$과 균등분포 $U(5,10)$를 따르는 30개의 난수를 각각 생성하기 위한 프로그램이다.

프로그램 3.28
균등분포를 따르는 난수 발생

```
DATA f2_18;
  DO I=1 TO 30;
     x1=RAND('UNIFORM', 0, 1);
     x2=RAND('UNIFORM', 5, 10);
     OUTPUT;
  END;
RUN;
```

다음에 제시된 [표 3-12]는 다양한 확률분포에 대한 난수발생함수의 사용형식을 나타낸다.

이 장에서 설명된 SAS 연산자와 함수 이외에도 데이터 단계에서 변수 또는 관측치들을 다양하게 제어할 수 있는 다른 명령어들이 많이 있다. 여기서는 기본적인 몇 가지만을 소개하였으므로 자세한 내용과 사용 방법은 SAS 도움말을 참고하기 바란다.

[표 3-12] 난수발생함수의 사용 형식

	확률분포	사용 형식
이산형	성공의 확률이 p인 베르누이분포	RAND('BERNOULLI', p)
	시행의 횟수가 n이고 성공의 확률이 p인 이항분포	RAND('BINOMIAL', p,n)
	성공의 확률이 p인 기하분포	RAND('GEOMETRIC', p)
	초기하분포	RAND('HYPER', N,R,n)
	성공의 확률이 p인 음이항분포	RAND('NEGBINOMIAL', p,n)
	평균 발생횟수가 m인 포아송분포	RAND('POISSON', m)
연속형	구간이 (a,b)인 균등분포	RAND('UNIFORM', a,b)
	평균이 μ이고 표준편차가 σ인 정규분포	RAND('NORMAL', μ,σ)
	자유도가 df인 t-분포	RAND('T', df)
	평균 발생률이 $1/\lambda$인 지수분포	RAND('EXPONENTIAL', $1/\lambda$)
	두 모수가 a, b인 베타분포	RAND('BETA', a,b)
	두 모수가 $a,1/\lambda$인 감마분포	RAND('GAMMA', $a,1/\lambda$)
	자유도가 df인 카이제곱 분포	RAND('CHISQUARE', df)

프로시저요약

3장

SET을 이용한 SAS파일의 구성

```
DATA 새로운 sas파일명;
  SET 존재하는 sas파일명1;
RUN;
```

```
DATA 새로운 sas파일명;
  SET 존재하는 sas파일명1 sas파일명2 ~;
RUN;
```

MERGE를 이용한 SAS파일의 구성

```
DATA 새로운 sas파일명;
  MERGE 존재하는 sas파일명1 sas파일명2 ~;
  BY 변수명;
RUN;
```

SAS파일에서 특정변수만 포함

```
DATA 새로운 sas파일명;
  SET 존재하는 sas파일명;
    KEEP 포함시키고자 하는 변수명1 변수명2 ~;
RUN;
```

```
DATA 새로운 sas파일명
      (KEEP=포함시키고자 하는 변수명1 변수명2 ~);
  SET 존재하는 sas파일명;
RUN;
```

SAS파일에서 특정변수만 제거

```
DATA 새로운 sas파일명;
  SET 존재하는 sas파일명;
    DROP 제거하고자 하는 변수명1 변수명2 ~;
RUN;
```

```
DATA 새로운 sas파일명
       (DROP=제거하고자 하는 변수명1 변수명2 ~);
  SET 존재하는 sas파일명;
RUN;
```

■ 조건문

```
DATA sas파일명;
SET sas파일명;
 IF 조건1 THEN 조건1이 참일 때 실행될 문장;
 ELSE IF 조건2 THEN 조건2가 참인 경우 실행될 문장;
 ELSE IF 조건3 THEN 조건3이 참인 경우 실행될 문장;
                    ~
 ELSE 위 조건이 모두 거짓인 경우 실행될 문장;
RUN;
```

```
DATA sas파일명;
 SET sas파일명;
  IF 조건 ~;
RUN;
```

```
DATA sas파일명1 sas파일명2 ~ sas파일명n;
 SET sas파일명;
  IF 조건1 THEN OUTPUT sas파일명1;
    ELSE IF 조건2 THEN OUTPUT sas파일명2;
                    ~
    ELSE OUTPUT sas파일명n;
RUN;
```

실 습 문 제

3장

3.1 실습문제 2.3에서 생성된 SAS파일 exam2_3을 이용하여 총점과 평균점수를 구하시오. 이 때 다음과 같은 조건을 만족하도록 프로그램을 작성하시오.

- □ 새로 생성되는 SAS파일명은 exam3_1로 지정하시오.
- □ 중간성적과 기말성적을 더하여 총점(변수명:tot)을 계산하시오.
- □ 총점을 2로 나누어 평균점수(변수명:avr)를 계산하고, 이 값을 소소점 이하 첫째 자리에서 반올림하시오.

3.2 실습문제 3.1에서 생성된 SAS파일 exam3_1을 이용하여 다음과 같은 조건을 만족하도록 학점을 부여하는 프로그램을 작성하시오.

- □ 새로 생성되는 SAS파일명은 exam3_2로 지정하시오.
- □ 새로 생성되는 학점의 변수명은 grade로 지정하시오.
- □ 학점은 다음과 같은 기준에 의해서 부여하시오.

평균점수(avr)	학점(grade)
90점 이상	A
80점 이상 ~ 90점 미만	B
70점 이상 ~ 80점 미만	C
60점 이상 ~ 70점 미만	D
60점 미만	F

- □ 새로운 SAS파일 exam3_2가 id와 avr, grade의 세 변수만 포함하도록 하시오.

3.3 다음의 확률을 구하는 프로그램을 작성하시오.

- □ 새로 생성되는 SAS파일명은 exam3_3으로 지정하시오.
- □ 확률변수 X가 $n=20$이고 $p=0.2$인 이항분포를 따를 때 $P(X=5)$와 $P(10 \le X \le 15)$의 값을 구하시오. 단, 변수명은 각각 p1과 p2로 지정하시오.
- □ 확률변수 Y가 평균이 60이고 분산이 25인 정규분포를 따를 때 $P(65 < Y < 70)$의 값과 $P(Y \le y) = 0.95$를 만족하는 y의 값을 구하시오. 단, 변수명은 각각 p3, p4로 지정하시오.

3.4 다음과 같은 특정 확률분포를 따르는 난수를 발생하는 프로그램을 작성하시오.

- □ 새로 생성되는 SAS파일명은 exam3_4으로 지정하시오.
- □ 변수명을 u로 하여 균등분포 $U(3,7)$를 따르는 난수 50개를 생성하시오.
- □ 변수명은 n으로 하여 정규분포 $N(80,3^2)$를 따르는 난수 50개를 생성하시오.

제 4장

SAS 기본 프로시저
(SAS Procedure)

4.1 출력 및 정렬 프로시저

4.2 그래프 작성 프로시저

4.1 출력 및 정렬 프로시저

1) PROC PRINT

PRINT는 SAS파일에 포함되어 있는 모든 변수들을 포함하여 관측값들을 출력하기 위해 사용되는 프로시저이다. **DATA=sas파일명**에 지정된 SAS파일을 출력하며, 이 명령어가 생략되면 가장 최근에 만들어진 SAS파일을 출력한다. **VAR** 명령어가 사용되지 않으면, 모든 변수들에 대한 결과를 출력하며, 특정 변수들만을 출력하고자 할 때는 **VAR** 명령어

에 출력하고자 하는 변수명만을 나열하면 된다.

```
PROC PRINT DATA=sas파일명;
  VAR 변수명1 변수명2 ~;
RUN;
```

프로그램 4.1은 class1 파일을 출력하기 위한 프로그램으로 **VAR**에 지정된 4개 변수만 출력하게 된다.

프로그램 4.1 PRINT 명령문의 사용 방법

```
PROC PRINT DATA=class1;
  VAR class name gender reg;
RUN;
```

결과 4.1

Obs	class	name	gender	reg
1	1	김승현	M	서울
2	1	최경희	F	광역시
3	1	강희영	F	서울
4	1	이남석	M	지방
5	1	이주형	M	서울
6	1	한상철	M	지방
7	1	김호준	M	광역시
8	1	김선영	F	서울
9	1	정동준	M	지방
10	1	이수미	F	광역시
11	1	이정아	F	지방
12	1	한경기	M	지방
13	1	김숙희	F	서울
14	1	한미라	F	광역시
15	1	임철민	M	광역시

2) PROC SORT

SORT는 SAS파일에 포함된 특정변수를 기준으로 오름차순 또는 내림차순으로 관측값들을 정렬하고자 할 때 사용된다. 정렬방법이 지정되지 않으면 오름차순으로 정렬되는 것이 기본이며, 내림차순으로 정렬하고자 할 때에는 이를 지정하기 위한 옵션이 필요하다. **OUT=** 은 생략 가능하지만 이 명령어에 의해 새로운 파일명이 주어지지 않으면 기존의 SAS파일이 정렬된 파일로 대체된다.

다른 SAS 프로시저에서 **BY** 명령어를 사용하기 위해서는 반드시 프로시저를 실행하기 전에 **SORT** 프로시저에 의해 **BY** 명령어에 지정된 변수에 대해 자료가 정렬되어 있어야 한다. 모든 **BY** 명령어는 지정된 변수에 대해서 **SORT** 프로시저에 의해 정렬되지 않은 경우 사용할 수 없다.

```
PROC SORT DATA=sas파일명 OUT=새로운sas파일명;
  BY [DESCENDING] 변수명1 [DESCENDING] 변수명2 ~;
RUN;
```

SORT 프로시저의 일반형식에서 각 옵션의 내용은 다음과 같다.

OUT=

정렬된 결과를 저장할 새로운 SAS파일명을 지정하기 위한 명령어로 이를 사용하면 정렬하기 전의 원본 파일과 정렬한 후의 파일 2개가 존재하게 된다. 이 명령어가 사용되지 않으면 원래의 SAS파일이 정렬한 후의 파일로 대체된다.

BY

정렬할 때 기준이 되는 변수명을 지정한다. 하나 이상의 변수가 지정되는 경우는 지정된 순서대로 첫 번째로 지정된 변수에 의해 먼저 정렬이 되고, 그 상태에서 두 번째 지정된 변수에 의해 정렬과정이 수행된다.

DESCENDING

내림차순으로 정렬하기 위해서 사용되는 옵션으로 정렬하고자 하는 변수명 앞에 지정한다. 이 옵션이 지정되지 않으면 오름차순으로 정렬된다.

프로그램 4.2
SORT 명령문의 사용 방법

```
PROC SORT DATA=class2 OUT=fa;
  BY DESCENDING iq1;
RUN;
PROC PRINT DATA=fa;
  VAR class name iq1;
RUN;
```

프로그램 4.2는 class2 파일을 iq1 변수에 의해 내림차순으로 정렬한 결과를 새로운 SAS파일 fa에 저장한 다음 이를 출력하는 프로그램이다. 내림차순으로 정렬되었으므로 변수 iq1의 값이 큰 순서로 출력되며, **PRINT** 프로시저의 **VAR** 명령어에 의해 전체 변수 중에서 class, name, iq1 3개 변수만을 출력하도록 하였다. 프로그램 4.2의 실행 결과 원래의 SAS파일 class2는 변환되지 않는다. 만약에 **OUT=**fa 명령어가 생략되었다면 iq1 변수에 의해 정렬된 결과가 SAS 파일 class2에 저장된다.

결과 4.2

Obs	class	name	iq1
1	2	나석영	145
2	2	정수진	140
3	2	전지영	137
4	2	강성혁	127
5	2	정희숙	127
6	2	홍석철	127
7	2	김윤정	125
8	2	이순철	125
9	2	강은주	124
10	2	유승진	124
11	2	정선미	123
12	2	김수민	120
13	2	조영기	116
14	2	강난희	111
15	2	김수진	109

4.2 그래프 작성 프로시저

1) PROC PLOT

PLOT은 SAS파일에 포함된 두 변수 사이의 선형관계 또는 분포형태 등을 파악하기 위한 산점도를 제공해주는 프로시저이다. 이 프로시저의 일반적인 형식은 다음과 같다.

```
PROC PLOT DATA=sas파일명;
  PLOT 변수명1*변수명2 / HAXIS=a TO b BY c
                         VAXIS=d TO e BY f ;
  PLOT 변수명1*(변수명2 변수명3)='기호 또는 변수명';
  PLOT 변수명1*변수명2='기호' 변수명1*변수명3='기호' ~
       / OVERLAY;
RUN;
```

PLOT

* 기호에 의해 지정된 두 변수 사이의 산점도를 제공한다. 변수명1이 y축에 변수명2가 x축에 표시되며, 두번째와 같이 **PLOT** 명령문을 사용하는 경우 (변수명1과 변수명2), (변수명1과 변수명3)에 대한 2개의 산점도를 제공해주며, 먼저 지정된 변수가 y축에 나타나게 된다.

산점도에 표시되는 각 점들에 특정기호를 나타나도록 하기 위해서는 **PLOT** 명령어의 변수를 지정한 후 ='기호'를 쓰면, 지정된 기호를 이용하여 산점도를 작성하며, ='변수명'을 사용하는 경우 변수의 자료값이 산점도의 점 대신에 표시된다.

HAXIS/VAXIS

가로, 세로축에 나타날 자료의 눈금을 제어하기 위해서 **HAXIS**(가로축)과 **VAXIS**(세로축)을 사용되며, **BY**는 증분값을 지정한다. 자료의 수가 많은 경우 모든 값을 축에 표시하지 않도록 할 때 유용하게 사용된다.

OVERLAY

두 개 이상의 산점도를 한 화면에 표시하도록 하는 방법으로 이 때 산점도별로 기호가 다르게 지정되지 않으면, 두 산점도의 기호가 동일하게 표시되어 구별할 수 없으므로 그래프별로 반드시 구분 가능한 기호를 지정해야 한다.

두 변수 사이의 관계를 시각적으로 파악하기 위해서 산점도를 작성하는 예를 살펴보자.

프로그램 4.3
PLOT 명령문의 기본적인 사용

```
PROC PLOT DATA=class;
  PLOT eng*math='*'
        / VAXIS = 60 TO 95 BY 5
          HAXIS = 60 TO 95 BY 5;
RUN;
```

프로그램 4.3은 영어점수와 수학점수 사이의 관계를 시각적으로 파악하기 위해서 영어점수를 y축에, 수학점수를 x축으로 하여 **PLOT** 프로시저를 이용하여 산점도를 작성하기 위한 프로그램이다.

산점도 작성시 **PLOT** 명령어에서 기호(*)를 사용했으므로 이 기호가 각 관측값들의 위치를 표시해주며, 산점도에서 눈금의 축은 **VAXIS**와 **HAXIS** 명령어를 사용하여 세로축과 가록축을 모두 60부터 95까지 5씩 증가하도록 제어하였다. 산점도에서 축에 대한 명령어가 특별히 지정되지 않으면, 주어진 자료에 맞게 자동적으로 눈금의 값이 결정된다. 결과 4.3에 이 프로그램에 의해 작성된 산점도가 나타나 있다.

결과 4.3

Plot of eng*math. Symbol used is '*'.

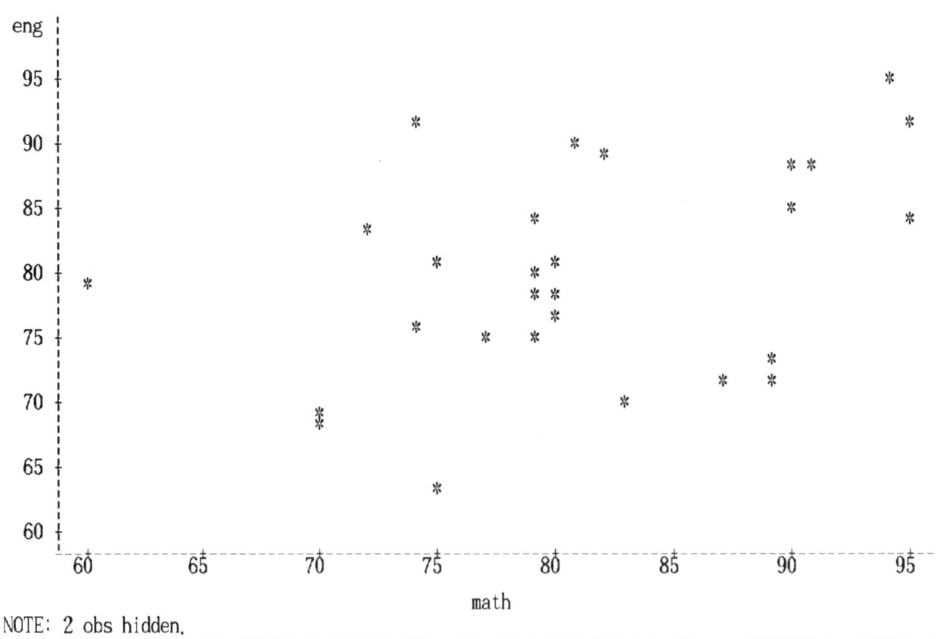

NOTE: 2 obs hidden.

프로그램 4.4는 지능지수가 영어점수와 수학점수 중 어느 변수와 더 강한 선형적인 관계를 가지고 있는지를 알아보기 위해서 지능지수를 y축에, 영어점수와 수학점수를 x축으로 하고, **OVERLAY** 옵션을 사용하여 이 두 그래프를 하나의 그래프에 표시하도록 하였다. 두 개의 그래프를 하나의 그래프에 표현하는 것이므로 각 그래프의 점을 구분하기 위해서 지능지수와 영어점수의 산점도는 기호 'o'를, 지능지수와 수학점수의 산점도는 기호 '*'를 사용하였다. 이렇게 작성된 산점도가 결과 4.4에 나타나 있다.

프로그램 4.4
OVERLAY 옵션의 사용

```
PROC PLOT DATA=class;
  PLOT iq1*eng='o' iq1*math='*'
       / OVERLAY VAXIS=95 TO 145 BY 5
                 HAXIS=60 TO 95 BY 5;
RUN;
```

결과 4.4

```
Plot of iq1*eng.   Symbol used is 'o'.
Plot of iq1*math.  Symbol used is '*'.
```

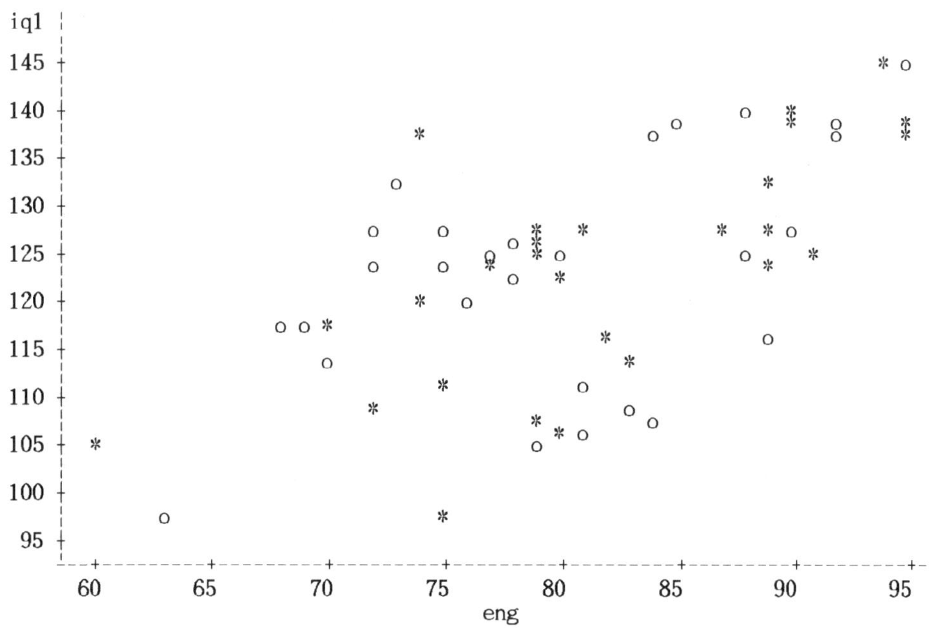

NOTE: 5 obs hidden

2) PROC GPLOT

GPLOT은 **PLOT** 프로시저보다 그래픽한 그림을 제공해주는 프로시저로 **PLOT** 프로시저와 마찬가지로 두 변수 사이의 선형관계 또는 분포형태 등을 파악하기 위한 산점도를 제공해 줄 뿐 아니라 산점도에 표시될 관측치의 모양을 지정할 수도 있으며, 각 관측값들을 여러 가지 방법에 의해 연결하거나 개략적인 선형 또는 곡선의 형태로 자료를 파악할 수 있도록 해준다. 이 외에도 히스토그램이나 원그림, 3차원 이상의 그림도 그릴 수 있다. 여기서는 **GPLOT** 프로시저의 가장 간단한 사용법에 대해서만 다루고자 한다. **GPLOT**에 대한 자세한 사용법 및 예제는 SAS/GRAPH User's Guide 또는 SAS 도움말을 참조하기 바란다. **GPLOT** 프로시저의 일반적인 사용형식은 다음과 같다.

```
SYMBOL1 옵션;
SYMBOL2 옵션;
      ...
SYMBOLn 옵션;
PROC GPLOT DATA=sas파일명;
  PLOT 변수명1*변수명2 / HAXIS=a TO b BY c
                         VAXIS=d TO e BY f;
  PLOT 변수명1*변수명2=1 변수명1*변수명3=2 ~ / OVERLAY;
RUN;
```

SYMBOLn

GPLOT 프로시저를 이용하여 산점도 또는 그래프를 작성할 때 어떠한 형태로 작성할 것인지를 지정하는 옵션으로 하나의 그래프만 그리는 경우에는 n이 필요하지 않으며, 그래프상에 나타날 그래프의 수만큼 지정한다. 여러 개의 **SYMBOL**이 지정되는 경우 지정된 **n**의 값을 **PLOT** 문에서 변수를 지정한 다음 **=n**과 같이 지정한다. **SYMBOL**에서 지정할 수 있는 옵션과 내용을 [표 4-1]에 정리하여 제시하였다.

PLOT

PLOT 명령어는 실제로 그래프를 그리고자 하는 변수명을 지정하는 명령어로 변수명을 표시하는 방법은 **PLOT** 프로시저와 동일하다.

프로그램 4.5는 **GPLOT** 프로시저를 이용하여 영어점수(eng)와 수학점수(math) 사이의 관계를 나타내는 산점도를 작성하기 위한 프로그램이다. 산점도에서 관측치들의 위치를 표시하는 기호는 **V=STAR**을 사용하였으므로 ∗가 사용되며, 회귀직선을 적합(**I=R**)시키고 있다. **H=2**는 기호의 크기를 지정하는 것이며, **W=2**는 회귀직선의 굵기를 지정하는 옵션으로 기본값 1과 비교하여 나타낼 수 있다. 회귀직선에 대한 자세한 내용은 9장에서 자세하게 설명될 것이다.

프로그램 4.5

GPLOT 명령문의 사용 방법

```
SYMBOL I=R V=STAR H=2 W=2;
PROC GPLOT DATA=class;
 PLOT eng*math;
RUN;
```

GPLOT 프로시저를 이용하여 작성된 영어점수와 수학점수 사이의 산점도가 결과 4.5에 제시되었다.

결과 4.5

GPlot of eng*math. Symbol used is '*'.

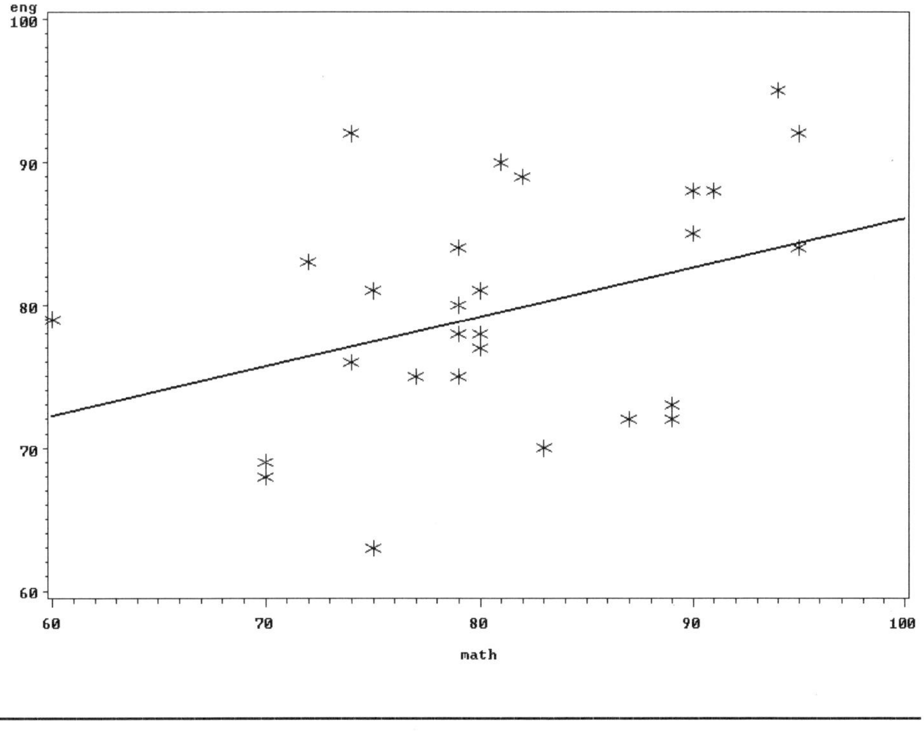

이 장에서 설명된 **PLOT**과 **GPLOT** 프로시저 외에도 그래프를 작성하기 위한 여러 가지 SAS 프로시저가 있다. 막대그래프와 히스토그램을 작성하기 위한 **CHART**와 **GCHART** 및 상자그림을 작성하기 위한 **BOXPLOT** 프로시저에 대한 내용은 5.2절에서 자세하게 설명되며, 여기서 고려되는 프로시저 외에 SAS를 이용하여 다른 형태의 그래프를 작성하기 위한 프로시저의 내용과 사용방법은 SAS/GRAPH User's Guide와 SAS 도움말을 참조하기 바란다.

[표 4-1] SYMBOL에서 지정할 수 있는 세부 옵션

명령어		실행 결과
CI=		라인 컬러 지정
CV=		기호(V=에서 지정됨) 색상 지정
H=		기호 크기 지정
I=	BOX	상자그림 출력
	JOIN	직선으로 연결
	L	라그랑지 보간법에 의한 연결
	R	회귀직선으로 연결
	SM	곡선으로 연결(각 관측값들이 모두 곡선상에 존재하지 않음)
	SPLINE	곡선으로 연결(각 관측값들이 모두 곡선상에 존재)
L=		1부터 46까지 선의 모양 지정
W=		선의 굵기 지정
V=	plus	+
	star	＊
	square	□
	diamond	◇
	triangle	△
	hash	#
	dot	•
	circle	○
	"	♤
	#	♡
	=	☆
	%	♧
	-	⊙

프로시저요약

4장

SAS파일 출력

```
PROC PRINT DATA=sas파일명;
  VAR 변수명1 변수명2 ~;
RUN;
```

SAS파일 정렬

```
PROC SORT DATA=sas파일명 OUT=새로운 sas파일명;
  BY [DESCENDING] 변수명1 [DESCENDING] 변수명2 ~;
RUN;
```

그래프 작성 1 (PLOT)

```
PROC PLOT DATA=sas파일명;
  PLOT 변수명1*변수명2 / HAXIS=a TO b BY c
                         VAXIS=d TO e BY f ;
  PLOT 변수명1*(변수명2 변수명3)='기호 또는 변수명';
  PLOT 변수명1*변수명2='기호' 변수명1*변수명3='기호' ~
       / OVERLAY;
RUN;
```

그래프 작성 2 (GPLOT)

```
SYMBOL1 옵션;
SYMBOL2 옵션'
   ...
SYMBOLn 옵션;
PROC GPLOT DATA=sas파일명;
  PLOT 변수명1*변수명2 / HAXIS=a TO b BY c
                         VAXIS=d TO e BY f;
  PLOT 변수명1*변수명2=1 변수명1*변수명3=2 ~
       변수명1*변수명n=n / OVERLAY;
RUN;
```

실 습 문 제

4장

4.1 어느 대학교의 통계학과 학생의 키와 체중을 조사하여 다음과 같은 자료를 얻었다.

키(cm)	152	156	163	165	166	168	170	172	173	174	176	177
몸무게(kg)	48	47	54	57	53	55	62	67	72	70	78	76

- SAS 확장 편집기에서 직접 자료를 입력하는 방법으로 위의 자료를 읽어들여서 SAS파일 exam4_11을 작성하시오. 이 때 변수명은 키는 height, 몸무게는 weight로 지정하시오.
- SAS파일 exam4_11로부터 몸무게에 의해서 내림차순으로 정리된 자료를 가지는 SAS파일 exam4_12를 생성하시오.

4.2 실습문제 4.1에 있는 자료에 대하여 키와 몸무게 사이의 관계를 대략적으로 파악하기 위해서 키를 Y축, 몸무게를 X축으로 하여 산점도를 작성하시오. 단, 산점도 작성시 "○"기호를 사용하시오.

4.3 2장의 자료(**SAS 자료 2**)에서 1반 학생들의 지능지수(iq1)와 영어점수(eng), 지능지수와 수학점수(math) 사이의 관계를 비교해보기 위한 그래프를 작성하시오. 단, **OVERLAY** 옵션을 사용하여 두 그래프를 겹쳐서 하나의 그래프상에 나타나도록 하고, 회귀직선을 적합시켜 보시오. 두 그래프를 구분하기 위한 회귀선의 색상과 자료점들의 기호는 적절한 것을 이용하시오.

제 5장

자료의 정리 및 요약

5.1 기술통계량 산출 및 정규성 검정

5.2 그래프를 이용한 자료의 요약

통계학에서 사용되는 통계자료(statistical data)는 대량의 관측치(observations)들로 구성되어 있다. 이와 같은 통계자료를 분석하기 위해서 가장 먼저 선행되어야 할 문제는 수집된 자료들을 정리, 요약함으로써 전체 자료의 특성을 파악할 수 있도록 하는 것이다. 이러한 통계학의 분야를 기술통계학(descriptive statistics)이라 하며, 기술통계학은 분석 대상이 되는 자료의 형태에 따라 여러 가지 방법으로 이들을 요약, 정리하는 통계학의 한 분야이다.

☞ **통계학의 구분**

통계학은 크게 **기술통계학**과 **추측통계학**(inferential statistics)으로 구분할 수 있다. 기술통계학은 분석 대상이 되는 자료를 다양한 방법에 의해 요약, 정리하는 분야로서 자료들을 표나 그래프, 숫자로 요약하여 자료의 전체적인 내용을 쉽게 파악할 수 있도록 하는 분야이다. 자료를 요약하는 가장 단순한 방법으로 **도수분포표**(frequency table)를 이용하여 자료를 정리하는 방법이 있고, 자료의 전체적인 개요나 형태를 시각적으로 파악하기 위해서 **히스토그램**(histogram), **도수다각형**(frequency polygon), **원그림**(pie chart) 또는 **상자그림**(box plot)이나 **줄기-잎 그림**(stem-and-leaf plot)으로 표현하는 방법이 있다.

추측통계학은 모집단의 일부에서 추출되어 생성된 표본의 자료값들을 이용하여 모집단의 일반적인 특성을 추측하는 분야이다. 추측통계학은 크게 **추정**(estimation)의 분야와 **가설검정**(hypothesis testing)의 분야로 구분할 수 있으며, 추정은 표본의 특성값, 즉 **통계량**(statistic)을 이용하여 모집단의 **모수**(parameter) 값을 추측하는 것이고, 가설검정은 표본에 의해 얻어진 통계량 값들을 이용하여 모집단에 대한 어떠한 주장이나 현상을 설명하는 **가설**(hypothesis)을 설정한 후, 이 가설의 진위 여부를 판단하는 것이다.

통계학에서 연구 목적에 부합되는 관심대상이 되는 모든 관측값들의 집합을 모집단(population)이라 하며, 모집단으로부터 통계적 분석을 위해 추출된 일부 관측값들의 집합을 표본(sample)이라고 한다. 그리고, 모집단의 특성을 나타내는 여러 값들을 모수(parameter)라 하고, 표본의 특성을 나타내는 표본의 함수를 통계량(statistic)이라 한다. 따라서, 일반적으로 통계자료란 표본으로 추출된 관측값들의 집합을 의미하며, 이러한 통계자료를 요약 및 정리하는 방법은 크게 두 가지로 나눌 수 있다. 첫 번째 방법은 주어진 통계자료들을 도수분포표 또는 다양한 형태의 그래프(막대그래프. 히스토그램, 상자그림, 줄기-잎 그림 등)를 이용하여 시각적으로 표현하는 방법이고, 두 번째 방법은 주어진 자료를 대표할 수 있는 대표값과 산포도(dispersion)로 전체 자료를 요약하는 방법이다.

☞ 대표값과 산포도

모집단으로부터 추출된 n개의 표본 관측값 $(x_1, x_2, \cdots, x_n)$이 주어진 경우, 관측값들의 중심위치를 나타내는 척도로 **대표값**을 사용한다. 일반적으로 많이 사용되는 대표값으로 **평균**(mean), **중앙값**(median), **최빈값**(mode)이 있으며, 다음과 같이 정의된다.

- 평균 : $\overline{x}=\frac{1}{n}\sum_{i=1}^{n}x_i$
- 중앙값(Me) : 관측값들을 크기 순서로 배열하였을 때 중앙에 위치한 값
- 최빈값(Mo) : 관측값들 중에서 빈도수가 가장 큰 값

일반적으로 많이 사용되는 3개의 대표값 중에서 어느 것이 가장 좋은 대표값인지를 판단하는 기준은 분석하고자 하는 자료의 형태 또는 특성에 따라 다르게 결정된다. 예를 들어 표본평균의 경우 이상값(outlier)의 영향이 너무 크다는 단점이 있고, 중앙값은 관측치수가 너무 작은 경우 대표값으로서의 의미가 없게 되는 경우가 있다. 또한, 최빈값의 경우 존재하지 않거나, 유일하게 존재하지 않는다는 단점이 있다. 따라서, 주어진 자료를 가장 잘 대표할 수 있는 대표값이 무엇인지 결정하는 것이 중요하다.
대표값과 함께 표본 관측값들을 요약하여 기술하는 중요한 척도로 사용되는 것이 **산포도**이다. 산포도란 표본에 포함된 각 관측값들이 대표값을 중심으로 얼마나 흩어져 있는가를 나타내는 척도로 **분산**(variance) 또는 **표준편차**(standard deviation)가 주로 사용되는데, 표준편차는 분산의 제곱근 값으로 계산할 수 있다. 분산과 표준편차는 각각 다음과 같이 정의된다.

- 분산 : $s^2=\frac{1}{n-1}\sum_{i=1}^{n}(x_i-\overline{x})^2$, $\overline{x}$는 표본평균
- 표준편차 : $s=\sqrt{s^2}$

이러한 산포의 척도들은 절대적 산포도를 나타내는 개념으로 측정 단위를 가지고 있어 측정 단위가 서로 다른 집단 사이의 산포도를 비교할 때는 사용할 수 없다. 또한, 중심위치를 나타내는 표본평균 값이 집단별로 큰 차이를 보이는 경우에도 이러한 절대적 산포도를 나타내는 척도는 사용할 수 없다. 이런 경우 대안적인 산포도 척도로 **변동계수**(coefficient of variation)가 있다. 변동계수는 자료의 측정단위와 무관한 상대적 산포도를 나타내는 척도로 다음과 같이 정의된다.

- 변이계수 : $CV=\frac{s}{\overline{x}}\times 100(\%)$

여기서 설명한 산포도는 표본평균을 대표값으로 사용하는 경우의 산포도를 의미하며, 대표값으로 중앙값이나 최빈값을 사용하는 경우에는 **사분위범위**(inter quartile range) 또는 **범위**(range) 등을 산포도의 척도로 사용한다.

5.1 기술통계량 산출 및 정규성 검정

일변량 자료를 요약하기 위해서 다음과 같은 SAS 프로시저가 사용된다.

PROC UNIVARIATE ...
PROC MEANS ...
PROC SUMMARY ...

위의 세 가지 프로시저 모두 대표값과 산포도를 포함한 기술통계량 값을 제공해 주지만, 정규성검정(test of normality)을 위한 정규확률도(normal probability plot)나 상자그림, 히스토그램을 얻기 위해서는 **UNIVARIATE** 프로시저를 사용해야 한다. 각 프로시저의 일반형식과 이에 대한 예제를 살펴보자.

1) PROC UNIVARIATE

UNIVARIATE는 일변량 자료에 대한 다양한 기술통계량들을 제공해주는 프로시저로 여러 가지 대표값과 산포도, 모수에 대한 신뢰구간 및 정규성 검정을 위한 정규확률도와 상자그림, 히스토그램 등 분포에 관련된 여러 그래프들을 출력해준다. 이 프로시저의 많은 기능 중에서 일반적으로 중요하게 사용되는 내용에 대해서만 살펴보자.

```
PROC UNIVARIATE DATA=sas파일명 NORMAL PLOT;
  BY 변수명1 변수명2 ~;
  VAR 변수명1 변수명2 ~;
RUN;
```

NORMAL

정규성 검정에 사용되는 몇 가지 검정통계량 값과 이에 대한 유의확률 값(p-value)을 제공한다.

PLOT

정규성 검정을 위한 정규확률도와 자료의 전체적인 형태 및 대칭성을 파악하기 위한 히스토그램과 상자그림을 제공한다.

BY

주어진 변수에 따른 집단별로 분석 결과를 얻고자 할 때 사용하며, 프로그램 실행 전에 **SORT** 프로시저에 의해 정렬되어 있어야 한다.

VAR

기술통계량과 정규확률도, 상자그림과 히스토그램을 얻기 위한 변수명을 지정한다.

☞ 정규성 검정

정규성검정이란 주어진 통계자료(모집단으로부터 추출된 표본)가 **정규분포**(normal distribution)를 따르는 모집단으로부터 추출된 자료인지를 검정하기 위한 방법으로 UNIVARIATE 프로시저에서는 정규성 검정을 위한 4가지 검정 통계량 값과 이에 대한 **유의확률 값**(p-value)을 제공해준다. 4가지 통계량 모두에 대해 **귀무가설**(null hypothesis)은 "H_0: 모집단의 분포가 정규분포"이다. 제공되는 각 통계량에 대한 유의확률 값과 분석자에 의해 지정되는 **유의수준**(significance level) α를 비교하여 유의확률 값이 설정된 유의수준보다 작으면 귀무가설을 기각하게 된다. 즉, 모집단의 분포가 정규분포라고 할 수 없다. 통계학에서 고려되는 대부분의 통계 이론은 모집단이 정규분포라는 가정하에서 이루어지므로 추출된 표본이 정규모집단으로부터의 표본인지를 검정하는 정규성검정은 다른 여러 가지 통계분석에 선행하여 반드시 먼저 이루어져야 한다. UNIVARIATE 프로시저에 의해 제공되는 4가지 통계량 중에서 어느 통계량을 사용하여 정규성 검정을 해야 하는가의 문제는 표본의 수에 따라 결정되며, 일반적으로 표본의 크기가 2000 이하인 경우에는 Shapiro-Wilks **통계량**을 사용하는 것이 좋으며, 2000 이상인 경우, Kolmogorov-Smirnov **통계량**을 사용한다. 다른 두 가지 통계량은 Kolmogorov-Smirnov 통계량을 변형시킨 것으로 유사하게 사용된다. 이와 같이 제공되는 검정통계량을 이용한 검정 방법 외에 그래프를 이용하여 간단히 정규성 검정을 할 수 있다. 이를 위해서 정규확률도가 사용되며, 이 그래프에서 직선은 정규분포를 나타내며, ◦◦◦◦◦ 기호는 검정하고자 하는 표본자료의 위치를 나타낸다. 이 방법은 실제 표본자료의 분포가 정규분포와 얼마나 일치하는가를 판단하여 정규성 검정을 시행하는 방법이다.

프로그램 5.1 UNIVARIATE 프로시저의 기본적인 사용

```
PROC SORT DATA=class out=class_g;
  BY gender;
RUN;
PROC UNIVARIATE DATA=class_g;
  BY gender;
  VAR iq1;
RUN;
```

프로그램 5.1은 class 파일에 있는 지능지수(iq1)에 대한 기술 통계량을 성(gender)별로 구분하여 얻기 위한 프로그램이다. 이 프로시저에서 남녀별 결과를 얻기 위해 **BY** 명령어를 사용했으므로 반드시 이 프로시저의 앞 단계에서 **SORT** 프로시저를 이용하여 gender 변수에 대해 SAS파일 class가 정렬되어 있어야 한다.

결과 5.1

```
----------------------- gender=F ----------------------------

                    UNIVARIATE 프로시저

                        변수:  iq1

                          적률

N                     15    가중합                    15
평균          121.866667    관측치 합               1828
표준편차      11.0896777    분산              122.980952
왜도           0.0683316    첨도              -0.9398925
제곱합            224494    수정 제곱합       1721.73333
변동계수      9.09984497    평균의 표준오차   2.86334248

                     기본 통계 측도

         위치측도                    변이측도
    평균      121.8667        표준편차          11.08968
    중위수    124.0000        분산             122.98095
    최빈값    125.0000        범위              35.00000
                              사분위 범위       16.00000

Note: 표시된 최빈값은 2개의 최빈값(개수: 2) 중에 가장 작습니다.


                  위치모수 검정: Mu0=0

     검정              --통계량---      -------p-값-------

     스튜던트의 t      t  42.56098      Pr >  |t|   <.0001
     부호              M       7.5      Pr >= |M|   <.0001
     부호 순위         S        60      Pr >= |S|   <.0001

                    분위수(정의 5)

                 분위수            추정값

                 100% 최대값        140
                  99%               140
                  95%               140
```

90%	137
75% Q3	127
50% 중위수	124
25% Q1	111
10%	107
5%	105
1%	105
0% 최소값	105

극 관측치

--작은값부터-		---큰값부터--	
값	관측치	값	관측치
105	4	126	5
107	7	127	12
109	15	137	6
111	13	137	11
114	3	140	8

--------------------------- gender=M ---------------------------

UNIVARIATE 프로시저

변수: iq1

적률

N	15	가중합	15
평균	124.533333	관측치 합	1868
표준편차	12.2350005	분산	149.695238
왜도	-0.49272	첨도	0.58275981
제곱합	234724	수정 제곱합	2095.73333
변동계수	9.82467923	평균의 표준오차	3.15906355

기본 통계 측도

위치측도		변이측도	
평균	124.5333	표준편차	12.23500
중위수	125.0000	분산	149.69524
최빈값	127.0000	범위	47.00000
		사분위 범위	14.00000

위치모수 검정: Mu0=0

검정	--통계량---		-------p-값-------	
스튜던트의 t	t	39.42096	Pr > |t|	<.0001
부호	M	7.5	Pr >= |M|	<.0001
부호 순위	S	60	Pr >= |S|	<.0001

분위수(정의 5)

분위수	추정값
100% 최대값	145
99%	145
95%	145
90%	139
75% Q3	132
50% 중위수	125
25% Q1	118
10%	106
5%	98
1%	98
0% 최소값	98

극 관측치

- 작은값부터 -		- 큰값부터 -	
값	관측치	값	관측치
98	20	127	29
106	19	132	21
116	26	139	22
118	18	139	23
120	25	145	27

결과 5.1은 여학생과 남학생의 지능지수(iq1)에 대한 각각의 기술통계량을 나타내고 있다. 두 집단에 대한 분석방법이 동일하므로 여기서는 여학생 집단에 대한 분석만을 설명하고자 한다. 여학생들의 결과를 살펴보면 전체 15명 여학생들의 지능지수의 **평균**은 121.866667이고, **표준 편차**는 11.0896777이다. 중심위치를 나타내는 측도인 **중위수**(median)과 **최빈값**(mode)은 각각 124와 125이다. 또한, 평균(위치모수)이 0인지를 검정하기 위한 t-통계량 값은 42.56098이고, 이 때의 유의확률은 0.0001보다 작은 값으로 귀무가설이 기각되므로 평균이 0이 아니라고 결론지을 수 있다. 평균에 대한 검정문제는 6장에서 자세하게 다루어질 것이다. 관측값 중 최대값과 최소값의 차이를 나타내는 **범위**는 35(=140−105)이고, 제 3사분위수와 제 1사분위수의 차이인 **사분위범위**(Inter Quartile Range)는 16(=127−111)임을 알 수 있다. ■■■

프로그램 5.2

정규성 검정을 위한 그래프 작성

```
PROC UNIVARIATE DATA=class NORMAL PLOT;
  VAR math eng;
RUN;
```

프로그램 5.2는 class파일에 있는 수학점수(math)와 영어점수(eng)에 대한 기술 통계량과 정규성검정에 필요한 통계량 및 정규확률도, 상자그림, 히스토그램을 얻기 위한 프로시저이다. **NORMAL** 옵션을 지정하여 정규성검정을 위한 여러 기술통계량 값과 이에 대한 유의확률 값을 출력하도록 하였으며, 자료 분포의 형태를 파악할 수 있는 히스토그램과 대칭성을 파악하기 위한 상자그림을 얻기 위해서 **PLOT** 옵션을 지정하였다. 이러한 옵션을 사용하여 얻어지는 결과에서는 극값의 여부와 자료의 분포 형태 등을 한 눈에 볼 수 있는 장점이 있다.

결과 5.2

```
                    UNIVARIATE 프로시저

                      변수:  math

                         적률

N                      30    가중합                      30
평균           81.2666667    관측치 합                 2438
표준편차        8.3539515    분산                69.7885057
왜도           -0.2272264    첨도                -0.0005099
제곱합             200152    수정 제곱합         2023.86667
변동계수       10.2796778    평균의 표준오차     1.52521589

                      기본 통계 측도

          위치측도                      변이측도

     평균      81.26667     표준편차            8.35395
     중위수    80.00000     분산               69.78851
     최빈값    79.00000     범위               35.00000
                            사분위 범위        14.00000

Note: 표시된 최빈값은 2개의 최빈값(개수: 4) 중에 가장 작습니다.

                  위치모수 검정: Mu0=0

    검정              --통계량---      -------p-값-------

    스튜던트의 t     t  53.28207     Pr >  |t|    <.0001
    부호             M        15     Pr >= |M|    <.0001
    부호 순위        S     232.5     Pr >= |S|    <.0001

                      정규성 검정

검정                    ----통계량----     -------p-값-------

Shapiro-Wilk            W     0.959112     Pr < W       0.2940
```

Kolmogorov-Smirnov	D	0.126925	Pr > D	>0.1500
Cramer-von Mises	W-Sq	0.082435	Pr > W-Sq	0.1923
Anderson-Darling	A-Sq	0.472909	Pr > A-Sq	0.2325

분위수(정의 5)

분위수	추정값
100% 최대값	95.0
99%	95.0
95%	95.0
90%	92.5
75% Q3	89.0
50% 중위수	80.0
25% Q1	75.0
10%	71.0
5%	70.0
1%	60.0
0% 최소값	60.0

극 관측치

-작은값부터-		--큰값부터--	
값	관측치	값	관측치
60	10	90	17
70	5	91	27
70	2	94	25
72	30	95	15
74	18	95	22

분포와 확률 도표:math

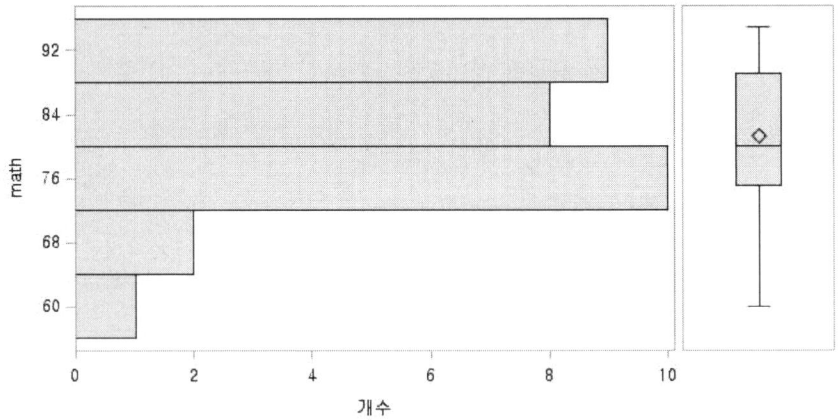

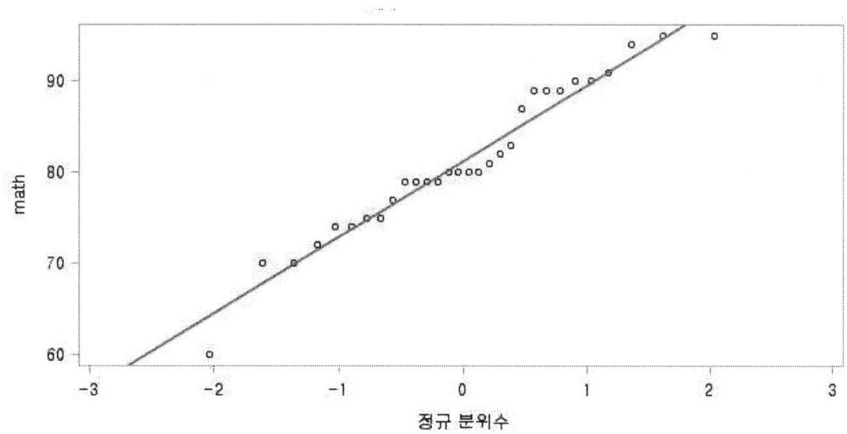

UNIVARIATE 프로시저

변수: eng

적률

N	30	가중합	30
평균	79.5333333	관측치 합	2386
표준편차	8.03326418	분산	64.5333333
왜도	0.08930496	첨도	-0.6558876
제곱합	191638	수정 제곱합	1871.46667
변동계수	10.1004998	평균의 표준오차	1.46666667

기본 통계 측도

위치측도		변이측도	
평균	79.53333	표준편차	8.03326
중위수	78.50000	분산	64.53333
최빈값	72.00000	범위	32.00000
		사분위 범위	12.00000

위치모수 검정: Mu0=0

검정	--통계량---		--------p-값--------	
스튜던트의 t	t	54.22727	Pr > |t|	<.0001
부호	M	15	Pr >= |M|	<.0001
부호 순위	S	232.5	Pr >= |S|	<.0001

정규성 검정

검정	----통계량----	-------p-값--------

Shapiro-Wilk	W	0.982069	Pr < W	0.8775
Kolmogorov-Smirnov	D	0.087381	Pr > D	>0.1500
Cramer-von Mises	W-Sq	0.029208	Pr > W-Sq	>0.2500
Anderson-Darling	A-Sq	0.199639	Pr > A-Sq	>0.2500

분위수(정의 5)

분위수	추정값
100% 최대값	95.0
99%	95.0
95%	92.0
90%	91.0
75% Q3	85.0
50% 중위수	78.5
25% Q1	73.0
10%	69.5
5%	68.0
1%	63.0
0% 최소값	63.0

극 관측치

-작은값부터-		--큰값부터--	
값	관측치	값	관측치
63	7	89	20
68	2	90	23
69	5	92	13
70	8	92	15
72	26	95	25

분포와 확률 도표:eng

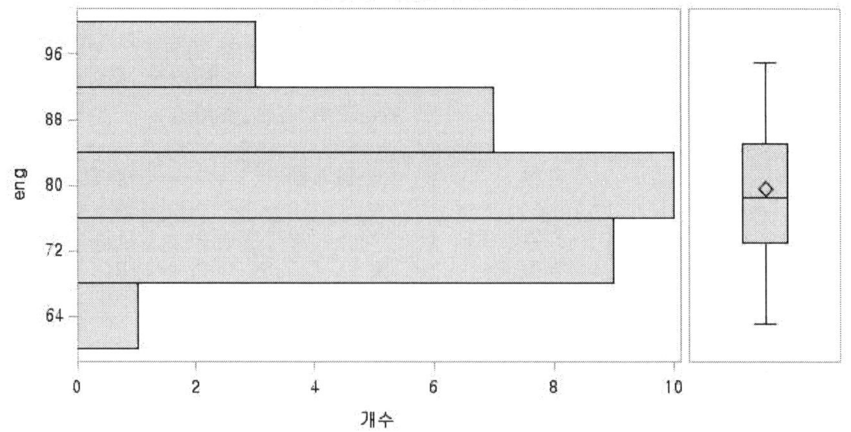

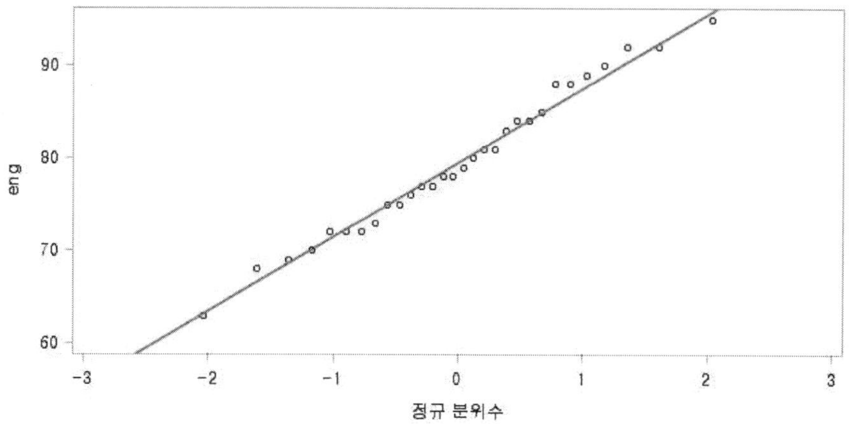

결과 5.2를 보면 수학점수와 영어점수에 대한 기술통계량과 자료의 전체적인 개형을 파악할 수 있는 히스토그램과 상자그림이 나타나 있으며, 수학점수와 영어점수가 정규분포를 따르는 자료인지를 판단하기 위한 여러 가지 결과도 제공해준다. 수학점수와 영어점수에 대한 분석방법이 동일하므로 여기서는 영어점수에 대한 결과만을 설명하고자 한다.

먼저 상자그림과 히스토그램을 살펴보면 자료가 대칭임을 알 수 있다. 그리고, 자료의 정규성검정을 위해 사용되는 통계량 값들을 살펴보면, **Shapiro-Wilk**의 ***W*** 통계량 값은 0.982069이고, 이때의 유의확률은 0.8775으로 자료가 정규분포를 따른다는 귀무가설을 받아들이게 된다. 또한, 이를 뒷받침하는 자료로서 결과의 마지막 부분에 제시된 정규확률도를 보면 대부분의 자료들이 정규분포를 나타내는 직선위에 위치하고 있음을 알 수 있다. ■■■

2) PROC MEANS

MEANS 프로시저는 **UNIVARIATE**와 마찬가지로 일변량 자료에 대한 기술통계량들을 제공해주는 프로시저로 원하는 기술통계량 값만을 출력할 수도 있고, 얻어진 출력결과들을 새로운 SAS파일로 생성하기 쉬운 장점이 있다. 이 프로시저의 일반적 기능에 대해서 살펴보자.

```
PROC MEANS DATA=sas파일명 통계량 키워드1 키워드2~;
  CLASS 변수명1 변수명2 ~;
  VAR 변수명1 변수명2 ~;
  OUTPUT OUT=새로운 sas파일명
                   통계량 키워드(변수명)=이름 ~;
RUN;
```

[표 5-1] 통계량의 키워드

구 분	통계량 키워드	키워드 내용
기술통계량	CLM	평균에 대한 신뢰구간(confidence interval)
	RANGE	범위
	CSS	수정된 제곱합(corrected SS)
	USS	수정되지 않은 제곱합(uncorrected SS)
	SKEWNESS(SKEW)	왜도
	CV	변동계수(coefficient of variation)
	STDDEV(STD)	표준편차(standard deviation)
	KURTOSIS(KURT)	첨도
	STDERR	표준오차(standard error)
	LCLM / UCLM	평균에 대한 95% 신뢰구간의 하한 / 상한
	SUM / SUMWGT	합 / 가중합
	MAX / MIN	최대값 / 최소값
	MEAN	평균
	VAR	분산(variance)
	N	관측치수
	NMISS	결측치수
분위수통계량	MEDIAN(P50)	중앙값(median) - 제 50 백분위수
	Q1(P25)	제 1 사분위수 - 제 25 백분위수
	Q3(P75)	제 3 사분위수 - 제 75 백분위수
	Pn	백분위수(n=1, 5, 10, 90, 95, 99)
	QRANGE	사분위범위(interquartile range)
가설검정을 위한 통계량	PROBT	유의확률
	T	검정통계량 값

MEANS 프로시저의 일반 형식에서 각 명령어가 의미하는 내용은 다음과 같다.

통계량 키워드

MEANS 프로시저에 의해 얻고자 하는 기술통계량의 키워드를 지정한다. 이 명령어가 생략되는 경우 기본적인 5개의 기술통계량인 관측치수(N), **평균값, 표준편차, 최소값, 최대값**이 제공되며, 원하는 기술통계량의 키워드를 입력하면 원하는 결과만을 출력할 수 있다. 사용가능한 통계량 키워드를 [표 5-1]에 제시하였다.

CLASS

주어진 변수에 의해 그룹으로 구분하여 그룹별로 각각의 기술통계량 결과를 제공해준다.

VAR

기술통계량을 얻기 위한 변수명을 나열한다.

OUTPUT OUT=

MEANS 프로시저에 의해 얻어진 기술통계량 값을 다른 분석에서 변수로 사용고자 할 때 이 결과들이 저장될 파일명을 지정한다.

통계량 키워드(변수)=새로운 변수명

MEANS 프로시저에 의해 얻어진 기술통계량 결과를 저장할 파일명은 이전에 설명한 **OUTPUT OUT=** 옵션에서 지정한다. 이 때 만들어지는 파일에서 사용될 기술통계량들의 변수명을 지정하기 위한 옵션으로 여기서 지정될 통계량의 키워드는 **MEANS** 프로시저에서 지정된 것이어야 한다. 새로운 변수명은 생략할 수 있으며, 변수이름이 생략되는 경우 해당 변수의 원래 변수명이 사용된다.

프로그램 5.3 MEANS 프로시저의 사용

```
PROC MEANS DATA=class N MEAN STD;
  CLASS gender;
  VAR math eng iq1;
RUN;
```

프로그램 5.3은 class 파일의 수학점수(math), 영어점수(eng), 지능지수(iq1)에 대해서 성별에 따라 관측치수, 평균, 표준편차를 얻기 위한 프로그램이다.

결과 5.3

MEANS 프로시저

gender	관측치 수	변수	N	평균	표준편차
F	15	math	15	79.0000000	8.7749644
		eng	15	81.2000000	6.9199505
		iq1	15	121.8666667	11.0896777
M	15	math	15	83.5333333	7.5201317
		eng	15	77.8666667	8.9352166
		iq1	15	124.5333333	12.2350005

이제 **MEANS** 프로시저에 의해 얻어진 결과를 다음에 사용될 분석에 이용하기 위해서 프로시저 결과를 저장하여 새로운 SAS파일을 만들기 위한 과정을 살펴보자. 프로그램 5.4는 수학점수(math)의 성별에 따른 관측치수와 평균, 표준편차를 구한 다음 이 결과를 class_out이라는 새로운 SAS파일에 저장하는 프로그램이다. 새로 생성되는 SAS파일 class_out에서 사용되는 변수명은 관측치수(**N**)를 나타내는 변수는 nn으로 수학점수의 평균(**MEAN**)을 나타내는 변수는 math_mean, 표준편차(**STD**)는 math_std로 지정하였다. **OUTPUT OUT=** 옵션에 의해 저장된 SAS파일은 자동적으로 출력되지 않으므로 **PRINT** 프로시저를 사용해야만 결과를 볼 수 있다.

프로그램 5.4

MEANS 프로시저 결과를 저장한 새로운 SAS파일의 생성

```
PROC MEANS DATA=class N MEAN STD;
  CLASS gender;
  VAR math;
  OUTPUT OUT=class_out N(math)=nn
                       MEAN(math)=math_mean
                       STD(math)=math_std;
RUN;
PROC PRINT DATA=class_out;
RUN;
```

결과 5.4.1은 **MEANS** 프로시저의 실행결과를 나타내며, 결과 5.4.2는 이 결과를 저장하여 생성된 class_out 파일을 출력한 것이다. class_out 파일에서 _TYPE_=0인 경우는 전체 관측값들의 결과를 나타내며, _TYPE_=1인 경우는 **CLASS** 변수에 의해 구분된 남, 여 두 집단별 결과를 나타낸다. 즉, 전체 학생의 평균 수학점수는 81.2667점이고, 여학생의 평균 수학점수는 79점, 남학생은 83.5333점이다. 그리고, 이러한 결과가 **OUTPUT OUT=** 옵션에서 지정한 것처럼 math_mean 변수에 저장되었음을 알 수 있다.

결과 5.4.1

MEANS 프로시저

분석 변수 : math

gender	관측치 수	N	평균	표준편차
F	15	15	79.0000000	8.7749644
M	15	15	83.5333333	7.5201317

결과 5.4.2

OBS	gender	_TYPE_	_FREQ_	nn	math_mean	math_std
1		0	30	30	81.2667	8.35395
2	F	1	15	15	79.0000	8.77496
3	M	1	15	15	83.5333	7.52013

3) PROC SUMMARY

SUMMARY는 **MEANS**와 **UNIVARIATE**와 마찬가지로 일변량 자료에 대한 기술통계량들을 제공해주는 프로시저이지만 얻어진 결과를 출력창으로 출력하지 않는다. 따라서, 이 프로시저에 의해 얻어진 결과를 출력하기 위해서는 **PRINT** 옵션을 사용해야 하며, **MEANS**와 **UNIVARIATE**와 마찬가지로 결과를 SAS파일의 형태로 저장하여 **PRINT** 프로시저를 사용하여 출력할 수 있다.

```
PROC SUMMARY DATA=sas파일명
     통계량 키워드1 키워드2 ~ PRINT;
   CLASS 변수명1 변수명2 ~;
   VAR 변수명1 변수명2 ~;
   OUTPUT OUT=새로운 sas파일명 통계량 키워드(변수명)=이름 ~;
RUN;
```

일반형식에서 각 명령어들이 의미하는 내용은 다음과 같다.

통계량 키워드

SUMMARY 프로시저에 의해 얻고자 하는 기술통계량의 키워드를 지정한다. 이 명령어가 생략되는 경우 **MEANS** 프로시저와 마찬가지로 5개 기술통계량에 대한 결과가 제공되며, 원하는 기술통계량의 키워드를 입력하면 원하는 결과만을 출력할 수 있다. 이 프로시저에서 사용가능한 통계량 키워드와 키워드가 나타내는 내용은 [표 5-1]과 동일하다.

PRINT

SUMMARY 프로시저의 결과를 출력창에 출력하기 위한 명령어로 이 옵션이 사용되지 않으면, 실행결과가 자동적으로 출력되지 않는다.

CLASS

주어진 변수를 그룹변수로 하여 각 그룹별 기술통계량 결과를 제공한다.

OUTPUT OUT=

SUMMARY 프로시저에 의해 얻어진 기술통계량 결과들을 다른 분석에서 변수로 다시 사용하고자 할 때 이 결과를 저장할 파일명을 지정한다.

통계량 키워드(변수)=새로운 변수명

SUMMARY 프로시저의 옵션에서 지정된 통계량 키워드의 결과가 여기서 지정되는 새로운 변수명으로 **OUTPUT OUT=**에서 지정된 SAS파일에 저장된다. 새로운 변수명은 생략할 수 있으며, 변수이름이 생략되는 경우 해당 변수의 원래 변수명이 사용된다.

프로그램 5.5는 **SUMMARY** 프로시저를 이용하여 성별, 지역별 수학점수와 영어점수의 평균을 출력하기 위해 **MEAN**을 지정하였고, 각 평균값을 class_out1 파일에 저장하여 이를 출력하도록 하였다. **OUTPUT OUT=**에서 새로운 변수명이 생략되었으므로 수학점수와 영어점수의 평균값이 원래 변수명과 동일한 math와 eng 변수로 지정된다.

프로그램 5.5
SUMMARY 프로시저 결과를 저장한 새로운 SAS파일의 생성

```
PROC SUMMARY DATA=class MEAN PRINT;
  CLASS gender reg;
  VAR math eng;
  OUTPUT OUT=class_out1 MEAN(math eng)=;
RUN;
PROC PRINT DATA=class_out1;
RUN;
```

결과 5.5.1은 **SUMMARY** 프로시저에 의해 성별, 지역별 수학점수(math)와 영어점수(eng)의 평균을 구한 결과이며, 결과 5.5.2는 이 결과를 포함하는 SAS 파일 class_out1을 출력한 것이다. class_out1 파일을 출력한 결과를 보면, _TYPE_=0인 경우는 전체 30개 관측값에 대한 평균을 나타내며, _TYPE_=1인 경우는 3개 지역(광역시, 서울, 지방)별 평균, _TYPE_=2인 경우는 성별에 따른 평균을 나타내고, _TYPE_=3인 경우는 성별인 여자인 경우 이를 다시 지역별로 분류하여 구한 평균을 나타낸다. 즉, 광역시 출신인 경우 여학생의 수학점수 평균은 77.8333점이고, 남학생의 평균은 83.25점이다. 이러한 지역별, 성별 수학점수의 평균이 **OUTPUT** 옵션에서 변수명을 지정하지 않았기 때문에 원래 변수명과 동일한 math 변수로 저장되었음을 알 수 있다. ■■■

결과 5.5.1

SUMMARY 프로시저

gender	reg	관측치 수	변수	평균값
F	광역시	6	math	77.8333333
			eng	81.0000000
	서울	6	math	80.1666667
			eng	81.5000000
	지방	3	math	79.0000000
			eng	81.0000000
M	광역시	4	math	83.2500000
			eng	75.7500000
	서울	4	math	79.5000000
			eng	73.2500000
	지방	7	math	86.0000000
			eng	81.7142857

결과 5.5.2

Obs	gender	reg	_TYPE_	_FREQ_	math	eng
1			0	30	81.2667	79.5333
2		광역시	1	10	80.0000	78.9000
3		서울	1	10	79.9000	78.2000
4		지방	1	10	83.9000	81.5000
5	F		2	15	79.0000	81.2000
6	M		2	15	83.5333	77.8667
7	F	광역시	3	6	77.8333	81.0000
8	F	서울	3	6	80.1667	81.5000
9	F	지방	3	3	79.0000	81.0000
10	M	광역시	3	4	83.2500	75.7500
11	M	서울	3	4	79.5000	73.2500
12	M	지방	3	7	86.0000	81.7143

5.2 그래프를 이용한 자료의 요약

일변량 자료를 요약하는 방법으로 앞 절에서 설명한 기술통계량 값을 이용할 수 있으며, 전체 자료의 분포상태를 시각적으로 파악하기 위해서 여러 가지 형태의 그래프를 이용하여 자료를 요약, 정리할 수 있다. 일변량 자료를 그래프로 표현하기 위해 사용되는 방법을 살펴보자.

1) PROC UNIVARIATE

UNIVARIATE 프로시저는 일변량 자료에 대한 기술통계량들을 다양하게 제공해줄 뿐 아니라 주어진 변수에 대한 히스토그램을 출력할 수 있도록 해준다. 다음은 이 프로시저를 이용하여 히스토그램을 작성하기 위한 일반형식이다.

```
PROC UNIVARIATE DATA=sas파일명;
    CLASS 변수명;
    VAR 변수명;
    HISTOGRAM 변수명1 변수명2 ~ / 옵션;
RUN;
```

일반형식에서 각 명령어들이 의미하는 내용은 다음과 같다.

CLASS

주어진 변수에 따라 집단을 구분하여 집단별로 각각의 히스토그램을 작성한다.

VAR

분석하고자 하는 변수명을 나열한다.

HISTOGRAM

히스토그램을 작성하고자 하는 변수명을 지정한다.

옵션

히스토그램을 작성하는 기준과 모양, 형태를 제어하는 옵션을 지정한다. **NORMAL(MU=EST SIGMA=EST)**와 같이 지정하면 자료의 히스토그램과 정규분포곡선을 비교할 수 있도록 히스토그램 위에 정규분포곡선을 출력해주는데 정규분포곡선을 작성할 때 사용되는 평균과 표준편차를 자료에 의해 추정된 평균과 표준편차 값을 사용하도록 하기 위해서 **EST** 옵션을 사용한다.

프로그램 5.6은 class파일에 있는 수학점수(math)에 대한 히스토그램을 성별(gender)에 따라 작성하기 위한 프로그램이다. **UNIVARIATE** 프로시저에 의한 결과가 모두 출력되며, 수학점수에 대한 남, 여별 히스토그램이 출력된다. **NORMAL** 옵션에 의해 추정된 평균과 표준편차를 이용하여 정규분포곡선을 작성하도록 하였다.

프로그램 5.6
히스토그램 출력

```
PROC UNIVARIATE DATA=class;
  CLASS gender;
  VAR math;
  HISTOGRAM math / NORMAL(MU=EST
                          SIGMA=EST);
RUN;
```

결과 5.6은 성별 수학점수에 대한 **UNIVARIATE** 프로시저의 남녀별 결과와 추정된 평균, 표준편차를 이용하여 작성된 정규분포곡선과 히스토그램의 출력결과를 나타내고 있다.

결과 5.6

UNIVARIATE 프로시저

변수: math

gender = F

적률

N	15	가중합	15
평균	79	관측치 합	1185
표준편차	8.77496439	분산	77
왜도	-0.1097808	첨도	0.70432907
제곱합	94693	수정 제곱합	1078
변동계수	11.1075499	평균의 표준오차	2.26568606

기본 통계 측도

위치측도 변이측도

평균	79.00000	표준편차	8.77496
중위수	79.00000	분산	77.00000
최빈값	79.00000	범위	35.00000
		사분위 범위	9.00000

위치모수 검정: Mu0=0

<table>
<tr><th>검정</th><th colspan="2">--통계량---</th><th colspan="2">-------p-값-------</th></tr>
<tr><td>스튜던트의 t</td><td>t</td><td>34.86803</td><td>Pr > |t|</td><td><.0001</td></tr>
<tr><td>부호</td><td>M</td><td>7.5</td><td>Pr >= |M|</td><td><.0001</td></tr>
<tr><td>부호 순위</td><td>S</td><td>60</td><td>Pr >= |S|</td><td><.0001</td></tr>
</table>

분위수(정의 5)

분위수	추정값
100% 최대값	95
99%	95
95%	95
90%	91
75% Q3	83
50% 중위수	79
25% Q1	74
10%	70
5%	60
1%	60
0% 최소값	60

극 관측치

-작은값부터-		--큰값부터--	
값	관측치	값	관측치
60	10	81	23
70	2	83	8
72	30	90	17
74	13	91	27
75	24	95	22

gender = M

적률

N	15	가중합	15
평균	83.5333333	관측치 합	1253
표준편차	7.52013171	분산	56.552381
왜도	-0.1432243	첨도	-0.9563532
제곱합	105459	수정 제곱합	791.733333
변동계수	9.00255193	평균의 표준오차	1.94168966

기본 통계 측도

위치측도		변이측도	
평균	83.53333	표준편차	7.52013
중위수	82.00000	분산	56.55238
최빈값	80.00000	범위	25.00000
		사분위 범위	10.00000

NOTE: 표시된 모드는 2 모드(3 도수를 가지는) 중에 가장 작습니다.

위치모수 검정: Mu0=0

검정	--통계량---		-------p-값-------	
스튜던트의 t	t	43.02095	Pr > |t|	<.0001
부호	M	7.5	Pr >= |M|	<.0001
부호 순위	S	60	Pr >= |S|	<.0001

분위수(정의 5)

분위수	추정값
100% 최대값	95
99%	95
95%	95
90%	94
75% Q3	89
50% 중위수	82
25% Q1	79
10%	74
5%	70
1%	70
0% 최소값	70

극 관측치

-작은값부터-		--큰값부터--	
값	관측치	값	관측치
70	5	89	16
74	18	89	26
75	7	90	12
79	28	94	25
80	29	95	15

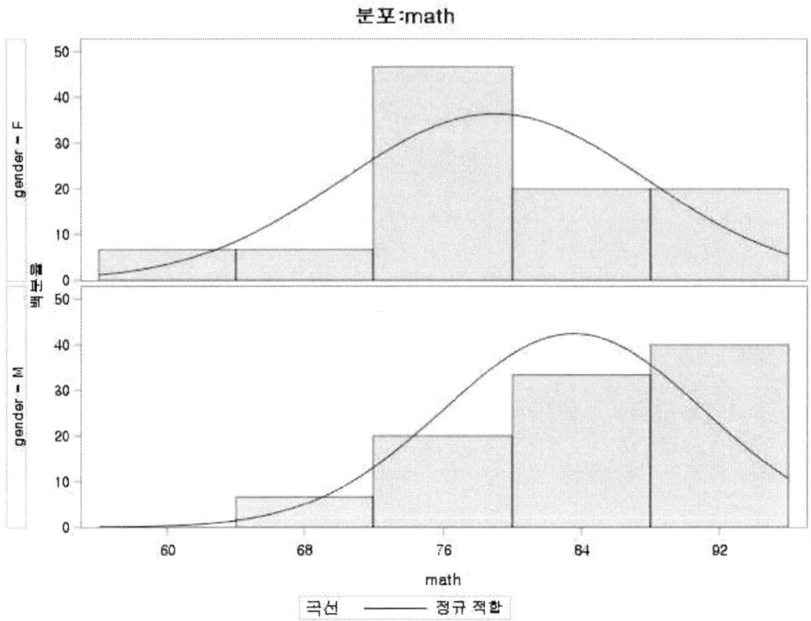

math에 대한 적합 분포

gender = F

정규 분포에 대한 모수추정

모수	심볼	추정값
평균	Mu	79
표준편차	Sigma	8.774964

정규 분포에 대한 적합도 검정

검정	-----통계량-----		------p-값-------	
Kolmogorov-Smirnov	D	0.14318710	Pr > D	>0.150
Cramer-von Mises	W-Sq	0.05677633	Pr > W-Sq	>0.250
Anderson-Darling	A-Sq	0.32968977	Pr > A-Sq	>0.250

정규 적합 분포에 대한 분위수

	-------분위수------	
백분율	관측값	추정값
1.0	60.0000	58.5864
5.0	60.0000	64.5665
10.0	70.0000	67.7544
25.0	74.0000	73.0814

50.0	79.0000	79.0000
75.0	83.0000	84.9186
90.0	91.0000	90.2456
95.0	95.0000	93.4335
99.0	95.0000	99.4136

gender = M

정규 분포에 대한 모수추정

모수	심볼	추정값
평균	Mu	83.53333
표준편차	Sigma	7.520132

정규 분포에 대한 적합도 검정

검정	-----통계량-----		------p-값-------	
Kolmogorov-Smirnov	D	0.16636792	Pr > D	>0.150
Cramer-von Mises	W-Sq	0.06725838	Pr > W-Sq	>0.250
Anderson-Darling	A-Sq	0.36528085	Pr > A-Sq	>0.250

정규 적합 분포에 대한 분위수

	-------분위수-------	
백분율	관측값	추정값
1.0	70.0000	66.0389
5.0	70.0000	71.1638
10.0	74.0000	73.8959
25.0	79.0000	78.4611
50.0	82.0000	83.5333
75.0	89.0000	88.6056
90.0	94.0000	93.1708
95.0	95.0000	95.9028
99.0	95.0000	101.0278

결과 5.6은 남, 여별 수학점수의 기술통계량과 적합분포를 판단하기 위한 결과 및 히스토그램과 정규분포곡선을 제공해준다. 일반적인 기술통계량에 대한 결과는 5.1절에서 자세하게 설명되었으므로 이에 대한 해석은 생략한다. 성별에 따른 수학점수에 대한 적합분포 결과에서는 히스토그램 명령어에 의해 정규분포곡선을 작성하는데 필요한 추정값들이 제공되어 있다. 히스토그램과 정규분포곡선을 살펴보면 남학생의 경우 평균보다 높은 점수를 얻은 학생들이 여학생보다 많이 분포하며, 대칭성을 보이지 않음을 알 수 있다. 이 두 집단만을 비교하자면 여학생의 집단이 남학생 집단보다는 대칭성을 가지며, 정규분포를 따른다고 할 수 있다. ■■■

2) PROC BOXPLOT

UNIVARIATE 프로시저에서 **PLOT** 옵션에 의해 상자그림을 출력할 수 있다. BOXPLOT 프로시저는 이러한 상자그림을 그래프로 출력하기 위한 프로시저이다. 이 프로시저의 일반 형식은 다음과 같다.

```
PROC BOXPLOT DATA=sas파일명;
  PLOT 변수명1*변수명2 / 옵션;
RUN;
```

일반형식에서 각 명령어들이 의미하는 내용은 다음과 같다.

PLOT

상자그림을 작성하려는 변수를 지정하는 명령어로 변수명1은 상자그림을 출력하고자 하는 변수이며, 변수명2는 그룹화변수로 변수명2에 따라 자료를 그룹으로 구분한 뒤 그룹별로 변수명1의 상자그림을 출력한다. 이 때 그룹화변수로 사용되는 변수명2에 대해서 **SORT** 프로시저에 의해 사전에 정렬되어 있어야 한다.

옵션

BOXSTYLE은 상자그림의 종류를 선택하는 명령어로 **SKELETAL** 또는 **SCHEMATIC**를 지정할 수 있다. **SKELETAL**은 최대값과 최소값을 이용하여 상자그림을 작성하도록 하고 **SCHEMATIC**을 지정하면 1.5배 사분위범위에 포함되는 값만을 이용하여 상자그림을 작성하며, 이상치가 존재하면 이 값들을 그래프에 표시하는 방법으로 이상치가 존재 여부를 파악하는데 유용하게 사용된다.

프로그램 5.7 상자그림 출력

```
PROC SORT DATA=class out=class_d;
  BY dept;
RUN;
PROC BOXPLOT DATA=class_d;
  PLOT eng*dept / BOXSTYLE=SCHEMATIC;
RUN;
```

프로그램 5.7은 전공별 영어점수(eng)의 분포를 비교하기 위해서 전공별 영어점수에 대한 상자그림을 작성하기 위한 프로그램이다. 상자그림을 작성하기 위한 **BOXPLOT** 프로시저에 사용될 SAS파일을 그룹화변수인 dept에 의해 정렬하였고, 이 파일을 이용하여 상자그림을 작성하였다. 또한, 각 전공별로 이상치가 있는지를 파악하기 위해서 상자그림의 종류는 **SCHEMATIC**을 선택하였다. 결과 5.7에서 ◇표시는 평균값의 위치를 나타내며, 상자그림의 형태로 보아 전공별 영어점수 자료에는 이상값이 존재하지 않음을 알 수 있다.

결과 5.7 **전공별 영어점수의 상자그림**

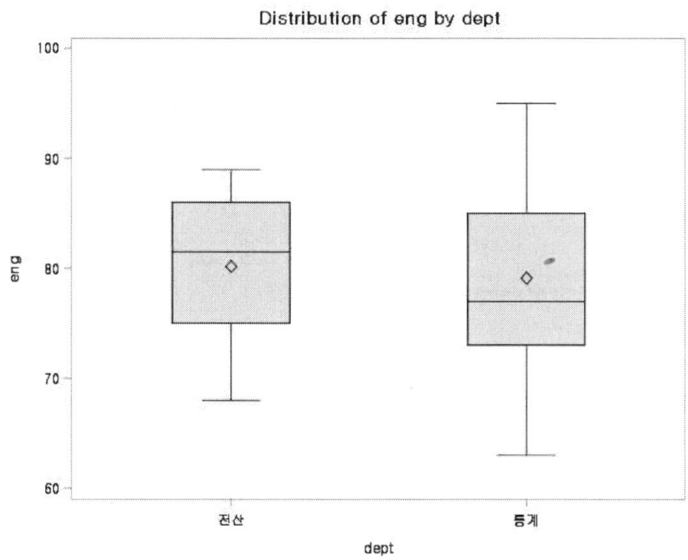

3) PROC CHART

CHART 프로시저는 지정된 변수의 막대그래프를 작성하기 위한 프로시저로 자료가 도수분포표 형태로 주어진 경우 뿐 아니라 일반 형태의 자료에 대해서 수직 또는 수평 막대그래프를 출력해준다. 이 프로시저의 일반 형식은 다음과 같다.

```
PROC CHART DATA=sas파일명;
  VBAR(HBAR) 변수명 / 옵션;
RUN;
```

일반형식에서 각 명령어들이 의미하는 내용은 다음과 같다.

VBAR(HBAR)

수직(수평) 막대그래프를 작성하기 위한 변수를 지정한다.

옵션

- **FREQ=** : 자료가 도수분포표의 형태로 주어진 경우 도수를 나타내는 변수를 지정한다. 따라서, 일반적인 형태의 자료인 경우에는 지정할 필요가 없다.
- **DISCRETE** : 이산형 변수이지만 수치자료로 입력되어 있는 경우 이산형 자료임을 지정하는 옵션이다.
- **MIDPOINTS** : 가로축의 값을 조정하는 옵션으로 연속형 자료의 경우 계급간격을 a **TO** b **BY** c와 같이 지정한다.
- **VAXIS** : 그래프의 세로축 값을 조정하기 위한 옵션으로 사용방법은 **MIDPOINTS**와 같다.

프로그램 5.8 수평막대그래프 작성

```
PROC CHART DATA=class;
  HBAR class / DISCRETE;
RUN;
```

프로그램 5.8은 각 반의 학생수를 비교하기 위해 class 변수에 대한 수평 막대그래프를 작성하기 위한 프로그램이다. 이 경우 class 변수가 가지는 값은 1 또는 2인데, 이 값이 수치자료로 정의되었기 때문에 반드시 이 자료가 이산형 자료임을 나타내주는 **DISCRETE** 옵션을 사용해야 한다.

결과 5.8

```
class                                                                         누적              누적
                                                                       빈도   빈도   백분율    백분율
    |
1   |************************************************************     15     15     50.0     50.00
    |
2   |************************************************************     15     30     50.0    100.00
    |
  --+---+---+---+---+---+---+---+---+---+---+---+---+---+---+
    1   2   3   4   5   6   7   8   9  10  11  12  13  14  15
                              빈도
```

프로그램 5.9는 지능지수에 대한 수직 막대그래프를 작성하기 위한 프로그램이다. 수직 막대그래프를 작성하기 위해서 **VBAR** 명령어를 이용하여 변수를 지정하였으며, 막대그래프를 작성하고자 하는 지능지수(iq1)가 연속형 자료이므로

MIDPOINTS 옵션에 의해 계급을 결정하고, 이를 이용하여 수직막대그래프를 작성하였다. 여기서 **BY**에 지정된 값 10은 계급의 폭을 나타낸다.

프로그램 5.9 수직막대그래프 작성

```
PROC CHART DATA=class;
  VBAR iq1 / MIDPOINTS=95 TO 145 BY 10;
RUN;
```

결과 5.9

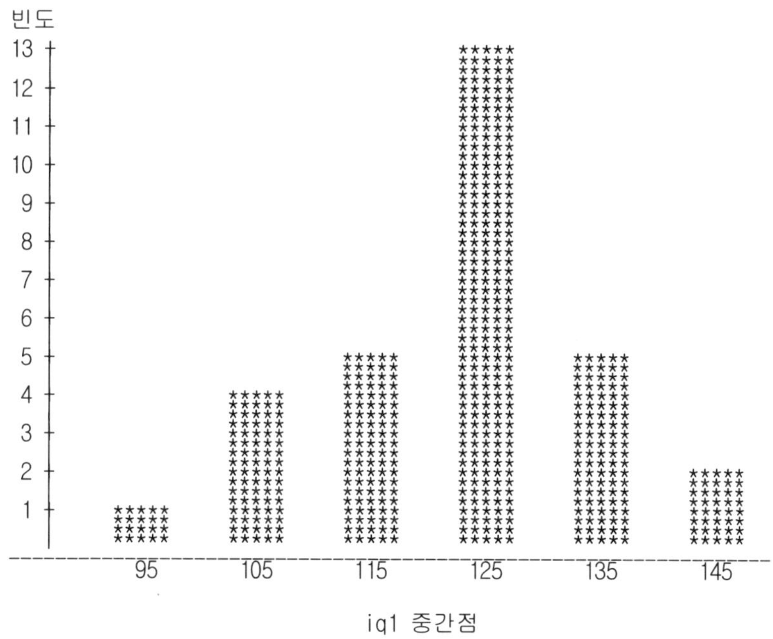

4) PROC GCHART

GCHART 프로시저는 **CHART** 프로시저와 동일한 그래프를 제공하지만 **CHART** 프로시저에 의한 결과보다 고해상도의 막대그래프를 제공해주며, 막대그래프의 크기를 조정할 수 있고, 연속형 자료인 경우에 히스토그램의 형태로 그래프를 출력할 수 있다.

```
PROC GCHART DATA=sas파일명;
  VBAR(HBAR) 변수명 / 옵션;
RUN;
```

일반형식에서 VBAR(HBAR)에 대한 설명은 CHART 프로시저와 동일하다. 또한, FREQ=와 DISCRETE 옵션은 CHART 프로시저와 마찬가지 방법에 의해 사용될 수 있으므로 추가된 옵션에 대해서만 설명하고자 한다.

옵션

- **WIDTH=** : 막대그래프에서 막대의 폭을 지정한다
- **SPACE=** : 막대그래프에서 막대 사이의 간격을 지정하는 옵션으로 0의 값을 지정하면 히스토그램의 형태로 표현된다.

프로그램 5.10 막대그래프 작성

```
PROC GCHART DATA=class;
  VBAR iq1 / SPACE=0 WIDTH=10;
RUN;
```

프로그램 5.10은 **GCHART** 프로시저를 이용하여 지능지수에 대한 막대그래프를 작성하기 위한 프로그램이다. 지능지수 변수(iq1)는 연속형 변수이므로 막대그래프에서 막대 사이의 간격을 0으로 설정하여 히스토그램으로 작성하였으며, 막대의 너비를 10으로 지정하였다.

결과 5.10 지능지수의 막대그래프

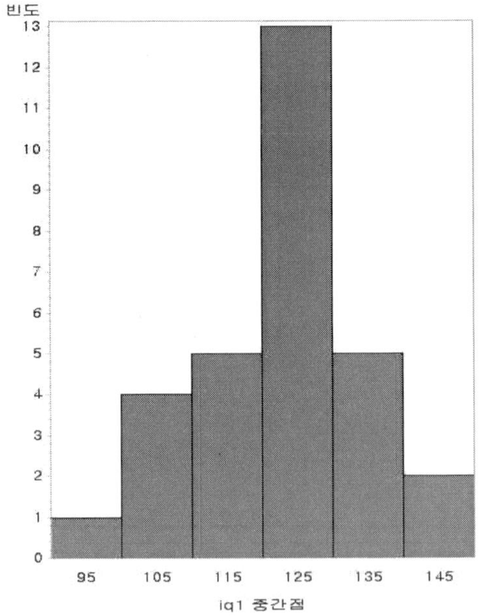

프로시저요약

5장

▌자료의 요약 1 (UNIVARIATE)

```
PROC UNIVARIATE DATA=sas파일명 NORMAL PLOT;
  BY 변수명1 변수명2 ~;
  VAR 변수명1 변수명2 ~;
RUN;
```

▌자료의 요약 2 (MEANS)

```
PROC MEANS DATA=sas파일명 통계량 키워드1
                                        키워드2~;
  CLASS 변수명1 변수명2 ~;
  VAR 변수명1 변수명2 ~;
  OUTPUT OUT=새로운 sas파일명
                        통계량 키워드(변수명)=이름 ~;
RUN;
```

▌자료의 요약 3 (SUMMARY)

```
PROC SUMMARY DATA=sas파일명
                  통계량 키워드1 키워드2 ~ PRINT;
  CLASS 변수명1 변수명2 ~;
  VAR 변수명1 변수명2 ~;
  OUTPUT OUT=새로운 sas파일명
                      통계량 키워드(변수명)=이름 ~;
RUN;
```

▌히스토그램 작성 1 (UNIVARIATE)

```
PROC UNIVARIATE DATA=sas파일명;
  CLASS 변수명;
  VAR 변수명;
  HISTOGRAM 변수명1 변수명2 ~ / NORMAL( )
RUN;
```

▌히스토그램 작성 2 (CHART)

```
PROC CHART DATA=sas파일명;
  VBAR(HBAR) 변수명 / FREQ= DISCRETE
                  MIDPOINTS(VAXIS)=a TO b BY c;
RUN;
```

▌히스토그램 작성 3 (GCHART)

```
PROC GCHART DATA=sas파일명;
  VBAR(HBAR) 변수명
           / FREQ= DISCRETE WIDTH= SPACE=;
RUN;
```

▌상자그림 작성

```
PROC BOXPLOT DATA=sas파일명;
  PLOT 변수명1*변수명2 /
       BOXSTYLE=[SKHLETAL,SCHEMATIC]
RUN;
```

실습문제

5장

5.1 어느 공장에서 생산하는 부품에 대하여 무게를 측정하여 다음과 같은 자료를 얻었다. 다음에 제시된 3가지 프로시저를 이용하여 평균, 중앙값, 표준편차, 왜도, 첨도를 구하는 프로그램을 작성하고, 이 값을 구하시오. 이 때 변수명은 weight, SAS파일명은 exam5_1로 지정하시오.

10.21	10.53	9.99	11.11	10.47	10.48	10.25	10.63	11.07	10.61
10.33	10.01	11.20	10.41	10.33	10.12	10.78	10.91	10.37	9.58

□ **UNIVARIATE**

□ **MEANS**

□ **SUMMARY**

5.2 다음은 어느 대학에서 개설된 교양 통계학 강좌를 수강한 학생들의 학년별 성적자료이다. 이 자료에 대해서 성적의 변수명은 score, 학년의 변수명은 year(L=1학년, H=2,3,4학년)로 지정하여 SAS파일 exam5_2를 생성하고, 다음 문제를 해결하시오.

학년	성 적
L	88 67 77 75 84 90 95 73 69 80 79 82 95 62
H	82 86 88 92 77 72 96 75 68 96 85 86 76 89 83

□ 이 성적자료에 대한 기술통계량을 산출하시오.

□ 히스토그램과 상자그림을 작성하시오.

□ 위의 자료가 정규분포를 한다고 할 수 있는지 설명하시오.

□ **MEANS** 프로시저를 이용하여 학년별 평균, 표준편차, 변이계수, 최대값, 최소값을 구하시오.

5.3 실습문제 5.2의 자료에 대하여 **SUMMARY** 프로시저를 이용하여 학년별 평균성적의 값을 가지는 SAS파일 exam5_3을 생성하시오. 이때 평균성적을 나타내는 변수명은 원래의 변수명(score)과 동일하게 지정하시오.

5.4 실습문제 5.2의 성적자료에 대하여 히스토그램을 작성하시오. 단, 히스토그램과 정규분포곡선을 비교할 수 있도록 히스토그램 위에 정규분포곡선을 출력하시오.

5.5 실습문제 5.1의 자료로부터 부품의 무게에 대한 상자그림을 작성하시오.

5.6 실습문제 5.2의 성적자료에 대하여 **GCHART** 프로시저를 이용하여 막대그래프를 작성하시오.

5.7 실습문제 5.2의 자료에서 전체 성적자료에 대한 상자그림을 작성하시오. 이 때 이상치가 존재하는지를 살펴볼 수 있는 상자그림을 작성하고, 이상치가 존재한다고 할 수 있는지 설명하시오.

5.8 3장에서 설명한 난수발생함수를 사용하여 균등분포 $U(5,10)$를 따르는 난수와 정규분포 $N(80,3^2)$를 따르는 난수 50개를 각각 생성하시오. 변수명은 u와 n으로 지정하고 두 변수에 대한 히스토그램을 작성하시오. 작성된 히스토그램을 통해서 원하는 분포를 따르는 난수가 생성되었는지 확인하시오.

5.9 실습문제 5.8에서 생성한 SAS 데이터를 사용해서 변수 u와 n에 대한 평균과 표준편차를 구하시오. 산출된 평균과 표준편차로부터 실습문제 5.8에서 지정한 분포를 따르는 난수가 생성되었는지를 확인하시오.

제 6장

모평균에 대한 검정
(Test for population Means)

6.1 단일 모집단의 모평균에 대한 검정

6.2 독립표본에 대한 모평균 차의 검정

6.3 짝표본에 대한 모평균 차의 검정

모집단의 특성인 모수에 대하여 가설을 세우고 표본에 근거하여 가설의 기각 여부를 결정하는 통계적 방법을 가설검정(hy□othesis testing)이라고 한다. 통계적 가설검정은 먼저 모집단에 대한 가설을 설정한 후 표본 자료에 근거하여 설정된 귀무가설을 기각(reject)할 것인지 채택(accept)할 것인지를 결정하기 위한 일련의 과정이다. 여기서 가설은 귀무가설과 대립가설로 구분되며 어느 가설을 받아들일 것인지를 결정하는데 사용되는 통계량을 검정통계량(test statistic)이라고 한다. 가설의 기각 또는 채택은 유의수준(significance level)을 어떻게 설정하느냐에 따라서 달라지게 된다.

t-검정은 모집단의 분포가 정규분포를 한다는 가정하에서 모평균 μ에 대하여 다음과 같은 형태의 검정을 하기 위해서 사용된다.

① 단일 모집단의 모평균에 대한 검정
② 두 모집단의 모평균 차에 대한 검정
- 독립표본에 대한 모평균 차의 검정
- 짝표본에 대한 모평균 차의 검정

☞ 가설과 유의수준

일반적으로 분석자가 반증적인 방법으로 자신의 주장을 증명하기 위하여 기각할 것을 바라고 가설을 세우게 되는데 이러한 가설을 귀무가설(null hypothesis)이라고 하고 H_0로 표시하며, 귀무가설과 대립되거나 부정하는 가설을 대립가설(alternative hypothesis)이라고 하며 H_1으로 표시한다. 일반적으로 대립가설은 분석자가 주장하고자 하는 내용이 포함되도록 설정된다.
귀무가설이 참임에도 불구하고 귀무가설을 기각함으로 발생되는 오류를 범할 확률의 최대허용한계를 유의수준이라고 하며 α로 표기한다.

6.1 단일 모집단의 모평균에 대한 검정

단일 모집단의 모평균에 대한 검정 즉, 귀무가설 $H_0 : \mu = \mu_0$를 검정하기 위해서 모평균이 μ이고 모분산이 σ^2인 정규분포를 따르는 모집단으로부터 추출된 n개의 표본을 $x_1, x_2, \cdots, x_n$이라 하자([그림 6-1] 참조). 단, 모분산 σ^2은 달려져 있지 않다. 이 때, 귀무가설 $H_0 : \mu = \mu_0$를 검정하기 위한 검정통계량은

$$T = \frac{\bar{x} - \mu_0}{s/\sqrt{n}} \sim t_{n-1}$$

와 같이 정의되고, 이 검정통계량의 값은 $\bar{x}$와 s를 이용하여 구할 수 있다. 검정통계량 T는 귀무가설이 참이라는 가설 하에서 자유도가 $(n-1)$인 $t-$분포를 따르므로 이로부터 단일 모집단의 모평균에 대한 검정을 할 수 있다.

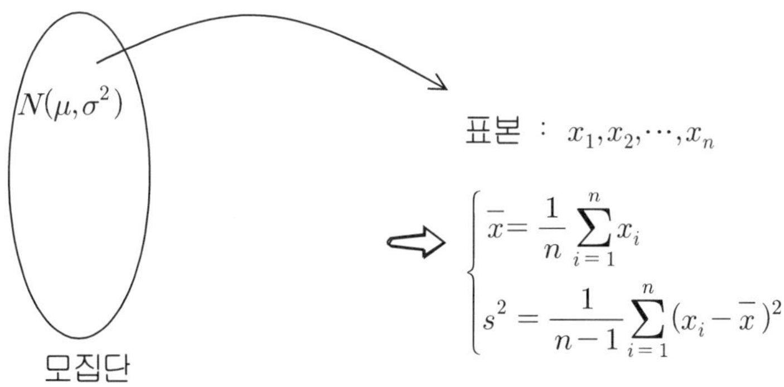

[그림 6-1] 모집단과 표본

☞ 가설검정 절차

일반적으로 가설검정은 다음과 같은 절차에 의해서 수행한다.

Step 1. 가설설정

Step 2. 검정통계량 값 또는 유의확률의 계산

Step 3. 유의수준 α 결정

Step 4. 귀무가설의 기각 여부 결정

단일 모집단의 모평균에 대한 검정을 수행하기 위해서 사용되는 SAS 프로시저에는 일반적으로 많이 사용되는 **TTEST** 프로시저와 5장에서 설명한 **UNIVARIATE** 프로시저가 있다.

1) PROC TTEST

단일 모집단의 모평균에 대한 가설, 즉, $H_0 : \mu = \mu_0$를 검정하기 위해서 **TTEST** 프로시저가 주로 사용되며 이 프로시저의 일반 형식은 다음과 같다.

```
PROC TTEST DATA=sas파일명 H0=μ0 ALPHA=;
  VAR 변수명;
RUN;
```

위의 일반형식에서 각 명령어들이 의미하는 내용은 다음과 같다.

sas파일명

모평균 검정을 하고자 하는 변수를 포함하고 있는 SAS파일명을 지정한다.

H0=

귀무가설 $H_0 : \mu = \mu_0$에서의 μ_0값을 지정한다. 여기서, μ_0는 검정하고자 하는 변수의 모수를 나타낸다.

ALPHA=

유의수준 $\alpha (0 \le \alpha \le 1)$를 지정하여 원하는 신뢰구간을 구할 수 있으며, 지정되지 않으면 95% 신뢰구간이 제공된다.

VAR

모평균 검정을 하고자 하는 변수명을 지정한다.

앞에서 설명한 단일 모집단의 평균에 대한 검정의 예를 들어보자. 전산통계학과에서는 학생들의 수학점수(math)의 평균이 80점이 넘는다고 주장하였다. 이를 검정하기 위해서 전산통계학과 학생 중 임의로 추출된 30명의 수학성적의 자료를 이용하여 학생들의 평균 수학성적이 80점이 넘는다는 전산통계학과의 주장을 검정하기 위하여 **TTEST** 프로시저를 사용할 수 있다. 이 예에서, 귀무가설과 대립가설은 다음과 같다.

$$\begin{cases} H_0 : \mu \le 80 \text{ (전산통계학과 학생의 평균 수학점수는 80점 이하이다.)} \\ H_1 : \mu > 80 \text{ (전산통계학과 학생의 평균 수학점수는 80점이 넘는다.)} \end{cases}$$

프로그램 6.1
단일 모집단의 모평균에 대한 검정

```
PROC TTEST DATA=class H0=80;
  VAR math;
RUN;
```

프로그램 6.1은 위와 같이 설정된 가설에 대해 **TTEST** 프로시저를 이용하여 검정하기 위한 프로그램이다. 귀무가설이 $H_0 : \mu \le 80$이므로 **H0=80**이라고 지정하였으며, 평균 수학점수에 대한 검정이므로 **VAR** 문에 변수 math를 지정하였다. 모집단의 평균에 대한 검정을 수행하기 위하여 **TTEST** 프로시저를 사용하면 결과 6.1과 같이 기초 통계량 값과 신뢰구간, T-tests 검정을 위한 ***t value***와 유의확률 값을 제시해준다. 여기서, **ALPHA=** 값이 지정되지 않았기 때문에 변수 math에 대한 95% 신뢰구간이 제공된다.

결과 6.1

The TTEST Procedure

Variable: math

N	Mean	Std Dev	Std Err	Minimum	Maximum
30	81.2667	8.3540	1.5252	60.0000	95.0000

Mean	95% CL Mean		Std Dev	95% CL Std Dev	
81.2667	78.1472	84.3861	8.3540	6.6531	11.2303

DF	t Value	Pr > |t|
29	0.83	0.4131

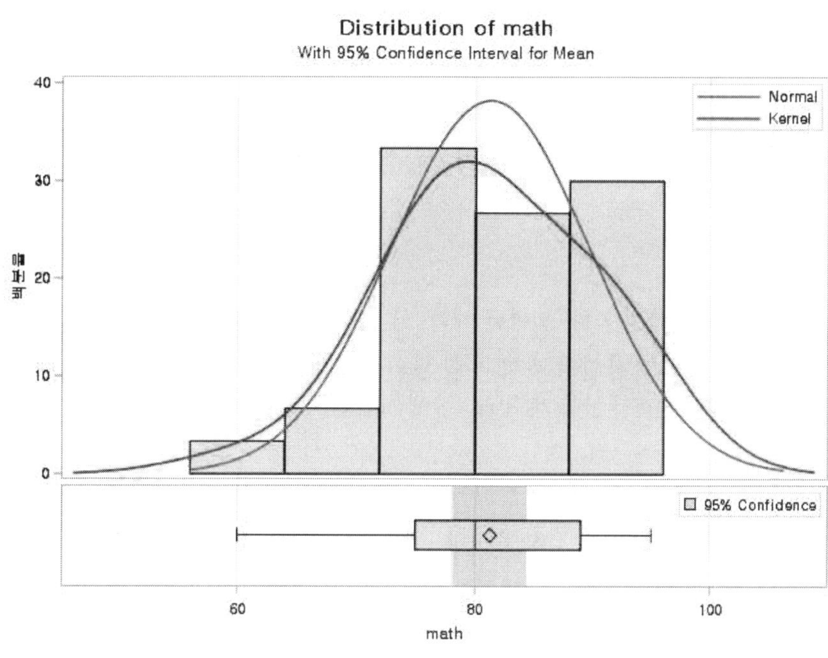

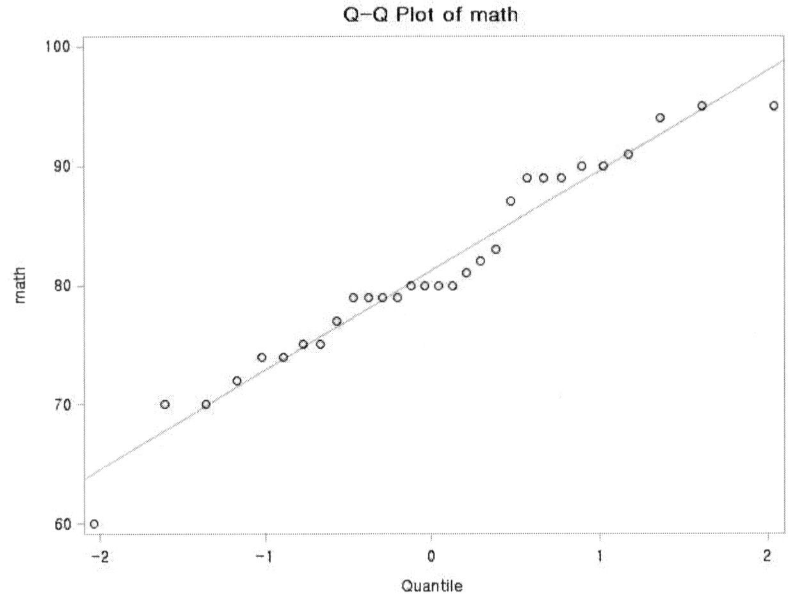

결과 6.1을 살펴보면, 수학점수의 평균(**Mean**)은 81.2667, 표준편차(**Std Dev**)는 8.354이며, 최소값과 최대값은 각각 60, 95이다. 또한, 모평균의 95% 신뢰구간 [78.1475,84.3864]과 모표준편차의 95% 신뢰구간 [6.6531,11.2303]이 주어져 있다. 수학점수에 대한 히스토그램과 상자그림, Q-Q 도표가 제공되는데, 이를 이용하여 수학점수의 대략적인 분포상태와 정규성 여부를 분석할 수 있다. T-Tests 부분의 결과에서 가설 검정을 위한 검정통계량 값은 0.83이며, 유의확률은 0.4131이다. 이 값을 이용하여 다음과 같이 가설검정을 수행할 수 있다.

Step 1 가설설정

μ를 수학점수의 모평균이라 할 때 가설은 다음과 같다.

$$\begin{cases} H_0 : \mu \leq 80(\text{전산통계학과 학생의 평균 수학점수는 80점 이하이다.}) \\ H_1 : \mu > 80(\text{전산통계학과 학생의 평균 수학점수는 80점이 넘는다.}) \end{cases}$$

Step 2 검정통계량 값 또는 유의확률의 계산

결과 6.1로부터 검정통계량 T값은 0.83임을 알 수 있고, 유의확률의 값은 0.4131인데 이 값은 양측검정에 대한 유의확률이라는데 유의하여야 한다. 이 가설은 단측검정이기 때문에 양측검정의 유의확률 0.4131을 2로 나눈 값인 0.20655가 이 검정에서의 유의확률이다.

Step 3 유의수준 α 결정

유의수준 α를 0.05로 하자.

Step 4 가설의 기각 여부 결정

유의확률 값이 0.20655로 유의수준 α보다 작지 않으므로 귀무가설을 기각할 수 없다. 즉, 전산통계학과 학생의 평균 수학점수는 80점보다 높다고 할 수 없다. ■■■

☞ 가설검정의 종류

가설검정은 대립가설의 형태에 따라 양측검정(two-side test)과 단측검정(one-side test)으로 구분된다. 다음은 모평균 검정에서의 양측검정과 단측검정에 대한 일반적인 가설의 형태를 나타낸다.

- 양측검정 : $\begin{cases} H_0 : \mu = \mu_0 \\ H_1 : \mu \neq \mu_0 \end{cases}$
- 단측검정 : $\begin{cases} H_0 : \mu = \mu_0 (\text{또는 } \mu \leq \mu_0) \\ H_1 : \mu > \mu_0 \end{cases}$ 또는 $\begin{cases} H_0 : \mu = \mu_0 (\text{또는 } \mu \geq \mu_0) \\ H_1 : \mu < \mu_0 \end{cases}$

2) PROC UNIVARIATE

단일모집단에서의 모평균 검정을 위해서는 **UNIVARIATE** 프로시저를 사용할 수도 있다. **UNIVARIATE** 프로시저를 이용하여 단일모집단의 모평균 검정을 수행하기 위한 일반형식은 다음과 같다.

```
PROC UNIVARIATE DATA=sas파일명
          MU0=  ALPHA=  CIBASIC;
  VAR 변수명;
RUN;
```

위의 일반형식에서 각 명령어들이 의미하는 내용은 다음과 같다.

sas파일명

모평균을 검정하고자 하는 변수가 포함된 SAS파일명을 지정한다.

MU0=

검정하고자 하는 모평균의 값을 지정한다. 이 값은 귀무가설에 지정된 값이어야 한다.

ALPHA=

유의수준 $\alpha(0 \le \alpha \le 1)$를 지정할 수 있다.

CIBASIC

모평균에 대한 $(1-\alpha)\times 100\%$ 신뢰구간(confidence interval)을 출력한다.

프로그램 6.2는 **UNIVARIATE** 프로시저를 사용하여 앞에서 설명한 모평균에 대한 검정을 실시하기 위한 프로그램이다. 이 프로그램의 결과는 **TTEST** 프로시저를 사용한 결과 6.1과 동일하다.

프로그램 6.2 UNIVARIATE를 이용한 검정

```
PROC UNIVARIATE DATA=class MU0=80;
  VAR math;
RUN;
```

결과 6.2

UNIVARIATE 프로시저

변수: math

적률

N	30	가중합	30
평균	81.2666667	관측치 합	2438
표준편차	8.3539515	분산	69.7885057
왜도	-0.2272264	첨도	-0.0005099
제곱합	200152	수정 제곱합	2023.86667
변동계수	10.2796778	평균의 표준오차	1.52521589

기본 통계 측도

위치측도 변이측도

평균	81.26667	표준편차	8.35395
중위수	80.00000	분산	69.78851
최빈값	79.00000	범위	35.00000
		사분위 범위	14.00000

NOTE: 표시된 최빈값은 2개의 최빈값(개수:4) 중에 가장 작습니다.

위치모수 검정: Mu0=80

검정	--통계량---		-------p-값-------	
스튜던트의 t	t	0.830484	Pr > |t|	0.4131
부호	M	0	Pr >= |M|	1.0000
부호 순위	S	35	Pr >= |S|	0.3837

분위수(정의 5)

분위수	추정값
100% 최대값	95.0
99%	95.0
95%	95.0
90%	92.5
75% Q3	89.0
50% 중위수	80.0
25% Q1	75.0
10%	71.0
5%	70.0
1%	60.0
0% 최소값	60.0

극 관측치

-작은값부터-		--큰값부터--	
값	관측치	값	관측치
60	3	90	23
70	11	91	8
70	1	94	27
72	9	95	7
74	26	95	24

결과 6.2에서 **위치모수 검정 : Mu0=80** 부분을 살펴보면 검정을 위한 **스튜던트의 *t*** 통계량 값이 0.830484이고, 이 때의 유의확률 값은 0.4131로 결과 6.1과 동일한 값을 제공해 줌을 알 수 있다. ■■■

6.2 독립표본에 대한 모평균 차의 검정

6.1절에서와 같이 전산통계학과 전체 학생의 평균 수학점수가 80점보다 높다는 주장에 대한 검정을 할 경우도 있지만 전산통계학과 남학생과 여학생의 평균 수학점수에 차이가 있는지에 대한 문제가 관심의 대상이 되는 경우가 있다. 이러한 경우 남학생 집단과 여학생 집단은 서로 독립인 두 모집단으로 볼 수 있으므로 각 모집단으로부터 추출된 표본은 서로 독립이다. 따라서, 두 모집단의 모평균에 차이가 있는지를 검정하기 위해 각 모집단으로부터 추출된 독립표본을 이용할 수 있다. 이 절에서는 독립표본에 대한 모평균 차의 검정방법을 살펴보자.

모평균이 μ_1이고 모분산이 σ_1^2인 정규분포를 따르는 모집단으로부터 관측된 n_1개의 표본을 $x_1, x_2, \cdots, x_{n_1}$이라 하고, 모평균이 μ_2이고 모분산이 σ_2^2인 정규분포를 따르는 모집단으로부터 관측된 n_2개의 표본을 $y_1, y_2, \cdots, y_{n_2}$라고 하자. 이때, 각각의 표본으로부터 표본평균과 표본분산을 구할 수 있다

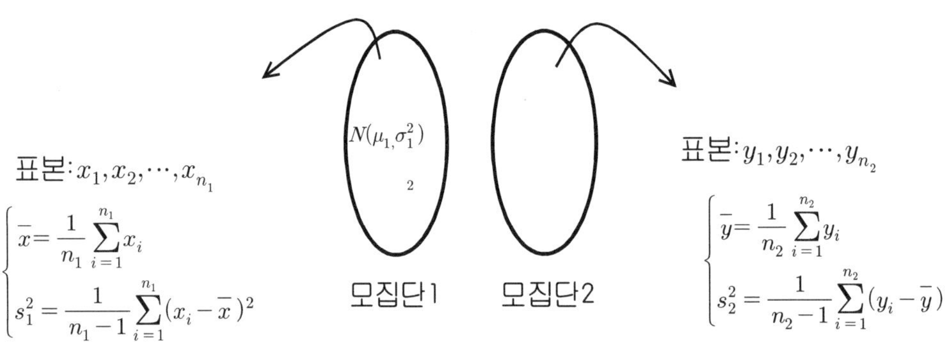

[그림 6-2] 두 모집단과 표본

서로 독립인 두 모집단의 모평균이 동일한지의 여부를 검정하기 위한 검정통계량은 두 모집단의 분산이 동일한지 여부에 따라 달라지게 된다. 즉, 두 모집단의 모평균이 동일하다는 귀무가설 $H_0 : \mu_1 = \mu_2$를 검정하기 위한 검정통계량은 다음과 같이 두 경우로 구분된다.

두 모집단의 분산이 동일한 경우($\sigma_1^2 = \sigma_2^2$)

두 모집단의 분산이 동일한 경우 검정통계량 T는 자유도가 $(n_1 + n_2 - 2)$인 t-분포를 따른다.

$$T = \frac{\bar{x} - \bar{y}}{s_p \sqrt{\frac{1}{n_1} + \frac{1}{n_2}}} \sim t_{n_1 + n_2 - 2}$$

단, $s_p^2 = \frac{(n_1 - 1)s_1^2 + (n_2 - 1)s_2^2}{n_1 + n_2 - 2}$은 통합분산추정량(pooled variance estimator)이다.

두 모집단의 분산이 다른 경우($\sigma_1^2 \neq \sigma_2^2$)

두 모집단의 분산이 다른 경우 검정통계량 T는 근사적인 t-분포를 따른다.

$$T = \frac{\bar{x} - \bar{y}}{\sqrt{\frac{s_1^2}{n_1} + \frac{s_2^2}{n_2}}} \stackrel{\cdot}{\sim} t_r$$

단, 자유도는 $r = \frac{(s_1^2/n_1 + s_2^2/n_2)^2}{\frac{(s_1^2/n_1)^2}{n_1 - 1} + \frac{(s_2^2/n_2)^2}{n_2 - 1}}$이다.

☞ **두 모분산의 동일성 검정**

두 모분산의 **동일성검정(test of equality)**을 위한 다음과 같은 가설에 대해

$$H_0 : \sigma_1^2 = \sigma_2^2 \quad \text{vs} \quad H_1 : \sigma_1^2 \neq \sigma_2^2$$

검정통계량은 $F = s_1^2 / s_2^2$이고, 이 검정통계량은 귀무가설이 사실이라는 가정 하에서 F-분포를 따르므로 이 사실로부터 두 모분산의 동일성 검정을 할 수 있다. SAS의 TTEST 프로시저에서는 이 검정통계량 값 및 유의확률 값을 제공하므로 이를 이용하면 된다.

앞에서 설명된 **TTEST** 프로시저가 독립표본에 대한 모평균 차의 검정에 사용될 수 있다. **TTEST** 프로시저에서는 모분산이 동일한 경우와 동일하지 않은 두 가지 경우에 대해서 검정통계량 및 유의확률을 제공하므로 두 집단의 모분산의 동일성에 관한 검정을 먼저 수행한 후 제시되는 두 검정결과 중에서 모분산에 대한 가정이 만족되는 하나의 결과를 이용하면 된다.

독립표본에 대한 모평균 차의 검정을 수행하기 위한 **TTEST** 프로시저의 일반적인 사용형식은 다음과 같다.

```
PROC TTEST DATA=sas파일명;
    CLASS 변수명;
    VAR 변수명;
RUN;
```

위의 일반형식에서 각 명령어들이 의미하는 내용은 다음과 같다.

sas파일명

모평균 차의 검정을 하고자 하는 변수를 포함하고 있는 SAS파일명을 지정한다.

CLASS

두 수준의 값을 갖는 분류변수를 지정한다. 여기서 지정되는 분류변수는 반드시 범주형 변수이어야 하며, 이 변수에 따른 모평균 차에 대한 검정을 수행하게 된다.

독립표본에 대한 모평균 차의 검정의 예를 들어보자. 전산통계학과 남학생의 평균 수학점수와 여학생의 평균 수학점수에 차이가 있는지를 검정하기 위해서 전산통계학과 남학생과 여학생 15명이 각각 임의로 추출되었고, 이들의 수학성적 자료가 포함된 SAS파일 class를 얻었다고 하자. 이를 이용하여 남학생과 여학생의 평균 수학점수가 동일하다고 할 수 있는지에 대한 검정을 고려해보자.

프로그램 6.3
독립표본에 대한 모평균 차의 검정

```
PROC TTEST DATA=class;
  CLASS gender;
  VAR math;
RUN;
```

프로그램 6.3은 남학생(gender=M)과 여학생(gender=F)의 수학점수(math) 자료를 포함하고 있는 SAS파일 class에 대해서 **TTEST** 프로시저를 이용하여 성별에 의해 구분되는 두 집단의 모평균에 차이가 있는지를 검정하기 위한 프로그램이다. 성별을 분류하는 변수는 gender이므로 **CLASS**문에 gender를 지정하였고, 검정하고자 하는 모평균은 수학점수이므로 **VAR**에 math를 지정하였다.

프로그램 6.3을 실행한 결과를 살펴보면, 첫 번째 결과는 남학생(gender=M)의 수학점수(math)와 여학생(gender=F)의 수학점수에 대한 평균과 표준편차 등 기초통계량 값을 제공해주며, 두 번째 결과는 모평균과 모표준편차에 대한

95% 신뢰구간과 모분산이 동일한 경우(**Pooled**)와 동일하지 않은 경우(**Satterthwaite**)에 대해서 모평균 차(**Diff**)에 대한 신뢰구간을 보여준다.

결과 6.3

Variable: math

gender	N	Mean	Std Dev	Std Err	Minimum	Maximum
F	15	79.0000	8.7750	2.2657	60.0000	95.0000
M	15	83.5333	7.5201	1.9417	70.0000	95.0000
Diff (1-2)		-4.5333	8.1717	2.9839		

gender	Method	Mean	95% CL Mean		Std Dev	95% CL Std Dev	
F		79.0000	74.1406	83.8594	8.7750	6.4244	13.8390
M		83.5333	79.3688	87.6978	7.5201	5.5057	11.8600
Diff (1-2)	Pooled	-4.5333	-10.6455	1.5789	8.1717	6.4849	11.0518
Diff (1-2)	Satterthwaite	-4.5333	-10.6520	1.5853			

Method	Variances	DF	t Value	Pr > |t|
Pooled	Equal	28	-1.52	0.1399
Satterthwaite	Unequal	27.359	-1.52	0.1402

Equality of Variances				
Method	Num DF	Den DF	F Value	Pr > F
Folded F	14	14	1.36	0.5713

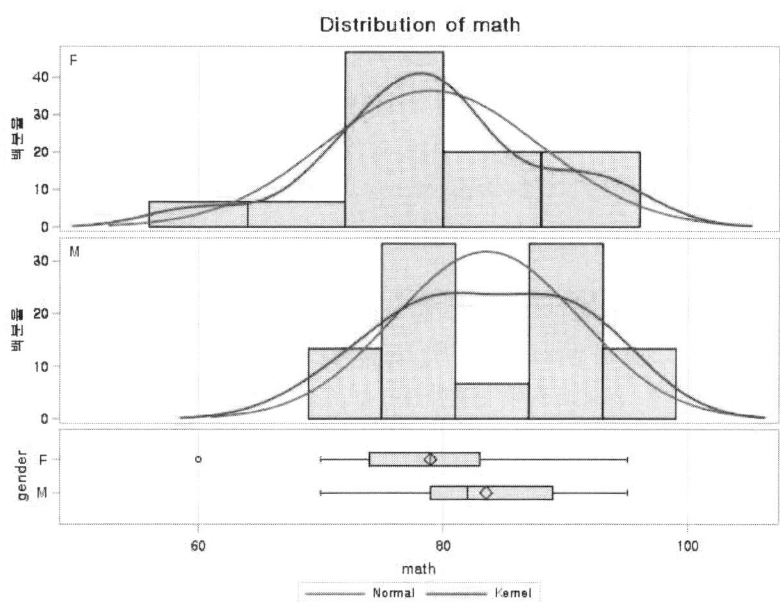

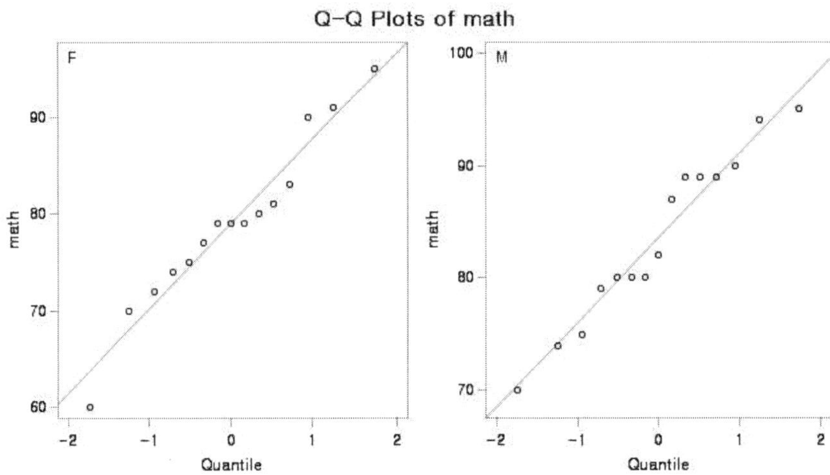

세 번째 결과가 T-Tests를 위한 검정통계량 값과 유의확률을 나타내는데 여기서 모분산이 동일한 경우와 동일하지 않은 경우 결과가 달라질 수 있으므로 모평균 차에 대한 검정을 하기 전에 네 번째 결과의 **Equality of Variances** 부분에서 먼저 모분산의 동일성 여부에 대한 검정을 먼저 해야 한다. 단일모집단 모평균 검정에서와 마찬가지로 성별에 따라 각각 수학점수의 분포상태와 정규성을 분석할 수 있는 히스토그램과 상자그림, Q-Q 도표가 각각 제공된다.

결과 6.3에서 **Equality of Variances** 부분을 이용하여 다음과 같이 두 모분산의 동일성 검정을 할 수 있다.

Step 1 가설설정

다음과 같이 가설을 설정할 수 있다. 단, σ_1^2은 남학생 집단의 모분산이고 σ_2^2은 여학생 집단의 모분산이다.

$$\begin{cases} H_0 : \sigma_1^2 = \sigma_2^2 (\text{두 집단의 모분산은 동일하다.}) \\ H_1 : \sigma_1^2 \neq \sigma_2^2 (\text{두 집단의 모분산은 동일하지 않다.}) \end{cases}$$

Step 2 검정통계량 F값 또는 유의확률의 계산

결과 6.3으로부터 모분산의 동일성 검정을 위한 F 검정통계량 값이 1.36이고 유의확률이 0.5713임을 알 수 있다.

Step 3 유의수준 α 결정

유의수준 α를 0.05로 하자.

Step 4 가설의 기각 여부 결정

유의확률이 α보다 크므로 귀무가설을 기각할 수 없다. 즉, 두 집단의 모분산이 동일하다고 할 수 있다.

위의 검정에서 두 집단의 모분산이 동일하다는 결론을 얻었으므로 이를 근거로 하여 남학생과 여학생의 평균 수학점수가 동일하다고 할 수 있는지에 대한 검정을 수행하면 된다. 결과 6.3의 세 번째 결과에서 ***Variance***가 **equal**인 **Pooled** 부분을 이용하여 다음과 같이 검정을 할 수 있다.

Step 1 가설설정

다음과 같이 가설을 설정할 수 있다. 단, μ_1은 남학생의 평균 수학점수이고 μ_2는 여학생의 평균 수학점수이다.

$$\begin{cases} H_0 : \mu_1 = \mu_2 (\text{남학생과 여학생의 평균 수학점수는 동일하다.}) \\ H_1 : \mu_1 \neq \mu_2 (\text{남학생과 여학생의 평균 수학점수는 동일하지 않다.}) \end{cases}$$

Step 2 검정통계량 T값 또는 유의확률의 계산

두 모분산의 동일성검정 결과 두 모집단의 분산이 동일하다는 결론을 얻었으므로 결과 6.3의 T-Tests 결과 부분에서 동일한(Equal)경우의 검정통계량 T값 -1.52와 유의확률 값 0.1399를 사용하면 된다.

Step 3 유의수준 α 결정

유의수준 α를 0.05로 하자.

Step 4 가설의 기각 여부 결정

유의확률이 α보다 크므로 귀무가설을 기각할 수 없다. 즉, 남학생과 여학생의 평균 수학점수에는 통계적으로 유의한 차이가 있다고 할 수 없다. ■■■

6.3 짝표본에 대한 모평균 차의 검정

6.2절에서 서로 독립인 두 모집단의 모평균이 동일한지의 여부를 검정하는 방 법에 대하여 설명하였다. 그러나, 두 모평균의 비교에 있어서 두 모집단이 서로 독립이 아닐 경우에는 짝비교 방법을 사용해야 한다. 이 방법은 실험단위를 동질적인 쌍으로 묶은 다음 각 쌍을 임의로 추출하여 두 처리를 적용시키는 것이다. 이러한 자료에 대한 모평균 차의 검정이 짝비교에 의한 방법(paired test)이다. 짝표본에 대한 모평균 차의 검정을 위해서 정규모집단으로부터 다음

과 같은 n개의 짝표본(paired sample) $(x_1,y_1),(x_2,y_2),\cdots,(x_n,y_n)$을 얻었다고 하자. 이로부터

$$d_1 = x_1 - y_1,\ d_2 = x_2 - y_2,\ \cdots,\ d_n = x_n - y_n$$

을 구할 수 있으며, μ_d는 모집단의 두 짝표본의 차이 d_i들의 평균이며, 이들의 차이가 없다는 것은 귀무가설 $H_0 : \mu_d = 0$을 검정하는 것과 동일한 문제가 된다. 따라서, 이에 대한 검정의 문제는 6.1절에서 설명된 단일 모집단의 모평균에 대한 검정방법으로 고려할 수 있다. 귀무가설 $H_0 : \mu_d = 0$를 검정하기 위한 검정통계량은 다음과 같이 정의된다.

$$T = \frac{\bar{d} - \mu_d}{s_d / \sqrt{n}} \sim t_{n-1}$$

여기서, $\bar{d} = \frac{1}{n}\sum_{i=1}^{n} d_i$, $s_d^2 = \frac{1}{n-1}\sum_{i=1}^{n}(d_i - \bar{d})^2$이다. 물론, 검정통계량 T는 귀무가설이 사실이라는 가정하에서 자유도가 $(n-1)$인 t-분포를 하므로 6.1절에서 설명한 것과 동일한 방법에 의해 검정할 수 있다. 짝표본인 경우 모평균 차에 대한 검정을 수행하기 위해서 **TTEST** 프로시저가 사용될 수 있으며, 이 프로시저의 일반적인 사용형식은 다음과 같다.

```
PROC TTEST DATA=sas파일명;
 PAIRED 변수명1*변수명2;
RUN;
```

위의 일반형식에서 각 명령어들이 의미하는 내용은 다음과 같다.

sas파일명

짝표본에 대한 모평균 차의 검정을 하고자 하는 변수가 포함된 SAS파일명을 지정한다.

PAIRED 변수명1*변수명2

짝표본으로 주어진 경우 모평균 검정을 하고자 하는 두 변수명을 지정한다.

짝표본에 대한 모평균 차의 검정의 예를 들어보자. 지능지수를 높일 수 있는 프로그램이 개발되었다. 실제로 이 프로그램에 의해서 연수를 받은 학생들의 지능지수가 더 높아졌다고 할 수 있는지를 알아보기 위해 프로그램 연수 전·후의

지능지수 사이에 통계적으로 유의한 차이가 있는지를 검정해보고자 한다. 30명의 학생들에 대해서 프로그램 연수전의 지능지수(iq1)를 측정하고, 동일한 학생들에 대해 프로그램 연수후 지능지수(iq2)를 측정하여 자료를 얻었다고 하자. 이 경우 두 표본은 동일한 학생들의 지능지수를 측정한 것이므로 독립이라고 할 수 없다. 이러한 문제에서 분석자는 "지능지수를 높이는 프로그램이 효과가 있는가? 즉, 프로그램 연수후 학생들의 지능지수는 프로그램 연수전의 지능지수보다 더 높아졌다고 할 수 있는가?"에 관심을 가지게 된다. 이러한 문제를 해결하기 위해서는 짝표본에 대한 모평균 차의 검정을 고려해야 한다.

프로그램 6.4는 프로그램 연수 전후의 지능지수에 차이가 있는지를 검정하기 위해서 TTEST 프로시저를 이용하는 프로그램이다. 비교하고자 하는 두 변수 iq1과 iq2를 PAIRED에 지정하였다.

프로그램 6.4

짝표본에 대한 모평균 차의 검정

```
PROC TTEST DATA=class;
  PAIRED iq1*iq2;
RUN;
```

결과 6.4를 보면 프로그램 연수 전후의 두 지능지수의 차(iq1−iq2)에 대한 평균과 표준편차는 각각 $\bar{d}=-3$와 $s_d=3.7139$임을 알 수 있으며, 연수 전후의 두 지능지수의 차에 대한 평균과 표준편차에 대한 95% 신뢰구간이 주어져 있다. 세 번째 부분의 결과를 이용하여 다음과 같이 프로그램 연수 전후의 지능지수에 통계적으로 유의한 차이가 있는지를 검정할 수 있다.

Step 1 가설설정

다음과 같이 가설을 설정할 수 있다.

$$\begin{cases} H_0 : \mu_d = 0 \text{(프로그램 연수전후의 평균 지능지수에 차이가 없다.)} \\ H_1 : \mu_d < 0 \text{ (프로그램 연수후의 평균 지능지수가 더 높다.)} \end{cases}$$

Step 2 검정통계량 T값 또는 유의확률의 계산

결과 6.4로부터 검정통계량 T값은 −4.42이고, 유의확률의 값은 0.0001임을 알 수 있다. 그런데, 이 값은 양측검정에 대한 유의확률이므로 위와 같이 설정된 가설을 고려하는 단측검정에서의 유의확률은 0.0001/2 = 0.00005가 된다.

Step 3 유의수준 α 결정

유의수준 α를 0.05로 하자.

Step 4 가설의 기각 여부 결정

유의확률이 α보다 작으므로 귀무가설을 기각한다. 즉, 개발된 프로그램 연수과정이 지능지수를 높이는 효과가 있다고 할 수 있다. ■■■

결과 6.4

Difference: iq1 - iq2

N	Mean	Std Dev	Std Err	Minimum	Maximum
30	-3.0000	3.7139	0.6781	-10.0000	3.0000

Mean	95% CL Mean		Std Dev	95% CL Std Dev	
-3.0000	-4.3868	-1.6132	3.7139	2.9578	4.9927

DF	t Value	Pr > |t|
29	-4.42	0.0001

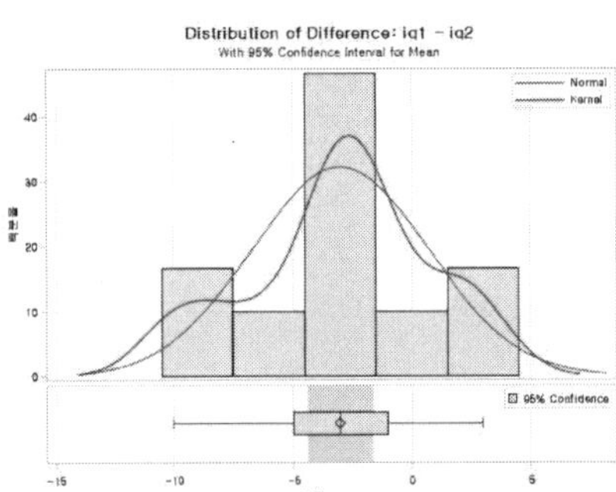

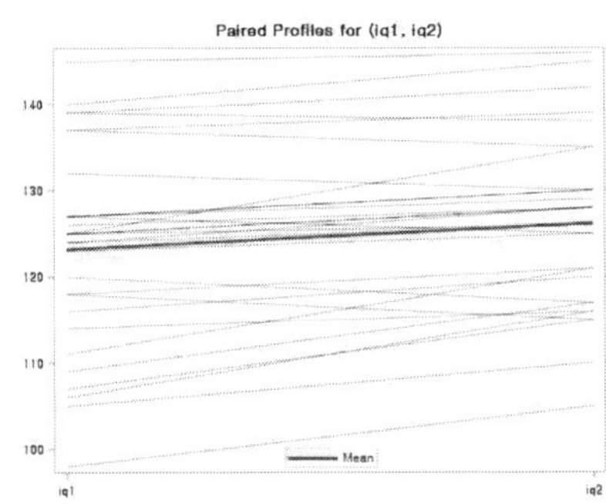

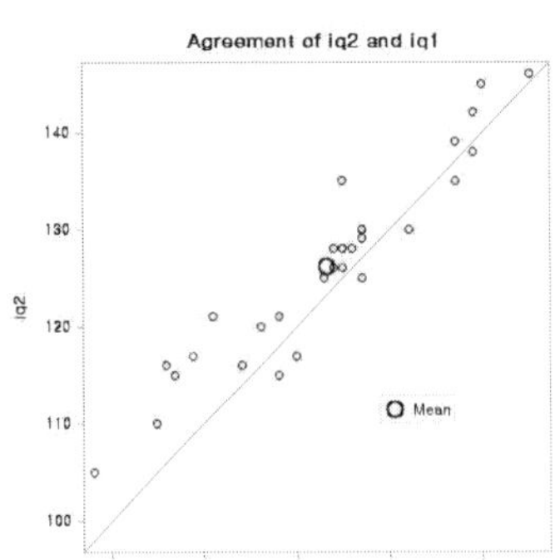

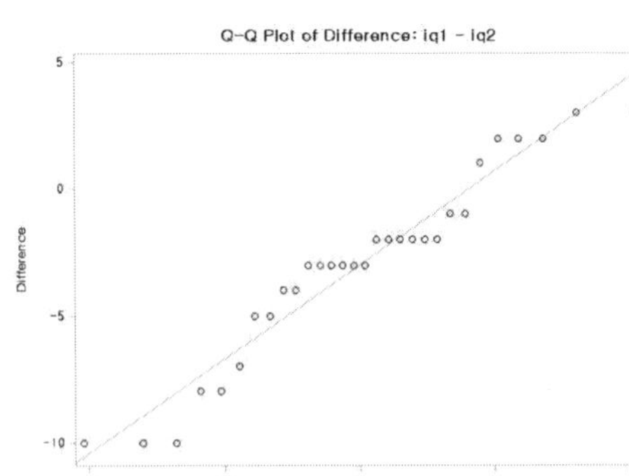

프 로 시 저 요 약

6장

단일모집단의 모평균 검정 1 (TTEST)

```
PROC TTEST DATA=sas파일명 H0=모평균값;
  VAR 변수명;
RUN;
```

단일모집단의 모평균 검정 2 (UNIVARIATE)

```
PROC UNIVARIATE DATA=sas파일명
        MU0=모평균 값  ALPHA=유의수준  CIBASIC;
  VAR 변수명;
RUN;
```

독립표본의 모평균 차의 검정

```
PROC TTEST DATA=sas파일명;
  CLASS 변수명;
  VAR 변수명;
RUN;
```

짝표본의 모평균 차의 검정

```
PROC TTEST DATA=sas파일명;
  PAIRED 변수명1*변수명2;
RUN;
```

실 습 문 제

6장

6.1 어느 대기업에서는 특정 중소기업으로부터 부품을 납품받고 있다. 이 부품의 납품서에 의하면 부품의 평균지름은 12.5cm라고 한다. 이 대기업에서는 부품의 지름이 실제로 납품서에 적혀있는 값과 동일한지를 검사하기 위해서 30개의 부품을 임의로 추출하여 지름을 측정한 결과 다음과 같은 결과를 얻었다.

12.5	12.6	12.5	12.4	12.6	12.8	12.3	12.6	12.4	12.5
12.8	12.5	12.4	12.6	12.7	12.5	12.4	12.5	12.3	12.6
12.6	12.4	12.7	12.5	12.5	12.6	12.5	12.7	12.4	12.6

- □ SAS파일명을 exam6_1로 하고, 변수명은 diameter로 지정하여 SAS파일을 구성하시오.
- □ **TTEST** 또는 **UNIVARIATE** 프로시저를 이용하여 부품의 평균지름이 납품서와 같다고 할 수 있는지를 유의수준 $\alpha=0.05$에서 검정하시오.

6.2 특정 다이어트 식품이 체중을 감소시키는 효과가 있는지를 알아보기 위해서 10명의 여성을 상대로 이 다이어트 식품을 복용하기 전의 체중과 복용한 후의 체중을 측정한 결과 다음과 같은 자료를 얻었다.

- □ SAS파일명을 exam6_2로 하고, 복용전 체중의 변수명은 before, 복용후 체중의 변수명은 after로 지정하여 SAS파일을 구성하시오.
- □ 이 다이어트 식품이 체중을 감소시키는 효과가 있다고 할 수 있는지를 유의수준 $\alpha=0.05$에서 검정하시오.

번 호	복용전(before)	복용후(after)
1	50	48
2	45	45
3	55	50
4	60	60
5	63	60
6	48	50
7	50	49
8	70	60
9	56	55
10	44	48

6.3 어떤 화학제품을 제조하는 공정에서 서로 다른 두 종류의 원료 A와 B를 사용하고 있는데, 이들 원료로부터 각각 15개와 13개의 표본을 임의로 추출하여 주성분 함유량을 조사한 결과가 다음과 같다.

원료 A	8.1 7.8 8.1 7.7 7.9 8.0 8.1 7.9 8.4 8.3 7.8 8.3 7.9 8.2 7.9
원료 B	8.0 7.6 7.9 7.6 7.7 8.0 7.9 8.1 7.6 7.7 7.6 8.0 7.5

- □ SAS파일명을 exam6_3으로 지정하고, 원료의 변수명을 raw, 함유량을 나타내는 변수명은 material로 지정하여 SAS파일을 구성하시오.
- □ 두 모집단(원료 A, 원료 B)의 분산이 동일하다고 할 수 있는지 유의수준 $\alpha = 0.05$에서 검정하시오.
- □ 두 원료에서 주성분 함유량의 모평균에 차이가 있는지를 유의수준 $\alpha = 0.05$에서 검정하시오.

제 7장

범주형 자료분석
(Categorical Data Analysis)

2장에서 설명되었던 것과 같이 관측 결과가 수치자료가 아닌 범주형 자료(categorical data)인 경우에는 연속형 자료에 대한 분석방법을 사용할 수 없다. 범주형 자료는 성별이나 직업, 지역, 선호도 등과 같이 관측값들이 수치적인 속성을 가지고 있지 않은 자료로서 이러한 범주형 자료를 분석하기 위한 방법으로 적합도검정(goodness-of-fit test)과 독립성검정(test of independence), 동질성검정(test of homogeniety) 등의 방법이 사용된다. 범주형 자료분석(categorical data analysis)의 대상이 되는 자료는 대부분 설문조사 자료로서 도수분포표(frequency table) 또는 분할표(contingency table)의 형태로 먼저 정리되고, 분할표에서 분류 기준이 되는 변수에 따라 관측값들이 어떻게 분포하고 있는지 판단하기 위한 분석방법으로 적합도검정이나, 독립성검정, 동질성검정 방법이 사용된다. 이러한 방법들은 모두 카이제곱 분포를 따르는 검정통계량을 이용한다.

7.1 도수분포표 및 분할표 작성

범주형 자료분석을 위해 사용되는 도수분포표 또는 분할표를 얻기 위해서 SAS에서는 **FREQ** 프로시저가 사용된다. **FREQ**는 범주형 자료분석에 사용되는 프로시저로 주어진 자료의 도수분포표 또는 분할표를 제공해준다. 이 프로시저의 일반적인 형식은 다음과 같다.

```
PROC FREQ DATA=sas파일명;
  TABLES 변수명1 변수명2 ~ / 옵션;
  TABLES 변수명1*변수명2 / 옵션;
  TABLES 변수명1*(변수명2 변수명3) / 옵션 ;

RUN;
```

일반형식에서 각 명령어의 사용방법은 다음과 같다.

sas파일명

분석하려는 변수들이 포함된 SAS파일명을 지정한다.

TABLES

도수분포표 또는 분할표를 얻고자 하는 변수를 지정하는 명령어로 변수명이 지정되는 경우 각 변수에 대한 도수분포표가 제공되며, 두 개 이상의 변수가 *를 이용하여 지정되는 경우 분할표가 제공된다.

- **TABLES 변수명1 변수명2 ~** : 지정된 변수들(변수1, 변수2, ~)의 도수분포표를 각각 제공한다.
- **TABLES 변수명1*변수명2** : 지정된 두 변수(변수1과 변수2)의 분할표를 제공한다.
- **TABLES 변수명1*(변수명2 변수명3)** : 변수1과 변수2, 변수1과 변수3에 대한 2개의 분할표를 각각 제공한다.

옵션

도수분포표 또는 분할표의 출력을 제어하기 위해 필요한 옵션을 지정할 수 있다.

- **NOCOL** : 열도수의 백분율이 출력되지 않도록 한다.
- **NOROW** : 행도수의 백분율이 출력되지 않도록 한다.
- **NOCUM** : 누적도수와 누적백분율이 출력되지 않도록 한다.
- **NOFREQ** : 각 칸의 빈도수가 출력되지 않도록 한다.
- **NOPERCENT** : 각 칸의 백분율이 출력되지 않도록 한다.
- **NOPRINT** : 도수분포표[분할표]가 출력되지 않도록 한다.

프로그램 7.1
도수분포표 작성

```
PROC FREQ DATA=class;
  TABLES reg;
RUN;
```

프로그램 7.1은 전체 학생들의 지역별(reg) 분포를 파악하기 위해서 지역별 도수분포표를 출력하기 위한 프로그램이다. 이와 같이 하나의 변수명만 지정하는 경우 1차원 도수분포표가 출력된다. 옵션이 지정되지 않았으므로 **빈도**와 **백분율**, **누적빈도**와 **누적백분율**이 모두 출력된다.

결과 7.1

reg	빈도	백분율	누적 빈도	누적 백분율
광역시	10	33.33	10	33.33
서울	10	33.33	20	66.67
지방	10	33.33	30	100.00

결과 7.1은 전체 학생들의 지역별 분포를 제공해준다. 빈도는 각 출신지역별 학생수를 나타내고, 백분율, 누적빈도, 누적백분율을 제공해준다. 서울과 광역시, 지방의 학생수가 모두 10명으로 세 지역 출신 학생들의 비율이 모두 동일함을 알 수 있다. ■■■

프로그램 7.2는 전공별(dept), 성별(gender) 학생수의 분포와 전공별, 지역별(reg) 학생수의 분포를 제공해주는 2개의 분할표를 얻기 위한 프로그램으로 이는 TABLES에 지정하는 변수의 형태를

TABLES dept*gender dept*reg;

와 같이 지정하는 것과 같다.

프로그램 7.2
분할표 작성

```
PROC FREQ DATA=class;
  TABLES dept* (gender reg);
RUN;
```

결과 7.2는 전공별, 성별 학생수의 분포와 전공별, 지역별 학생수의 분포를 나타내는 2개의 분할표를 각각 제공해준다. 첫 번째 분할표에서 첫 번째 행의 **빈도**를 살펴보면, 전산 전공자 중에서 여학생은 9명이고, 남학생은 3명임을 알 수 있으며, 두 번째 행의 **백분율**은 전체 30명 학생 중에서 전산전공 여학생의 비율이 30%임을 나타낸다.

결과 7.2

빈도
백분율
행 백분율
칼럼 백분율

테이블:dept * gender			
	gender		
dept	F	M	합계
전산	9 30.00 75.00 60.00	3 10.00 25.00 20.00	12 40.00
통계	6 20.00 33.33 40.00	12 40.00 66.67 80.00	18 60.00
합계	15 50.00	15 50.00	30 100.00

빈도
백분율
행 백분율
칼럼 백분율

테이블:dept * reg				
	reg			
dept	광역시	서울	지방	합계
전산	6 20.00 50.00 60.00	3 10.00 25.00 30.00	3 10.00 25.00 30.00	12 40.00
통계	4 13.33 22.22 40.00	7 23.33 38.89 70.00	7 23.33 38.89 70.00	18 60.00
합계	10 33.33	10 33.33	10 33.33	30 100.00

또한, 세 번째 행의 **행 백분율**은 전산 전공자 중에서 여학생의 비율이 75%, 남학생의 비율이 25%임을 나타내며, 마지막 행의 **칼럼 백분율**은 이와 반대로 여학생 중에서 전산 전공자의 비율은 60%이고, 통계 전공자의 비율은 40%임을 나타내고 있다. 유사한 방법에 의해 전공별, 지역별 학생수의 분포를 설명할 수 있다. ■■■

7.2 적합도검정

적합도검정은 크기 n의 관측치를 c개의 범주(그룹)로 분류했을 때 각 관측치들이 각각의 그룹에 속할 확률이 알려져 있는 경우, 실제로 이러한 형태대로 관측값들이 분류되었는지를 검정하는 방법이다. 적합도검정을 위한 검정통계량 값과 유의확률 값은 다음에 설명되는 **FREQ** 프로시저를 통해서 얻을 수 있다. 적합도검정을 위한 **FREQ** 프로시저의 일반형식은 다음과 같다.

```
PROC FREQ DATA=sas파일명;
  WEIGHT 변수;
  TABLES 변수 / TESTP=(확률1 확률2 ~);
  TABLES 변수 / TESTF=(빈도수1 빈도수2 ~);
RUN;
```

일반형식에서 각 명령어들이 의미하는 내용은 다음과 같다.

WEIGHT

자료가 이미 도수분포표 또는 분할표의 형식으로 되어 있는 경우 빈도를 나타내는 변수를 지정하는 명령어로 일반적인 형태의 자료인 경우에는 지정될 필요가 없다.

TABLES

적합도검정을 하고자 하는 변수명을 지정한다.

TESTP=(확률1 확률2 ~)

검정하고자 하는 범주(그룹)의 확률을 지정하는 명령어로 범주의 수만큼 확률값이 지정되며, 전체 확률의 합은 반드시 1이 되어야 한다.

TESTF=(빈도수1 빈도수2 ~)

검정하고자 하는 범주(그룹)의 기대빈도수(귀무가설에 대한 빈도수)를 지정하는 명령어로 범주의 수만큼 빈도수가 지정되어야 하며, 여기서 지정된 빈도수의 합은 전체 자료수와 같게 된다.

FREQ 프로시저는 검정하고자 하는 확률 또는 빈도수가 명시되면, 이를 검정하기 위한 카이제곱 검정통계량(chi-square test statistic) 값과 유의확률 값을 제공해준다.

프로그램 7.3
적합도검정

```
PROC FREQ DATA=class;
  TABLES dept / TESTF=(15 15);
RUN;
```

프로그램 7.3은 학생들의 전공 선택에 차이가 없다는 귀무가설을 검정하기 위한 프로그램이다, 여기서, 전체 학생수가 30명이고, 2개의 전공이 있으므로 검정하고자 확률은 1/2(=0.5)이다. 따라서, 이러한 경우에는 확률을 지정하기 위한 **TESTP**와 빈도수를 지정하는 **TESTF**가 모두 사용 가능하며, 위 프로그램에서 **TESTP**=(0.5 0.5)와 같이 지정해도 된다. 자료에서 두 학급 학생들의 전공은 전산 또는 통계로 진학한 학생들이 특정 전공을 선택할 확률이 같은지를 검정하고자 하는 것이므로 적합도검정이 사용된다. 이 경우 귀무가설은 다음과 같다.

H_0 : 특정 전공을 선택한 학생수에 차이가 없다.

결과 7.3

dept	빈도	검정 빈도	백분율	누적 빈도	누적 백분율
전산	12	15	40.00	12	40.00
통계	18	15	60.00	30	100.00

지정 빈도에 대한 카이제곱 검정	
카이제곱	1.2000
자유도	1
Pr > ChiSq	0.2733

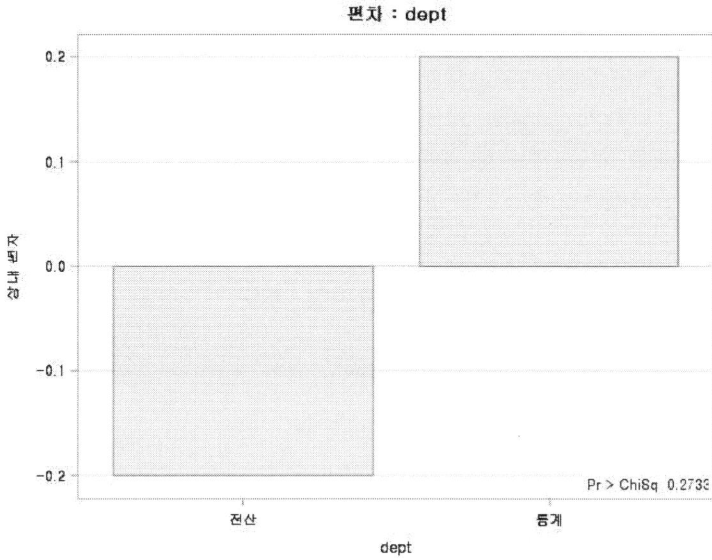

표본 크기 = 30

결과 7.3을 보면 특정 전공을 선택한 학생수에 차이가 없다는 귀무가설에 대한 적합도검정에 사용되는 카이제곱 검정통계량 값은 1.2이고, 이 때의 유의확률은 0.2733이다. 따라서, 유의수준 5%에서 적합도검정을 실시하면, 귀무가설은 기각되지 않는다. 즉, 특정 전공을 선택한 학생수가 동일하다는 귀무가설이 받아들여지게 된다. 도수분포표를 보면 전산전공을 선택한 학생이 40%이고, 통계전공을 선택한 학생이 60%로 조사되었으나, 이 자료는 표본자료로서 통계적인 유의성을 고려하여 검정한 결과에 따르면 특정 전공을 선택한 학생수에 차이가 없는 것으로 결론지을 수 있다. ■■■

7.3 독립성검정

독립성검정은 자료에 포함된 두 가지 특성 사이에 어떠한 연관관계가 있는지를 검정하는 방법으로 독립성검정에서의 귀무가설은 두 가지 특성들이 서로 독립(independent)이라는 것이다. 즉, 두 특성 사이에 연관관계가 없다는 것이다. 독립성검정을 위해서 카이제곱 검정이 사용되며, 이를 위한 검정통계량 값과 유의확률 값은 적합도검정과 마찬가지로 **FREQ** 프로시저를 이용하여 얻을 수 있다. 또한, 분석 결과 두 특성이 독립이 아닌 경우 어느 정도의 연관성을 가지고 있는지를 분석하기 위해 필요한 기본적인 연관성 측도(measure of association)

로 **파이계수**와 **분할계수**, **크래머의 V**를 제공해준다.

이러한 연관성 측도들은 카이제곱 통계량을 이용하여 간단히 계산되는 통계량이지만 어떠한 행태적 특성을 가지지 않기 때문에 해석이 어렵다는 문제점이 있다. 따라서, 이러한 측도들 외에 연관성의 정도를 판단하기 위해서 사용될 수 있는 여러 가지 다른 연관성 측도들을 얻을 수 있다. 독립성검정에서 사용되는 여러 가지 연관성측도에 대한 설명을 [표 7-1]에 제시하였다.

[표 7-1] 연관성 측도

변수 형태	연관성 측도	특성	범위 및 의미
순서형	감마(Gamma)	행렬의 수와 무관	-1에서 1사이의 값을 가지며, 절대값이 클수록 연관성이 크다. 즉, 이 값들이 1에 가까울수록 양의 연관성이 크고, -1에 가까울수록 음의 연관성이 크다.
	Kendall의 타우-b	분할표의 행과 열의 수가 같은 경우에 유용	
	Stuart 타우-c	분할표의 행과 열의 수가 다른 경우에 유용	
	Somers D	Kendall의 타우-b를 비대칭관계를 고려하여 수정	
명목형	파이계수 (Phi Coefficient)	분할표가 2×2인 경우에 유용	일반적으로 0과 1사이에 존재하며, 이 값이 클수록 두 변수 사이의 연관성이 크다.
	크래머의 V	분할표가 2×2가 아닌 일반적인 경우에 유용	
	우발성계수 (Contingency Coefficient)	분할표의 크기에 따라 달라지므로 같은 크기의 분할표 사이의 연관성을 비교하는데 사용	
	람다(Lambda)	대칭/비대칭 람다 값을 분할표의 변수 사이의 관계에 기초하여 분석	
	불확실계수	엔트로피에 기초한 측도	

☞ 연관성 측도

연관성 측도는 독립성검정 또는 동질성검정에서 설정된 귀무가설이 기각되는 경우, 즉, 두 변수들이 서로 독립이 아니고 연관성을 가지고 있다면, 어느 정도의 연관성을 가지고 있는지를 판단하기 위한 측도이다. 이 값이 클수록 두 범주형 변수 사이의 연관성이 크다는 것을 의미하지만, 실제로 연관성의 정도를 판단하기 위해서는 여러 가지 다른 연관성 측도들이 이용될 수 있다. 이러한 연관성 측도는 변수들이 **순위형**(ordinal)인 경우와 **명목형**(categorical)인 경우에 따라 사용하는 측도가 다르다. 즉, 각 연관성 측도들은 자료의 형태에 따라 사용되는 경우가 다르므로 자료의 특성에 맞는 연관성 측도를 이용하여 두 변수 사이의 관계를 분석해야 한다.

카이제곱 검정에서 유의해야 할 점은 분석 결과에 경고 메시지가 나타나는 경우이다. 이러한 경고 메시지는 카이제곱 검정이 분할표에 포함되는 각 칸의 **기대도수**(expected frequency)가 모두 5이상인 경우에만 의미를 가지고 있으므로 이에 대한 경고 메시지를 알려주는 것이다. 즉, 자료의 수가 너무 작아서 기대도수가 5보다 작은 칸이 많은 경우 카이제곱 검정 결과를 신뢰할 수 없게 된다. 독립성검정을 위해서 **FREQ** 프로시저가 사용된다.

독립성검정을 위한 **FREQ** 프로시저의 일반적인 형식은 다음과 같다.

```
PROC FREQ DATA=sas파일명;
  WEIGHT 변수;
  TABLES 변수1*변수2 / CHISQ MEASURES EXPECTED;
RUN;
```

일반형식에서 각 명령어들이 의미하는 내용은 다음과 같다.

TABLES

독립성 검정을 하고자 하는 2개의 변수를 지정한다.

CHISQ

독립성검정에 필요한 카이제곱 검정통계량 값과 유의확률 값을 출력해주며, 몇가지 기본적인 연관성 측도를 얻기 위한 명령어이다.

MEASURES

연관성 측도와 *ASE(Asymptotic Standard Error)*를 제공하며, 이 옵션에 의해 제공되는 연관성 측도들에 대한 설명을 [표 7-1]에 제시하였다.

EXPECTED

각 셀의 기대빈도를 출력해준다.

이제 독립성검정에 대한 예를 고려해보자. 지역에 따라 전공을 선택하는데 차이가 있는지를 검정하고자 한다. 즉, 지역과 전공 선택이라는 두 특성이 서로 독립인지를 검정하는 것이다. 이 경우 귀무가설은 다음과 같다.

$$H_0 : \text{지역과 전공 선택은 상관이 없다(독립이다).}$$

프로그램 7.4 독립성 검정

```
PROC FREQ DATA=class;
  TABLES reg*dept / CHISQ;
RUN;
```

프로그램 7.4는 지역에 따라 전공 선택을 하는데 차이가 있는지를 검정하기 위한 프로그램으로 **CHISQ** 옵션을 지정하여 독립성검정을 위한 여러 가지 검정통계량 값과 이에 대한 유의확률 값 및 **파이계수, 우발성계수, 크래머의 *V*** 등의 연관성측도들을 얻을 수 있다.

결과 7.4

빈도
백분율
행 백분율
칼럼 백분율

테이블:reg * dept			
	dept		
reg	전산	통계	합계
광역시	6 20.00 60.00 50.00	4 13.33 40.00 22.22	10 33.33
서울	3 10.00 30.00 25.00	7 23.33 70.00 38.89	10 33.33
지방	3 10.00 30.00 25.00	7 23.33 70.00 38.89	10 33.33
합계	12 40.00	18 60.00	30 100.00

reg * dept 테이블에 대한 통계량

통계량	자유도	값	Prob
카이제곱	2	2.5000	0.2865
우도비 카이제곱	2	2.4859	0.2885
Mantel-Haenszel 카이제곱	1	1.8125	0.1782
파이 계수		0.2887	
우발성 계수		0.2774	
크래머의 V		0.2887	
WARNING: 50%개의 셀이 5보다 적은 기대빈도를 가지고 있습니다. 카이제곱 검정은 올바르지 않을 수 있습니다.			

표본 크기 = 30

결과 7.4를 보면 지역별 전공자 수에 대한 2차원 분할표를 얻을 수 있으며, 카이제곱 통계량을 포함하여 4가지 검정통계량 값과 각각의 유의확률 값을 제공해준다. 카이제곱 검정통계량 값은 2.5이고, 이 때의 유의확률은 0.2865로 귀무가설은 기각되지 않는다. 즉, 지역에 따라 전공을 선택하는 결정에 차이가 없다고 결론지을 수 있다.

그리고, 연관성 측도로 **파이계수**와 **우발성계수**, **크래머의** *V*가 출력된다. 이 값이 클수록 연관성이 높은 것으로 분석할 수 있는데, 이 값들이 모두 0.28 정도로 위의 검정결과와 마찬가지로 지역과 전공 선택과의 연관성은 거의 없는 것으로 볼 수 있다. 그리고, 결과 7.4의 *WARNING*에 나타나있는 경고 메시지를 볼 수 있는데, 이는 카이제곱 검정이 분할표에서 각 칸의 기대도수가 모두 5이상인 경우 유용하게 사용될 수 있으므로 이에 대한 경고 메시지를 알려주는 것이다. 즉, 현재 분석 대상이 되는 자료의 수가 너무 작아서 **기대빈도**가 5보다 작은 칸이 3개 있으므로 이러한 경우 카이제곱 검정 결과를 신뢰할 수 없게 된다.

■■■

7.4 동질성검정

동질성검정은 어떤 특성에 대한 자료의 분포가 동일한지를 검정하는 것으로 독립성검정과 거의 유사한 방법이나, 동질성검정과 독립성검정의 차이점은 자료를 얻는 방법이 다르다는 것이다. 독립성검정은 전체 도수의 합 n을 고정시킨 상태에서 두 특성을 나타내는 변수들을 고려하여 이 두 변수 사이의 연관성을 검정하는 방법인 반면에, 동질성검정은 전체 자료를 검정하려는 특성에 따라 먼저 분류한 후 각 범주별로 정해진 수만큼의 자료를 조사하여 각 범주별로 비율이 다른지를 검정하는 것이다. 동질성검정을 위해서 카이제곱 검정이 사용되며, 이를 위한 검정통계량 값과 유의확률 값은 적합도검정과 마찬가지로 **FREQ** 프로시저를 이용하여 얻을 수 있으며, 동질성검정을 위한 **FREQ** 프로시저의 일반적인 형식은 독립성검정과 동일하므로 여기서는 생략하였다.

동질성검정에 대한 예를 고려해보자. SAS파일 class에서 성별에 따라 전공을 선택하는데 차이가 있는지를 검정하기 위해서 남녀 각각 15명에 대해 전공자수를 조사하였다고 하자. 즉, 성별에 따라 전공을 선택하는 결정에 차이가 있는지를 검정하는 것으로 이 경우 귀무가설은 다음과 같다.

H_0: 성별에 따라 전공을 선택하는데 차이가 없다.

프로그램 7.5

동질성검정

```
PROC FREQ DATA=class;
  TABLES gender*dept / CHISQ NOPERCENT
                       MEASURES;
RUN;
```

프로그램 7.5는 성별에 따라 전공을 선택하는데 차이가 있는지를 검정하기 위해 **FREQ** 프로시저를 사용한 프로그램이다. **CHISQ** 옵션을 사용하여 검정에 필요한 검정통계량 값과 유의확률 값을 출력하도록 하였으며, 분할표에서 백분율이 출력되지 않도록 하기 위하여 **NOPERCENT** 옵션을 사용하였다. 또한, **MEASURE** 옵션을 사용하여 연관성측도들을 출력하도록 하였다.

결과 7.5

빈도 행 백분율 칼럼 백분율	테이블:gender * dept		
	dept		
gender	전산	통계	합계
F	9 60.00 75.00	6 40.00 33.33	15
M	3 20.00 25.00	12 80.00 66.67	15
합계	12	18	30

gender * dept 테이블에 대한 통계량

통계량	자유도	값	Prob
카이제곱	1	5.0000	0.0253
우도비 카이제곱	1	5.1783	0.0229
연속성 수정 카이제곱	1	3.4722	0.0624
Mantel-Haenszel 카이제곱	1	4.8333	0.0279
파이 계수		0.4082	
우발성 계수		0.3780	
크래머의 V		0.4082	

Fisher의 정확 검정	
(1,1) 셀 빈도(F)	9
하단측 p값 Pr <= F	0.9961
상단측 p값 Pr >= F	0.0302
테이블 확률 (P)	0.0263
양측 p값 Pr <= P	0.0604

통계량	값	ASE
감마	0.7143	0.2041
Kendall의 타우-b	0.4082	0.1646
Stuart의 타우-c	0.4000	0.1633
Somers D C|R	0.4000	0.1633
Somers D R|C	0.4167	0.1672
Pearson 상관계수	0.4082	0.1646
Spearman 상관계수	0.4082	0.1646
람다 비대칭 C|R	0.2500	0.2795
람다 비대칭 R|C	0.4000	0.2191
람다 대칭	0.3333	0.2181
불확실 계수 C|R	0.1282	0.1067
불확실 계수 R|C	0.1245	0.1040
불확실 계수 대칭	0.1263	0.1053

오즈비 및 상대 리스크			
통계량	값	95% 신뢰한계	
오즈비	6.0000	1.1717	30.7246
상대 리스크(칼럼 1)	3.0000	1.0054	8.9516
상대 리스크(칼럼 2)	0.5000	0.2560	0.9766

결과 7.5를 보면 성별에 따른 전공자 수를 알 수 있는 2차원 분할표가 나타나 있으며, 동질성검정을 위한 카이제곱 통계량을 포함하여 4가지 검정통계량 값과 각각의 유의확률 값이 나타나 있다. 카이제곱 검정통계량 값은 5.00이고, 이 때의 유의확률 값은 0.0253으로 귀무가설은 기각된다. 즉, 성별에 따라 전공을 선택하는 결정에 차이가 있다고 결론지을 수 있다. 이는 성별과 전공 선택여부는 서로 독립이 아니라는 것을 의미하는 것으로 이 경우 어느 정도의 연관성을 가지고 있는가 하는 문제가 매우 중요하다.

이러한 문제를 해결하기 위한 여러 가지 연관성 측도를 고려해 볼 수 있다. 이 예에서의 자료는 명목형 자료이고, 2×2 분할표인 경우이므로 [표 7-1]에 따르면 파이계수가 적절한 연관성 측도로 사용될 수 있다. **파이계수**는 0과 1 사이의 값을 가지며, 이 값이 클수록 연관성이 크다고 할 수 있는데, 위 결과 7.5를 보면 이 예제에서의 파이계수 값은 0.4082임을 알 수 있다. 즉, 성별과 전공 선택이라는 두 특성 사이에는 어느 정도의 연관성이 존재한다고 판단된다. ■■■

프로시저요약

7장

도수분포표

```
PROC FREQ DATA=sas파일명;
  TABLES 변수명1 변수명2 ~ / NOCUM NOFREQ
                           NOPERCENT NOPRINT;
RUN;
```

분할표 작성

```
PROC FREQ DATA=sas파일명;
  TABLES 변수명1*변수명2 / NOCOL NOROW
          NOCUM NOFREQ NOPERCENT NOPRINT;
RUN;
```

```
PROC FREQ DATA=sas파일명;
  TABLES 변수명1*(변수명2 변수명3) / NOCOL NOROW
          NOCUM NOFREQ NOPERCENT NOPRINT;
RUN;
```

적합도검정

```
PROC FREQ DATA=sas파일명;
  WEIGHT 변수명;
  TABLES 변수명 / TESTP=(확률1 확률2 ~);
RUN;
```

```
PROC FREQ DATA=sas파일명;
  WEIGHT 변수명;
  TABLES 변수명 / TESTF=(빈도수1 빈도수2 ~);
RUN;
```

독립성검정 또는 동질성검정

```
PROC FREQ DATA=sas파일명;
  WEIGHT 변수명;
  TABLES 변수명1*변수명2 / CHISQ MEASURES;
RUN;
```

실 습 문 제

7장

7.1 정상적인 주사위를 던졌을 때 각각의 눈이 나타날 확률은 1/6로 알려져 있다. 실제로 주사위를 300번 던져 나타난 눈의 수를 관찰하는 실험을 했을 때 주사위의 눈이 다음과 같이 나타났다고 하자.

나타난 눈의 수	1	2	3	4	5	6	계
관측도수	48	51	53	46	52	50	300

□ SAS파일명을 exam7_1로 하고, 변수명을 dice로 하여 자료를 입력하시오. 이 때 자료가 도수분포표로 주어져 있으므로 도수를 나타내는 변수를 **WEIGHT** 명령어에 지정하고, 도수를 나타내는 변수는 count로 지정하시오.

□ 이 주사위가 정상적인 주사위인지를 검정하고자 한다. 그러면, 귀무가설은 "주사위의 각 눈이 나타날 확률은 모두 1/6이다"와 같이 설정할 수 있다. 이 가설을 유의수준 5%에서 검정하시오.

7.2 어떤 회사가 두 종류의 신상품 A, B를 개발하여 소비자들이 어떤 종류의 신상품을 더 좋아하는가를 조사하기 위하여 40명을 임의로 추출하여 다음과 같은 자료를 얻었다. 여기서, M은 남자, F는 여자를 나타내고, 1은 신상품 A를 2는 신상품 B를 나타낸다.

```
M 2 F 1 M 1 F 2 F 2 M 2 M 1 F 1 M 1 F 2
M 2 M 1 M 1 F 2 F 1 M 1 F 1 M 1 F 2 F 2
M 2 F 2 M 1 M 1 M 1 F 2 F 2 F 2 M 1 F 2
M 2 M 2 F 2 F 1 M 1 M 1 F 1 F 2 M 2 F 2
```

□ SAS파일명은 exam7_2로 하고, 성별은 gender, 선호상품의 변수명은 favor로 하여 자료를 입력하시오.

□ 위 자료에 대한 도수분포표를 작성하시오.

□ 성별에 따른 선호하는 신상품의 분포를 알아보기 위한 분할표를 작성하시오.

7.3 실습문제 7.2의 자료로부터 신상품에 대한 선호도와 성별은 독립이라고 할 수 있는지 유의수준 5%에서 검정하시오.

7.4 어느 대학의 통계조사연구소에서는 학년에 따라 담배를 피우는 학생의 비율이 어떻게 다른지를 알아보기 위하여 1, 2, 3, 4학년 학생들을 각각 200, 200, 300, 300명씩 임의로 추출하여 흡연여부를 조사하여 다음과 같은 결과를 얻었다.

학년 \ 흡연여부	흡연	비흡연	합계
1	140	60	200
2	160	40	200
3	150	150	300
4	100	200	300

□ SAS파일명은 exam7_4로 하고, 학년과 흡연여부를 나타내는 변수명을 각각 year와 smoke로 지정하고, **WEIGHT** 명령어에서 지정되는 학생수를 나타내는 변수명은 number로 하여 자료를 입력하시오.

□ 이 자료로부터 학년에 따라 흡연하는 학생들의 비율이 다른지를 유의수준 5%에서 검정하시오.

7.5 경제형편에 따라 쇼핑장소에 차이가 있는지를 살펴보기 위해 설문조사를 실시한 결과 다음과 같은 자료를 얻었다.

쇼핑장소 \ 경제형편	상	중	하
백 화 점	30	20	10
대형할인매장	20	40	40
재 래 시 장	10	10	20

- SAS파일명은 exam7_5, 경제형편과 쇼핑장소의 변수명을 각각 class와 place로 지정하여 자료를 입력하시오. 이 때, 쇼핑장소는 백화점을 1, 대형할인매장을 2, 재래시장을 3으로 입력하고, 응답자수는 num으로 하여 **WEIGHT** 명령어에 지정하시오.
- 경제형편과 쇼핑장소의 선택이 서로 독립인지를 유의수준 5%에서 검정하고, 연관성 측도를 구하시오.

제 8장

상관분석
(Correlation Analysis)

8.1 산점도

8.2 상관계수

두 변수 간에 선형적인 관계가 존재하는지, 또한 존재한다면 어느 정도 강한 선형관계가 존재하는지를 파악하기 위한 통계적 분석방법을 상관분석(correlation analysis)이라고 한다. 두 변수 사이에 상관관계가 있는가를 알아보기 위해서 우선적으로 고려해야하는 문제는 두 변수의 산점도(scatter plot)를 작성하여 선형적이 관계가 존재하는지를 파악하는 것이다. 즉, 두 변수의 대응되는 자료들을 좌표평면에 점으로 표시하여 두 변수간의 관계를 대략적으로 파악하는 것이다. 그러나, 산점도는 두 변수간에 존재하는 상관관계를 대략적으로만 분석할 수 있으므로 상관계수(correlation coefficient) 값을 구해서 상관분석을 해야 한다.

8.1 산점도

산점도는 두 변수의 대응되는 자료들을 좌표평면에 점으로 표시하는 것으로 이를 이용하면 두 변수간의 선형적인 관계를 대략적으로 파악할 수 있다. 두 변수 X와 Y의 산점도는 [그림 8-1]과 같은 형태로 나타나게 된다. 산점도가 [그림 8-1]의 (a)와 같은 형태로 나타나는 경우는 한 변수의 값이 증가하면 다른 변수의 값도 증가하는 경향 즉, 양의 상관(positive correlated)이 있는 것으로 판단할 수 있으며, (b)와 같은 형태를 보인다면 한 변수의 값이 증가하면 다른 변수의 값은 감소하는 경향 즉, 음의 상관(negative correlated)이 있는 것이다. 그리고, [그림 8-1]의 (c)와 같은 산점도가 작성되면 두 변수 사이에는 선형관계가 없음 즉, 무상관(uncorrelated)을 나타내는 것이다.

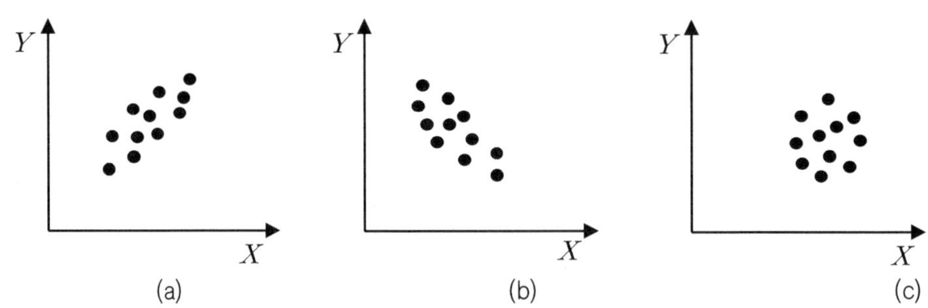

[그림 8-1] 산점도의 형태

두 변수의 산점도를 작성하여 이를 분석해보면 두 변수 사이에 선형관계가 존재하는지의 여부를 알 수 있으며, 선형관계가 존재하는 경우 어떠한 관계인지를 판단할 수 있다. 그러나, 이러한 선형관계는 그래프로 표현되기 때문에 대략적으로만 분석할 수 있는 단점이 있다. 따라서, 두 변수 사이에 존재하는 선형관계의 정도를 좀 더 자세하게 분석하기 위한 측도로 상관계수가 사용된다. 두 변수의 산점도를 작성하기 위해서는 **PLOT** 프로시저가 사용되는데, 이 프로시저의 일반적인 사용방법은 4장에서 자세하게 설명되었으므로 이를 참조하기 바란다. 지능지수(iq1)와 수학점수(math) 사이에 선형관계가 존재하는지를 알아보기 위한 산점도를 작성하여 보자.

프로그램 8.1
산점도 작성

```
PROC PLOT DATA=class;
  PLOT iq1*math;
RUN;
```

프로그램 8.1은 SAS파일 class에 있는 지능지수(iq1)와 수학점수(math)의 산점도를 작성하기 위한 프로그램이다. 지능지수(iq1)를 세로축으로 하고, 수학점수(math)를 가로축으로 하여 산점도를 작성하기 위해 **PLOT**문에 iq1*math라고 지정하였다.

결과 8.1 iq1*math 의 도표. 범례: A = 1개 관측치, B = 2개 관측치, 등.

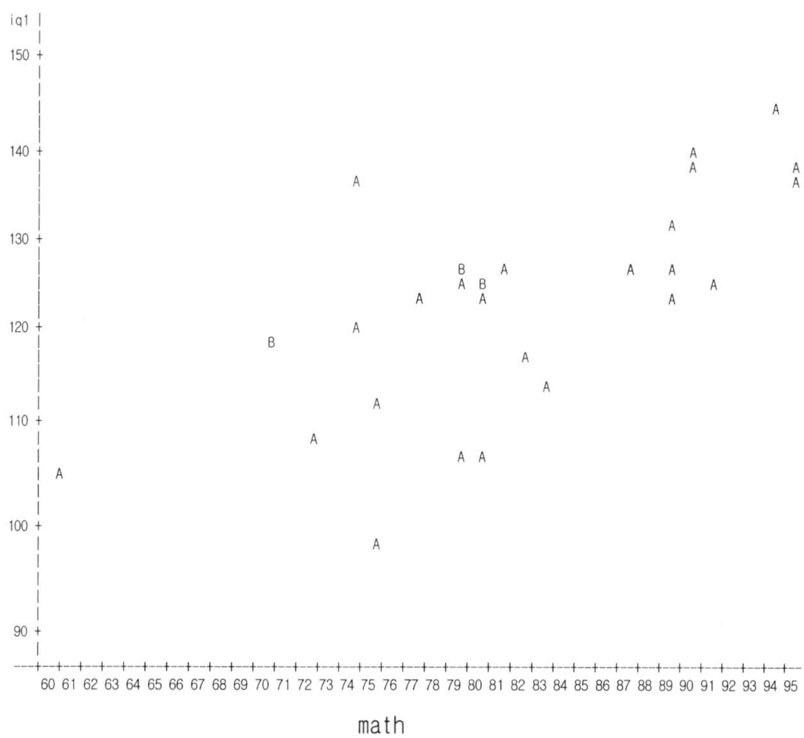

결과 8.1의 산점도를 보면 [그림 8-1]의 (a)와 같은 형태로 지능지수가 높은 학생들이 수학점수도 높게 나타나는 경향을 볼 수 있다. 즉, 지능지수와 수학점수 사이에 양의 상관관계가 존재할 것으로 예상할 수 있다. ■■■

프로그램 8.2
분류변수에 의한 산점도 작성

```
PROC SORT DATA=class out=class_g;
  BY gender;
RUN;
PROC PLOT DATA=class_g;
  PLOT iq1*math;
  BY gender;
RUN;
```

프로그램 8.2는 지능지수와 수학점수에 대한 산점도를 성별에 따라 각각 작성하기 위한 프로그램으로 **BY** 문에 분류변수를 지정하면 된다. 이러한 프로그램을 실행하기 전에 반드시 4장에서 설명된 **SORT** 프로시저에 의해 class 파일을 성별에 따라 정렬해야 한다.

결과 8.2

---------------------------- gender=F ----------------------------

iq1*math 의 도표. 범례: A = 1개 관측치, B = 2개 관측치, 등.

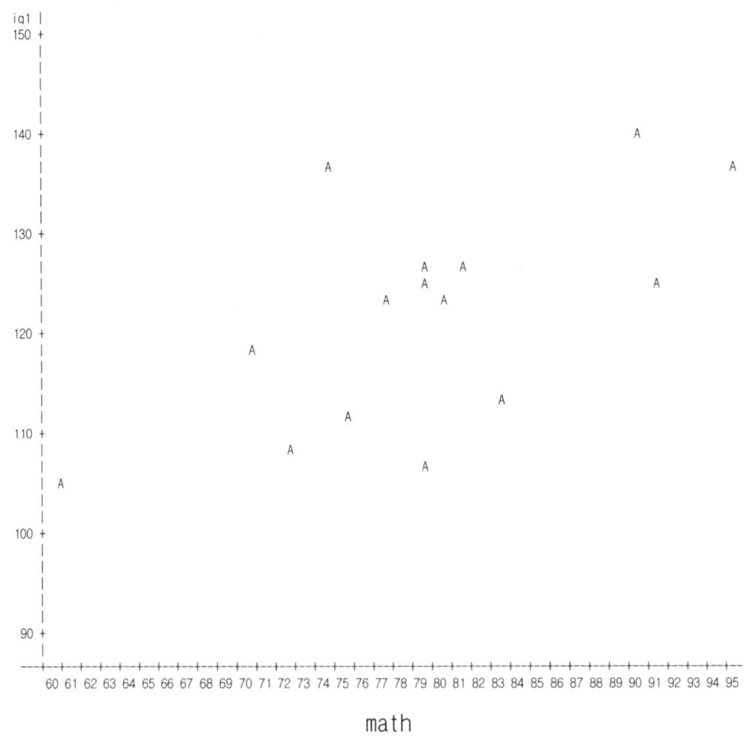

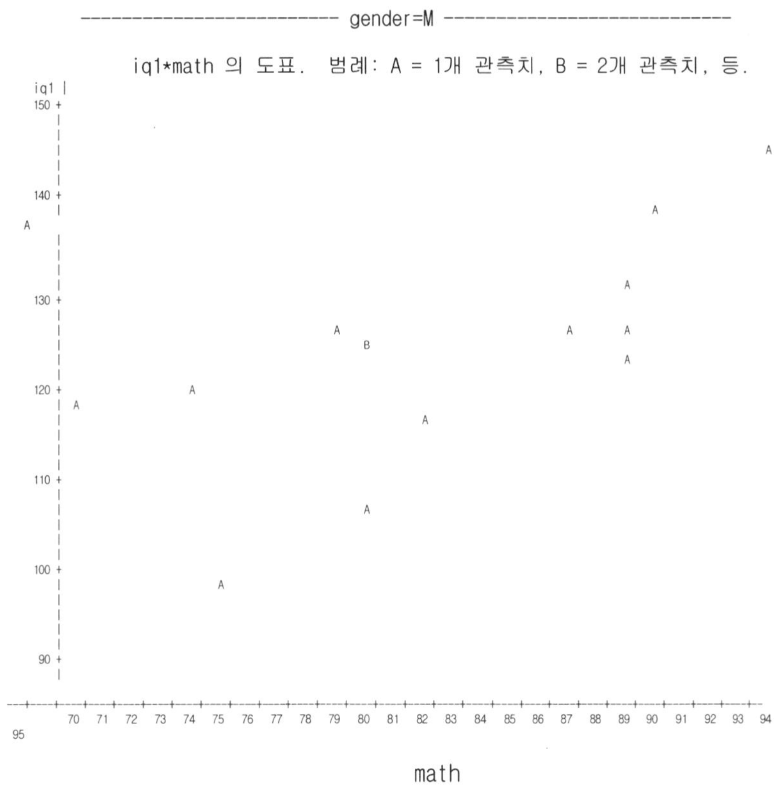

8.2 상관계수

두 변수 사이에 존재하는 선형관계를 측정하기 위해서 상관계수가 사용된다. 여기서는 피어슨의 상관계수(Pearson correlation)와 스피어만의 순위상관계수(Spearman rank-order correlation)에 대하여 살펴보자. 이 두 상관계수는 두 변수의 분포 및 자료의 형태에 따라 다르게 사용되므로 다음과 같은 차이점에 유의하여 분석에 적합한 상관계수를 사용해야 한다.

피어슨의 상관계수	스피어만의 순위상관계수
· 모수적인 방법(정규분포를 가정) · 연속형 자료	· 비모수적 방법(분포를 가정하지 않음) · 순위형 자료

1) 피어슨의 상관계수

두 변수에 대한 산포도의 측도로 공분산(covariance)이 고려될 수 있다. 그런데, 공분산은 측정단위에 영향을 받고, 이 값의 범위를 알 수 없다는 단점이 있다. 이러한 공분산을 각 변수의 표준편차로 나누어 정의되는 피어슨의 상관계수는 측정단위에 영향을 받지 않으며, 이 값은 항상 −1과 1사이에 존재하게 된다. 일반적으로 피어슨의 상관계수를 간단히 상관계수라고 부르며 두 변수 X와 Y사이의 상관계수는 다음과 같이 구해진다.

$$r = \frac{s_{xy}}{s_x s_y} = \frac{\sum_{i=1}^{n}(x_i - \bar{x})(y_i - \bar{y})}{\sqrt{\sum_{i=1}^{n}(x_i - \bar{x})^2 \sum_{i=1}^{n}(y_i - \bar{y})^2}}$$

여기서, s_{xy}는 두 변수 X와 Y의 공분산이고, s_x와 s_y는 각각 두 변수 X와 Y의 표본표준편차를 나타낸다.

☞ 상관계수의 성질

① 상관계수의 값은 항상 $-1 \le r \le 1$이다.

② $0 < r < 1$일 때, 두 변수는 **양의 상관**(한 변수가 증가하면 다른 변수도 증가하는 경향)이 있다고 한다.

③ $-1 < r < 0$일 때, 두 변수는 **음의 상관**(한 변수가 증가하면 다른 변수는 감소하는 경향)이 있다고 한다.

④ $r = \pm 1$일 때, 두 변수는 **양의(또는 음의) 완전상관관계**에 있다고 한다.

⑤ $r = 0$일 때, 두 변수는 **무상관**이라고 한다. 즉, 두 변수 사이에서 선형적인 관계를 찾아볼 수 없다.

2) 스피어만의 순위상관계수

두 변수 X와 Y의 n개의 측정자료 (x_i, y_i)를 각 변수별로 순위를 정하여 순위의 짝 (x_i', y_i')을 만든다. 예를 들면, 자료에서 1반 학생들의 수학점수와 영어점수 자료 (x_i, y_i)에 대하여 순위를 부여한 자료 (x_i', y_i')를 얻을 수 있다. 자료값이 동일한 경우에는 일반적으로 평균 순위를 부여한다.

수학점수(x_i)	80	70	79	87	70	80	75	83	89	60	79	90	74	79	95
영어점수(y_i)	77	68	80	72	69	81	63	70	73	79	78	85	92	84	92
수학점수(x_i')	6.5	13.5	9	4	13.5	6.5	11	5	3	15	9	2	12	9	1
영어점수(y_i')	9	14	6	11	13	5	15	12	10	7	8	3	1.5	4	1.5

이 때, 스피어만의 순위상관계수는 다음과 같이 정의된다.

$$r_s = 1 - \frac{6\sum_{i=1}^{n}(x_i' - y_i')^2}{n(n^2-1)}.$$

3) 상관계수의 검정

표본상관계수 r을 이용하여 모집단 상관계수 ρ의 유의성을 검정할 수 있다. 모집단 상관계수를 ρ라고 할 때 귀무가설 $H_0 : \rho = 0$를 검정하기 위한 검정통계량은 다음과 같다.

$$T = \frac{r-\rho}{\sqrt{(1-r^2)/(n-2)}} \sim t_{(n-2)}.$$

이 검정통계량 T는 귀무가설이 참이라는 가정하에서 자유도가 $(n-2)$인 $t-$분포를 따른다. 따라서, 이로부터 모집단 상관계수에 대한 검정을 할 수 있다. 모상집단 상관계수에 대한 가설검정 절차가 다음에 설명되어 있다.

☞ 가설검정의 절차

모집단 상관계수 ρ에 대한 가설검정은 다음과 같은 단계로 수행한다.

Step 1. 가설설정

Step 2. 검정통계량 값 또는 유의확률 값의 계산

Step 3. 유의수준 α 결정

Step 4. 가설의 기각 여부 결정

두 변수 사이의 상관계수를 구하고 상관계수의 통계적 유의성을 검정하기 위해서 **CORR** 프로시저를 사용한다. **CORR** 프로시저의 일반적인 사용형식은 다음과 같다. 이 프로시저의 수행 결과 지정된 두 변수 사이의 상관계수 값과 이 값의 통계적 유의성을 판단하기 위한 유의확률 값을 얻을 수 있다.

```
PROC CORR DATA=sas파일명 옵션;
  BY 변수명;
  VAR 변수명1 변수명2 ~;
  WITH 변수명;
RUN;
```

위의 일반형식에서 각 명령어들이 의미하는 내용은 다음과 같다.

sas파일명

상관분석을 하고자 하는 변수를 포함하고 있는 SAS파일명을 지정한다.

옵션

구하고자 하는 상관계수를 지정하거나 구해진 상관계수가 변수로 저장될 SAS파일을 생성하기 위해 필요한 옵션을 지정한다.

- **PEARSON** : 피어슨의 상관계수를 출력한다.
- **SPEARMAN** : 스피어만의 순위상관계수를 출력한다.
- **NOSIMPLE** : 각 변수에 대해 제공되는 기초통계량이 출력되지 않도록 한다.
- **OUTP=**sas파일명 : 프로그램 실행 결과 얻어진 피어슨의 상관계수를 저장하기 위한 SAS파일명을 지정한다.
- **OUTS=**sas파일명 : 프로그램 실행 결과 얻어진 스피어만의 순위상관계수를 저장하기 위한 SAS파일명을 지정한다.

BY

분류변수를 지정하기 위한 명령어로 여기서 지정된 변수별로 **VAR**에 지정된 변수들 사이의 상관계수를 출력한다.

VAR

상관분석을 하고자 하는 변수를 지정하는 명령어로 반드시 2개 이상의 변수가 지정되어야 한다.

- **VAR** 변수명1 변수명2 : 변수1과 변수2 사이의 상관계수를 출력한다.
- **VAR** 변수명1 변수명2 변수명3 : 변수1과 변수2, 변수1과 변수3, 변수2와 변수3에 대한 3개의 상관계수 값이 각각 출력된다.

WITH

특정 변수와 다른 여러 변수들 사이의 상관계수에 관심이 있는 경우에 특정변수를 지정하기 위한 명령어이다.

프로그램 8.3
피어슨 상관계수

```
PROC CORR DATA=class NOSIMPLE;
  VAR iq1 math;
RUN;
```

프로그램 8.3은 학생들의 지능지수와 수학점수 사이의 상관계수를 구하고, 이 상관계수의 통계적 유의성을 검정하기 위한 프로그램이다. SAS파일 class에 있는 지능지수(iq1)와 수학성적(math)의 상관계수를 구하기 위해서 **VAR**에 iq1과 math를 지정하였다. 그리고, 기초통계량을 산출하지 않기 위해서 **NOSIMPLE** 옵션을 사용하였다. 특정 상관계수를 지정하지 않으면 피어슨의 상관계수가 출력된다.

결과 8.3

2 개의 변수:	iq1 math

피어슨 상관 계수, N = 30 H0: Rho=0 가정하에서 Prob > |r|		
	iq1	math
iq1	1.00000	0.68398 <.0001
math	0.68398 <.0001	1.00000

결과 8.3을 보면 지능지수(iq1)와 수학성적(math)의 **피어슨 상관계수**는 0.68398이다. 그런데, 실제로 이 상관계수 값이 통계적으로 유의한 값인지를 판단하기 위해서는 다음과 같이 모집단 상관계수에 대한 가설검정을 수행하여야 한다.

Step 1 가설설정

$$\begin{cases} H_0 : \rho = 0 \text{ (지능지수와 수학성적은 무상관이다.)} \\ H_1 : \rho \neq 0 \text{ (지능지수와 수학성적 사이에 상관관계가 존재한다.)} \end{cases}$$

Step 2 유의확률의 계산

결과 8.3으로부터 유의확률 값이 매우 작음(<0.0001)을 알 수 있다.

Step 3 유의수준 α 결정

유의수준 α를 0.05로 하자.

Step 4 가설의 기각 여부 결정

유의확률이 α보다 작으므로 귀무가설을 기각한다. 따라서, 지능지수와 수학점수 사이에 상관관계가 있다고 할 수 있으며, 이 값은 0.68398로 양의 상관관계가 존재한다. ■■■

프로그램 8.4는 **BY** 명령어를 사용하여 그룹별 상관계수를 출력하기 위한 프로그램이다. 이 프로그램을 실행하면, 남녀별 지능지수와 수학점수 사이의 상관계수를 제공해준다. 이 프로그램에서도 **CORR** 프로시저에서 **BY** 명령어가 사용되므로 반드시 이 프로시저가 실행되기 전에 동일한 변수(gender)에 대해 **SORT** 프로시저를 이용하여 정렬이 되어야 한다.

프로그램 8.4
피어슨 상관계수
(BY 이용)

```
PROC SORT DATA=class;
  BY gender;
RUN;
PROC CORR DATA=class NOSIMPLE;
  VAR iq1 math;
  BY gender;
RUN;
```

결과 8.4를 보면 여학생의 지능지수와 수학점수 사이의 **피어슨 상관계수**는 0.63713이고, 남학생의 지능지수와 수학점수 사이의 **피어슨 상관계수**는 0.74196으로 두 상관계수에 대한 유의확률이 모두 유의수준 $\alpha = 0.05$ 하에서 통계적으로 유의한 값을 가짐을 알 수 있으며, 남학생이 여학생보다 지능지수와 수학점수 사이에 더 높은 상관관계를 가진다고 판단할 수 있다. ■■■

결과 8.4

gender=F

2 개의 변수:	iq1 math

피어슨 상관 계수, N = 15 H0: Rho=0 가정하에서 Prob > |r|		
	iq1	math
iq1	1.00000	0.63713 0.0106
math	0.63713 0.0106	1.00000

gender=M

2 개의 변수:	iq1 math

피어슨 상관 계수, N = 15 H0: Rho=0 가정하에서 Prob > |r|		
	iq1	math
iq1	1.00000	0.74196 0.0015
math	0.74196 0.0015	1.00000

프로그램 8.5는 **WITH** 명령어를 사용하여 상관계수의 출력을 제어하는 프로그램이다. 이 프로그램을 실행하면, 영어점수와 지능지수, 영어점수와 수학점수 사이의 상관계수만을 제공해준다.

프로그램 8.5

피어슨 상관계수 (WITH 이용)

```
PROC CORR DATA=class NOSIMPLE;
  VAR iq1 math;
  WITH eng;
RUN;
```

결과 8.5

1 개의 With 변수:	eng
2 개의 변수:	iq1 math

피어슨 상관 계수, N = 30 H0: Rho=0 가정하에서 Prob > |r|		
	iq1	math
eng	0.48479 0.0066	0.35800 0.0521

결과 8.5를 보면 영어점수와 지능지수 사이의 **피어슨 상관계수**는 0.48479이고, 이 값의 유의확률이 0.0066이므로 유의수준 $\alpha=0.05$일 때 통계적으로 유의하

다. 즉, 영어점수와 지능지수 사이에 상관관계가 존재하여, 상관계수 값은 0.48479임을 알 수 있다. 그러나, 영어점수와 수학점수 사이의 상관분석 결과를 보면 상관계수 값이 0.358로 구해졌으나, 유의확률 값이 0.0521로 유의수준이 $\alpha=0.05$인 경우에는 구해진 상관계수 값이 통계적으로 유의하지 못하다고 결론지을 수 있다. 이는 모집단 상관계수가 0이라는 귀무가설을 기각할 수 없게 되므로 영어점수와 수학점수 사이에 상관관계가 존재한다고 볼 수 없다는 것이다. 물론 유의수준이 0.05보다 큰 경우, 예를 들어 $\alpha=0.1$인 경우에는 구해진 상관계수 값 0.358이 통계적으로 유의한 값이 된다. ■■■

이제 스피어만의 순위상관계수를 고려해 보자. 프로그램 8.6은 영어점수와 수학점수에 대한 스피어만의 상관계수를 출력하기 위해서 **SPEARMAN** 옵션을 지정한 프로그램이다.

프로그램 8.6

스피어만의 순위상관계수

```
PROC CORR DATA=class SPEARMAN NOSIMPLE;
  VAR math eng;
RUN;
```

결과 8.6을 보면 영어점수와 수학점수에 대한 **스피어만 상관계수**는 0.35821로 이 변수들의 원래 값을 이용하여 프로그램 8.5에서 구한 피어슨의 상관계수(0.35800)와 거의 유사한 값을 가지고 있음을 알 수 있다. 또한, 구해진 스피어만 상관계수 값의 통계적 유의성을 검정해보면 결과 8.5에서와 마찬가지로 유의수준이 $\alpha=0.05$인 경우에는 귀무가설을 기각할 수 없으나, 유의수준이 $\alpha=0.1$인 경우에는 구해진 스피어만 상관계수 값이 통계적으로 유의하다고 할 수 있다. ■■■

결과 8.6

2 개의 변수:	math eng

스피어만 상관 계수, N = 30 H0: Rho=0 가정하에서 Prob > |r|		
	math	eng
math	1.00000	0.35821 0.0519
eng	0.35821 0.0519	1.00000

프로시저요약

8장

▌상관분석

```
PROC CORR DATA=sas파일명 PEARSON SPEARMAN
          NOSIMPLE OUTP=sas파일명 OUTS=sas파일명;
   BY 변수명;
   VAR 변수명1 변수명2 ~;
   WITH 변수명;
RUN;
```

실 습 문 제

8장

8.1 어떤 세탁공장에서 물소비량과 세탁량 사이에 상관관계가 존재하는지를 조사하기 위해서 다음과 같은 자료를 얻었다.

물소비량	20	30	25	40	35	50	70	60	65	55
세탁량	48	51	53	46	52	48	51	53	46	52

- □ SAS파일명을 exam8_1로 하고, 물소비량은 x1, 세탁량을 y1으로 하여 파일을 구성하시오.
- □ 세탁량을 수직축으로 하고, 물소비량을 수평축으로 하여 산점도를 작성하고 이로부터 선형관계가 있는지를 살펴보시오.
- □ 세탁량과 물소비량에 대한 피어슨의 상관계수와 스피어만의 상관계수를 구하시오.
- □ 세탁량과 물소비량에 대한 모집단 상관계수를 ρ라고 할 때 피어슨의 상관계수를 이용하여 귀무가설 $H_0 : \rho = 0$를 검정하시오.

8.2 어느 은행에서 각 지점을 중심으로 홍보비용이 예금유치액에 미치는 영향을 알아보기 위해서 임의로 10개의 지점을 표본으로 추출하여 연간 홍보비용과 예금유치액을 조사하여 다음과 같은 자료를 얻었다.

홍보비용	40	50	30	60	70	60	30	60	20	80
예금유치액	87	108	69	135	148	132	73	128	50	170

- □ SAS파일명은 exam8_2로 하고, 홍보비용을 x2, 예금유치액을 y2로 하여 파일을 구성하시오.
- □ 예금유치액을 수직축으로 하고, 홍보비용을 수평축으로 하여 산점도를 작성하고 이로부터 선형관계가 있는지를 살펴보시오.
- □ 피어슨의 상관계수를 구하고, 모집단 상관계수를 ρ라고 할 때 귀무가설 $H_0 : \rho = 0$를 검정하시오.

제 9장

회귀분석
(Regression Analysis)

회귀분석(regression analysis)이란 독립변수(independent variable)와 종속변수(dependent variable) 사이의 관련성을 수학적 모형을 이용하여 측정된 변수들의 자료로부터 추정하고 분석하는 통계적 분석방법이다. 특히, 선형방정식에 의해서 독립변수와 종속변수 사이의 관계를 분석할 경우에 선형회귀분석(linear regression analysis)이라고 하며, 선형회귀분석은 하나의 독립변수가 있는 단순선형회귀분석(simple linear regression analysis)과 두 개 이상의 독립변수를 포함하는 다중선형회귀분석(multiple linear regression analysis)으로 구분할 수 있다. 일반적으로 회귀분석은 선형모형인 경우에 주로 사용되므로 단순선형회귀분석을 간단히 단순회귀분석, 다중선형회귀분석을 중회귀분석이라고 하며, 선형이 아닌 경우의 회귀분석을 비선형회귀(nonlinear regression)라고 한다.

☞독립변수와 종속변수

다른 변수에 영향을 주는 변수를 **독립변수**라고 하고 X로 표시하며, 독립변수에 의해 영향을 받는 변수로 실제 분석에서 관심 대상이 되는 변수를 **종속변수**라고 하고 Y로 표시한다. 사회과학분야에서는 독립변수를 **설명변수**(explanatory variable)로, 종속변수를 **반응변수**(response variable)로 설명하기도 한다.

9.1 단순회귀분석

독립변수가 하나인 단순선형회귀모형은 선형회귀분석에서 가장 간단한 형태로써 다음과 같은 모형을 가정한다.

$$Y = \beta_0 + \beta_1 X + \epsilon.$$

여기서, β_0와 β_1은 각각 회귀직선(regression line)의 절편과 기울기를 나타내는 값으로 자료로부터 추정해야 할 모집단 회귀계수(regression coefficient)이다. ϵ은 오차항(error term)으로 독립변수에 의해 설명될 수 없는 종속변수의 변동과 선형모형을 가정하는데서 기인하는 오류 등을 설명하게 된다. 일반적으로 오차항 ϵ은 평균이 0이고, 분산이 σ^2이며, 서로 독립인 정규분포를 한다고 가정한다. 이와 같은 단순선형회귀모형의 예를 고려해보자.

2장의 자료에서 지능지수에 영향을 미치는 변수로 수학점수를 고려해볼 수 있다. 즉, 수학점수가 우수한 학생들이 지능지수도 높게 나타나는지를 분석하고자 하는 것이다. 이러한 관계를 선형회귀모형으로 표현하면 다음과 같다.

$$(\text{지능지수}) = \beta_0 + \beta_1 \times (\text{수학점수}) + \epsilon.$$

위 모형에서 지능지수는 종속변수이고, 수학점수는 지능지수에 영향을 미치는 독립변수가 된다.

1) 회귀계수의 추정

회귀분석에서 가장 먼저 고려되는 문제는 모집단 회귀계수 β_0와 β_1의 값을 추정하는 문제이다. 모집단 회귀계수를 추정하기 위한 방법에는 최소제곱법(least square method)과 최대우도법(maximum likelihood method)이 있으나 일반적으로 최소제곱법이 많이 사용된다. 최소제곱법에 의해서 추정된 회귀계수를 각각 b_0와 b_1이라고 하면 추정된 회귀직선은

$$\hat{Y} = b_0 + b_1 X$$

이 되고, 추정된 회귀직선으로부터 종속변수 Y가 독립변수 X에 의해서 어떻게 설명 또는 예측되는지를 분석할 수 있다.

☞최소제곱법

주어진 자료로부터 모집단 회귀계수를 추정하는 방법 중의 하나로써 오차들의 제곱합을 최소로 하는 값, b_0와 b_1을 모집단 회귀계수 β_0와 β_1의 추정값으로 사용하는 방법이다. 최소제곱법에 의해 추정되는 b_0와 b_1은 다음과 같다.

$$b_1 = \sum_{i=1}^{n}(X_i - \overline{X})(Y_i - \overline{Y}) / \sum_{i=1}^{n}(X_i - \overline{X})^2$$
$$b_0 = \overline{Y} - b_1 \overline{X}$$

단순회귀분석에서 모형의 적합성을 검정하고, 모집단 회귀계수를 추정하기 위해서 SAS에서는 **REG** 프로시저를 사용한다. **REG** 프로시저의 일반형식은 다음과 같다.

```
PROC REG DATA=sas파일명;
   MODEL 종속변수=독립변수 / NOINT;
   PLOT 종속변수*독립변수;
RUN;
```

일반형식에서 각 명령어들이 의미하는 내용은 다음과 같다.

sas파일명

회귀분석을 수행하고자 하는 변수들을 포함하고 있는 SAS파일명을 지정한다.

NOINT

회귀모형에서 절편을 포함하지 않는 모형을 적합시킬 때 지정하는 옵션으로 자료의 특성상 또는 회귀분석 결과 절편을 포함하지 않는 모형을 적합시켜야 하는 경우 사용한다.

MODEL 종속변수=독립변수

단순회귀분석을 수행하고자 하는 종속변수와 독립변수를 지정하는 명령어로 단순회귀분석이므로 여기서 지정되는 독립변수의 수는 1개이다.

PLOT 종속변수=독립변수

단순선형회귀분석에서 사용된 종속변수와 독립변수 사이의 산점도를 작성하고, 추정된 회귀직선을 나타내도록 하는 명령어이다. 그래프의 형태를 제어하기 위한 다양한 옵션이 제공되며, 이에 대한 내용은 SAS 도움말을 참조하기 바란다.

앞에서 설명한 지능지수(iq1)와 수학점수(math)에 대한 단순 선형회귀모형에서 회귀계수를 추정하고, 이를 이용하여 회귀직선을 추정하는 문제를 고려해보자. 프로그램 9.1은 단순선형회귀모형에 대한 회귀분석을 수행하기 위한 프로그램으로 수학성적(math)이 독립변수, 지능지수(iq1)가 종속변수이므로 MODEL 문에 iq1=math라고 지정하였다.

프로그램 9.1

단순회귀분석

```
PROC REG DATA=class;
  MODEL iq1=math;
RUN;
```

결과 9.1을 살펴보면 회귀분석 결과에서 가장 먼저 고려해야 하는 부분은 설정된 회귀모형의 적합성에 대한 문제인데 이에 대한 검정을 위해 회귀분석결과에서 분산분석표(*Analysis of Variance*)가 제공된다. 이를 보면 F-검정통계량 값이 24.61이고, 이 때의 유의확률 값이 0.0001보다 작은 값을 가지므로 적합된 선형회귀모형이 통계적으로 유의하다고 할 수 있다. 이 모형에서 지능지수가 종속변수이고, 수학성적이 독립변수이다. 모집단 회귀계수 β_0와 β_1에 대한 추정된 회귀계수는 각각 **Parameter Estimate**에서 보는 바와 같이 $b_0 = 46.32888$, $b_1 = 0.94591$ 임을 알 수 있다. 그러므로, 추정된 회귀직선은 다음과 같다.

$$\widehat{(\text{지능지수})} = 46.32888 + 0.94591(\text{수학성적})$$

이렇게 추정된 회귀직선을 이용하면 어떤 학생의 수학점수가 주어질 경우 이 학생의 지능지수를 예측할 수 있게 된다. 추정된 회귀직선에서 β_1에 대한 추정된 회귀계수인 $b_1 = 0.94591$ 은 중요한 의미를 갖게 되는데, 이는 독립변수인 수학점수가 한 단위 증가할 때 종속변수인 지능지수가 얼마나 변화하게 되는지를 나타낸다. 즉, 수학성적이 1점 증가하면 지능지수가 0.94591단위만큼 증가하게 된다는 의미를 갖는다.

결과 9.1

Dependent Variable: iq1

Number of Observations Read	30
Number of Observations Used	30

Analysis of Variance					
Source	DF	Sum of Squares	Mean Square	F Value	Pr > F
Model	1	1810.85415	1810.85415	24.61	<.0001
Error	28	2059.94585	73.56949		
Corrected Total	29	3870.80000			

Root MSE	8.57727	R-Square	0.4678
Dependent Mean	123.20000	Adj R-Sq	0.4488
Coeff Var	6.96207		

Parameter Estimates					
Variable	DF	Parameter Estimate	Standard Error	t Value	Pr > |t|
Intercept	1	46.32888	15.57318	2.97	0.0060
math	1	0.94591	0.19066	4.96	<.0001

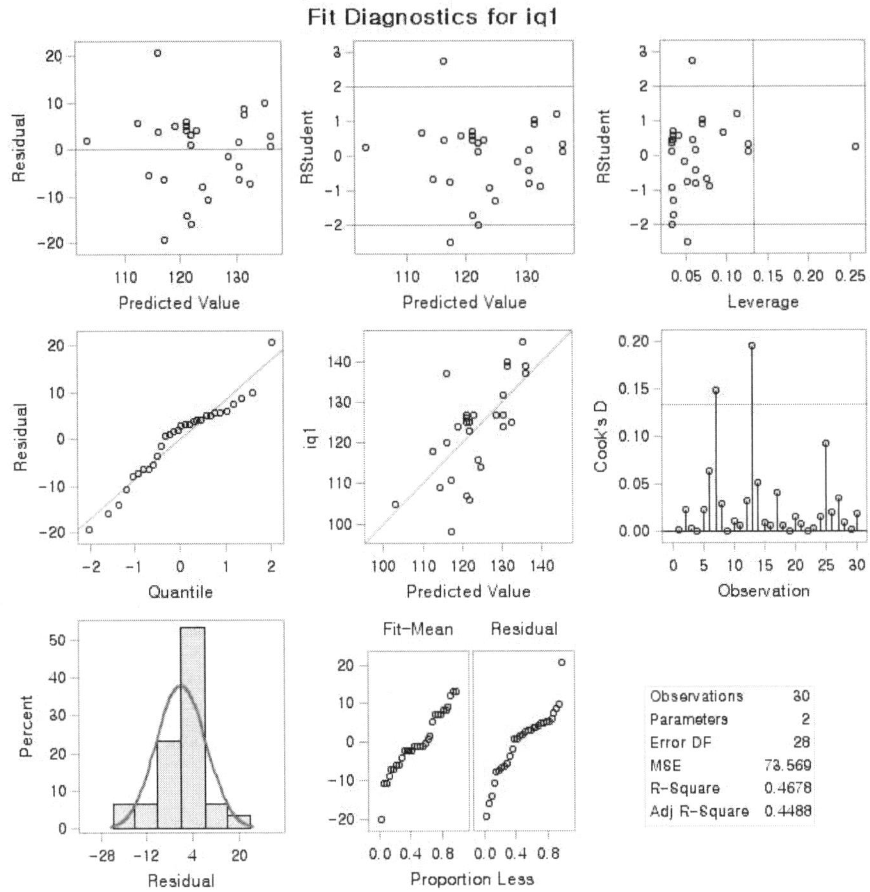

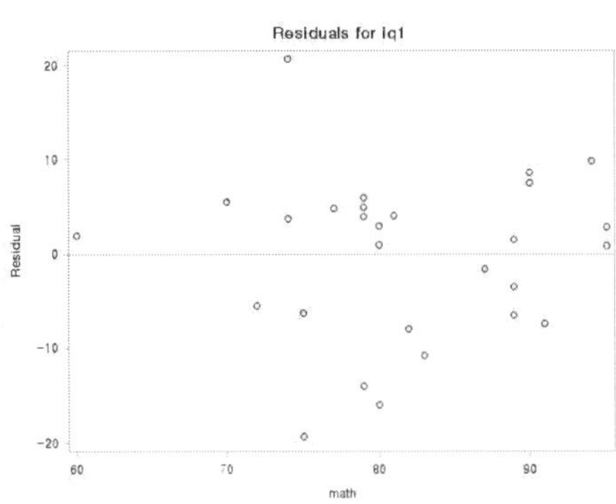

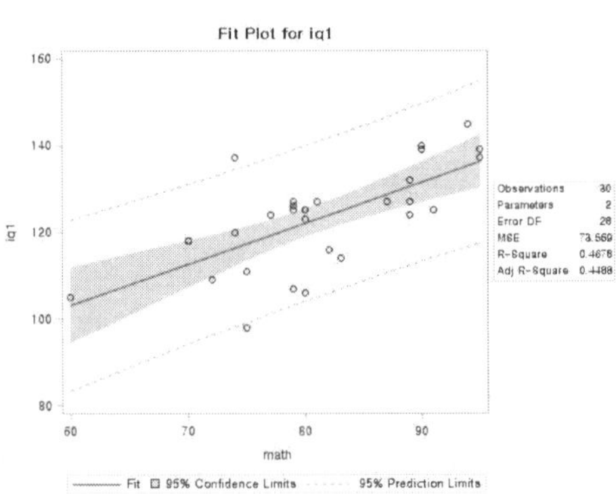

이제 프로그램 9.1로부터 얻어진 추정된 회귀직선을 지능지수와 수학점수 사이의 산점도 위에 표시하는 방법을 고려해보자. 프로그램 9.2는 지능지수와 수

학점수를 산점도로 작성하고, 위에서 추정된 회귀직선을 작성하기 위한 프로그램이다. **REG** 프로시저의 **PLOT** 명령어에 산점도를 작성할 종속변수와 독립변수를 iq1*math의 형태로 지정하였다.

프로그램 9.2 산점도와 추정된 회귀직선

```
PROC REG DATA=class;
  MODEL iq1=math;
  PLOT iq1*math;
RUN;
```

결과 9.2를 보면 종속변수와 독립변수 사이의 산점도가 작성되었고, 추정된 회귀직선이 이 산점도 위에 표시된다. 그래프의 상단에

$$iq1 = 46.329 + 0.9459(math)$$

와 같이 추정된 회귀직선이 표시되며, 그래프의 오른쪽 부분에 회귀분석 결과 중 자료의 수(*N*), 설명력(*Rsq*), 수정된 설명력(*AdjRsq*), *RMSE*가 표시된다.

■■■

결과 9.2

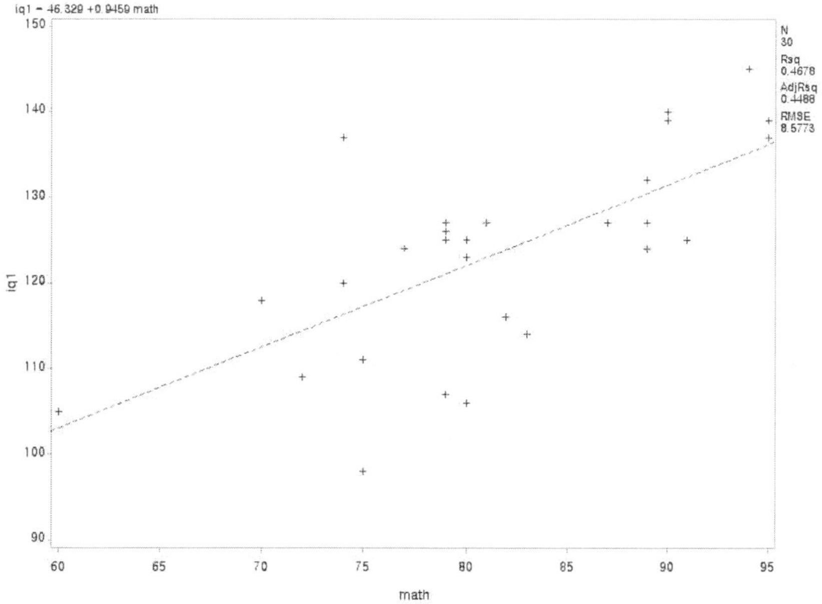

2) 회귀모형의 유의성 검정

단순회귀모형에서 적합된 회귀모형이 통계적으로 유의하고, 모집단 회귀계수를 추정한 후에 관심을 갖게 되는 문제는 이와 같이 추정된 회귀계수의 통계적 유의성에 대한 문제이다. 단순회귀모형에서 관심이 되는 두 모집단 회귀계수 β_0와 β_1의 검정문제를 고려해 보자.

β_0의 검정

단순선형회귀모형에서 절편을 나타내는 모집단 회귀계수 β_0의 검정문제를 고려해 보자. 자료에 의해 회귀직선이 추정되면, 실제로 추정된 회귀계수 값이 통계적으로 유의한지를 검정해야 한다. 따라서, $H_0 : \beta_0 = 0$와 같은 귀무가설을 검정하는 문제를 고려해야 한다. β_0를 검정하기 위해 다음과 같이 정의되는 검정통계량을 사용한다. 검정통계량 T는 귀무가설이 사실이라는 가정하에서 자유도가 $(n-2)$인 $t-$분포를 하므로 회귀계수 β_0에 대한 유의성 검정을 할 수 있다.

$$T = \frac{b_0 - \beta_0}{\hat{\sigma}\sqrt{\dfrac{1}{n} + \dfrac{\overline{X^2}}{\sum_{i=1}^{n}(X_i - \overline{X})^2}}} \sim t_{(n-2)} \ .$$

만약, 회귀계수의 절편을 나타내는 β_0의 검정 결과 유의하지 않다는 결론을 얻으면, 절편을 포함하지 않는 회귀모형을 다시 적합시켜야 하며, 이 때 **NOINT** 옵션이 사용된다.

β_1의 검정

앞에서 설명된 회귀모형의 절편에 대한 검정과 마찬가지로 기울기를 나타내는 모집단 회귀계수 β_1이 통계적으로 유의한지에 대한 문제를 고려하기 위해서는 가설 $H_0 : \beta_1 = 0$를 검정하는 문제를 생각해보아야 한다. β_1을 검정하기 위한 검정통계량은 다음과 같이 정의되며, 검정통계량 T는 귀무가설이 사실이라는 가정하에서 자유도가 $(n-2)$인 $t-$분포를 한다. 이로부터 회귀계수 β_1에 대한 유의성 검정을 할 수 있다.

$$T = \frac{b_1 - \beta_1}{\dfrac{\hat{\sigma}}{\sqrt{\sum_{i=}^{n}(X_i - \overline{X})^2}}} \sim t_{(n-2)} \ .$$

결과 9.1을 이용하여 β_0와 β_1에 대한 유의성검정을 다음과 같이 수행할 수 있다. 먼저 β_0에 대한 검정을 고려해 보자.

Step 1 가설설정

다음과 같이 가설을 설정할 수 있다.

$$\begin{cases} H_0 : \beta_0 = 0 \\ H_1 : \beta_0 \neq 0 \end{cases}$$

Step 2 검정통계량 T값 또는 유의확률의 계산

결과 9.1로부터 검정통계량 값은 2.97이고, 이 때의 유의확률 값은 0.0060임을 알 수 있다.

Step 3 유의수준 α 결정

유의수준 α를 0.05로 하자.

Step 4 가설의 기각 여부 결정

유의확률(=0.0060)이 α보다 작으므로 귀무가설을 기각한다. 즉, 회귀계수 β_0는 통계적으로 유의하므로 추정된 회귀직선에서 절편의 추정값 $b_0 = 46.32888$이 통계적으로 유의함을 알 수 있다.

마찬가지 방법에 의해서 β_1에 대한 검정을 할 수 있다. 결과 9.1을 보면 β_1에 대한 유의확률이 매우 작음(<0.0001)을 알 수 있다. 따라서, 유의수준 α가 0.05인 경우 귀무가설 $H_0 : \beta_1 = 0$는 기각된다. 즉, 추정된 회귀계수 $b_1 = 0.94591$이 통계적으로 유의한 값이라고 할 수 있다. ■■■

3) 회귀모형의 설명력

자료로부터 추정된 회귀직선이 실제로 전체 자료를 얼마나 잘 설명하고 있는지를 나타내는 측도로 결정계수(coefficient of determination)를 사용하며, 이는 다음과 같이 정의된다.

$$R^2 = SSR \ / \ SST.$$

여기서, SST(total sum of squares)는 종속변수 Y의 전체변동을 나타내는 값이고, SSR(residual sum of squares)은 Y의 전체변동 중에서 회귀모형에 의해 설명되는 변동을 나타내는 값으로 각각 다음과 같이 정의된다.

$$SST=\sum_{i=1}^{n}(Y_i-\overline{Y})^2,\quad SSR=\sum_{i=1}^{n}(\widehat{Y}_i-\overline{Y})^2.$$

결정계수는 Y의 전체 변동 중에서 추정된 회귀직선에 의해 설명되는 변동의 비율을 나타내는 측도로 항상 $0\le R^2\le 1$을 만족하는 값이며, 적합된 회귀모형의 설명력을 나타내주는 측도이다.

☞결정계수의 성질

결정계수 값의 의미는 다음과 같다.

① $R^2=1$이면 모든 자료가 추정된 회귀직선 위에 존재한다는 것이다.

② $R^2=0$이면 독립변수 X와 종속변수 Y 사이에 적합시킨 회귀모형이 유의하지 않다는 것을 의미한다. 즉, 두 변수 사이에는 어떠한 선형관계도 존재하지 않는다.

③ R^2의 값이 1에 가까울수록 더욱 유용한 회귀직선이 되며, 0에 가까워지면 추정된 회귀직선이 의미가 없다는 것이다.

④ 단순선형회귀모형에서 결정계수 값은 상관계수의 제곱과 같다.

지능지수와 수학점수 사이의 관계를 설명하기 위해서 자료로부터 추정된 회귀직선이 전체 자료를 어느 정도 설명하고 있는지를 판단하기 위한 측도로 결정계수 값이 사용된다. 결과 9.1에서 결정계수(**R-Square**)는 0.4678이고, 수정된 결정계수(**Adj R-Sq**)는 0.4488이다.

일반적으로 결정계수 값은 종속변수를 설명하는데 영향을 미치지 않는 독립변수가 추가되어도 독립변수의 수가 증가되면 항상 커지는 경향이 있다. 따라서, 이러한 문제를 해결하여 제공되는 값이 수정된 결정계수 값이다. 실제 분석에서는 수정된 결정계수 값을 사용하여 회귀직선의 설명력을 분석해야 한다. 수정된 결정계수는 9.2절에서 설명되는 모형선택기준에서 자세하게 설명될 것이므로 이를 참조하기 바란다. 이 예에서 수정된 결정계수 값은 0.4488로 추정된 회귀직선이 전체 자료를 약 45% 정도 설명하고 있음을 알 수 있다.

4) 잔차분석

잔차(residual)는 관측치(Y_i)와 회귀직선에 의한 추정치($\widehat{Y}_i$)의 차로써 e_i로 나타낸다. 회귀분석은 앞에서 설명한 단순선형회귀모형에서 기본 가정이 성립하는 경우에만 분석의 결과를 신뢰할 수 있다. 따라서, 이러한 회귀모형의 기본 가정이 만족되는지를 분석하는 것은 매우 중요한 문제이며, 이는 잔차분석을 통해서 판단할 수 있다. 잔차는 종속변수의 측정 단위에 의존하게 되므로 다음과 같이 잔차의 표준오차로 나눈 표준화잔차(standardized residual)를 주로 사용한다.

$$d_i = \frac{e_i}{\sqrt{MSE}} = \frac{Y_i - \widehat{Y}_i}{\sqrt{MSE}}.$$

단순선형회귀모형에서 오차항의 기본 가정을 검토하기 위해서는 다음과 같은 형식으로 **REG** 프로시저를 사용한다.

```
PROC REG DATA=sas파일명;
  MODEL 종속변수=독립변수 / 옵션;
  OUTPUT OUT=sas파일명 통계량키워드=변수명;
  PLOT 세로축변수*가로축변수;
RUN;
```

위의 일반형식에서 앞에서 설명된 내용을 제외한 명령어들이 의미하는 내용은 다음과 같다.

옵션

프로시저 수행 결과 얻어진 값들의 출력을 제어하기 위해서 다음과 같은 옵션을 지정할 수 있다.

- **P** : 독립변수 값에 해당하는 종속변수의 예측값을 출력한다.
- **R** : 잔차를 출력한다.
- **CLM** : 각 독립변수 값에 해당하는 종속변수의 기대값에 대한 95% 신뢰구간을 출력한다.

OUTPUT OUT=

회귀분석의 결과를 다음 분석에서 사용될 새로운 SAS파일로 저장하기 위해서 파일명을 지정하며, 생성된 SAS파일에 회귀분석 결과 얻어진 예측값과 잔차, 표준화잔차 등을 저장할 변수명을 지정해야 한다.

- **P=** : 예측치를 저장할 변수명을 지정한다.
- **R=** : 잔차를 저장할 변수명을 지정한다.
- **STUDENT=** : 표준화잔차를 저장할 변수명을 지정한다.

PLOT

회귀분석 결과 얻어진 값들과 모형에서 고려되는 변수들 사이의 산점도를 작성하기 위한 명령어로 회귀분석 결과 얻어지는 **P.** 또는 **R.** 변수는 끝에 반드시 마침표를 표시해야 한다. 다음은 **PLOT** 명령어의 사용 예이다.

- **PLOT** iq1*math : 지능지수와 수학점수의 산점도 출력
- **PLOT** iq1*math **P.***math / **OVERLAY** : 지능지수와 수학점수, 종속변수 iq1의 예측값과 수학점수의 산점도를 겹쳐서 작성
- **PLOT STUDENT.***math : 표준화잔차와 수학점수의 산점도 출력

회귀모형의 선형성

독립변수 X와 종속변수 Y사이에 선형관계가 존재한다는 가정의 타당성을 검토하기 위한 방법으로 잔차 또는 표준화잔차와 독립변수 X의 산점도를 작성한다. 이러한 산점도의 전체적인 형태를 파악하여 선형성의 가정에 대한 타당성을 검토하게 된다. 잔차의 산점도가 [그림 9-1]의 (a)에서처럼 0을 중심으로 완전히 랜덤하게 나타나면 선형성을 만족한다고 할 수 있다. 그러나, 단순선형 회귀모형을 적합시킨 결과 잔차의 산점도가 (b)와 같이 나타나는 경우에는 선형보다는 2차 곡선 형태의 비선형 회귀모형을 적합시키는 것이 더 타당하다고 볼 수 있다.

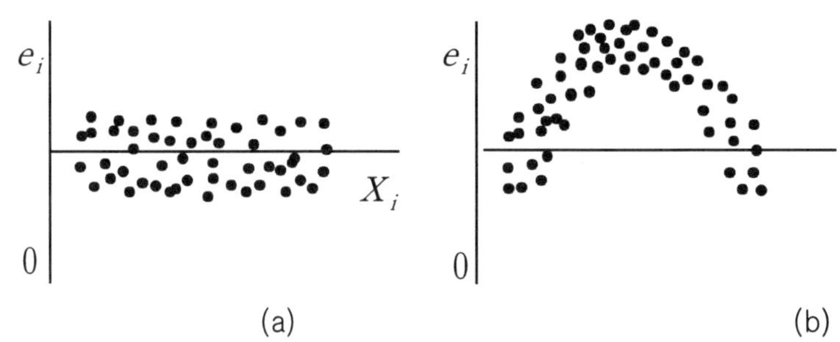

[그림 9-1] 독립변수 X와 표준화잔차의 산점도

프로그램 9.3은 회귀모형의 선형성을 검토하기 위한 프로그램으로 표준화잔차와 독립변수인 수학성적(math)의 산점도를 작성하기 위해서 **MODEL**문에 예측값과 잔차를 출력하기 위한 P와 R을 지정하였으며, **PLOT**문을 이용하여 표준화잔차(**STUDENT.**)와 수학성적(math)의 산점도를 작성하도록 하였다.

프로그램 9.3
선형성 검토

```
PROC REG DATA=class;
  MODEL iq1=math/P R;
  PLOT STUDENT.*math;
RUN;
```

결과 9.3

Dependent Variable: iq1

Output Statistics							
Obs	Dependent Variable	Predicted Value	Std Error Mean Predict	Residual	Std Error Residual	Student Residual	Cook's D
1	125	122,0018	1,5845	2,9982	8,430	0,356	0,002
2	118	112,5427	2,6583	5,4573	8,155	0,669	0,024
3	125	121,0559	1,6245	3,9441	8,422	0,468	0,004
4	127	128,6232	1,9098	-1,6232	8,362	-0,194	0,001
5	118	112,5427	2,6583	5,4573	8,155	0,669	0,024
6	106	122,0018	1,5845	-16,0018	8,430	-1,898	0,064
7	98	117,2723	1,9697	-19,2723	8,348	-2,309	0,148
8	114	124,8396	1,6005	-10,8396	8,427	-1,286	0,030
9	132	130,5151	2,1509	1,4849	8,303	0,179	0,001
10	105	103,0836	4,3466	1,9164	7,394	0,259	0,012
11	126	121,0559	1,6245	4,9441	8,422	0,587	0,006
12	139	131,4610	2,2858	7,5390	8,267	0,912	0,032
13	137	116,3264	2,0909	20,6736	8,319	2,485	0,195
14	107	121,0559	1,6245	-14,0559	8,422	-1,669	0,052
15	139	136,1905	3,0509	2,8095	8,016	0,350	0,009
16	127	130,5151	2,1509	-3,5151	8,303	-0,423	0,006
17	140	131,4610	2,2858	8,5390	8,267	1,033	0,041
18	120	116,3264	2,0909	3,6736	8,319	0,442	0,006
19	123	122,0018	1,5845	0,9982	8,430	0,118	0,000
20	116	123,8937	1,5722	-7,8937	8,432	-0,936	0,015
21	124	119,1641	1,7647	4,8359	8,394	0,576	0,007
22	137	136,1905	3,0509	0,8095	8,016	0,101	0,001
23	127	122,9478	1,5668	4,0522	8,433	0,481	0,004
24	111	117,2723	1,9697	-6,2723	8,348	-0,751	0,016
25	145	135,2446	2,8890	9,7554	8,076	1,208	0,093
26	124	130,5151	2,1509	-6,5151	8,303	-0,785	0,021
27	125	132,4069	2,4282	-7,4069	8,226	-0,900	0,035
28	127	121,0559	1,6245	5,9441	8,422	0,706	0,009
29	125	122,0018	1,5845	2,9982	8,430	0,356	0,002
30	109	114,4345	2,3609	-5,4345	8,246	-0,659	0,018

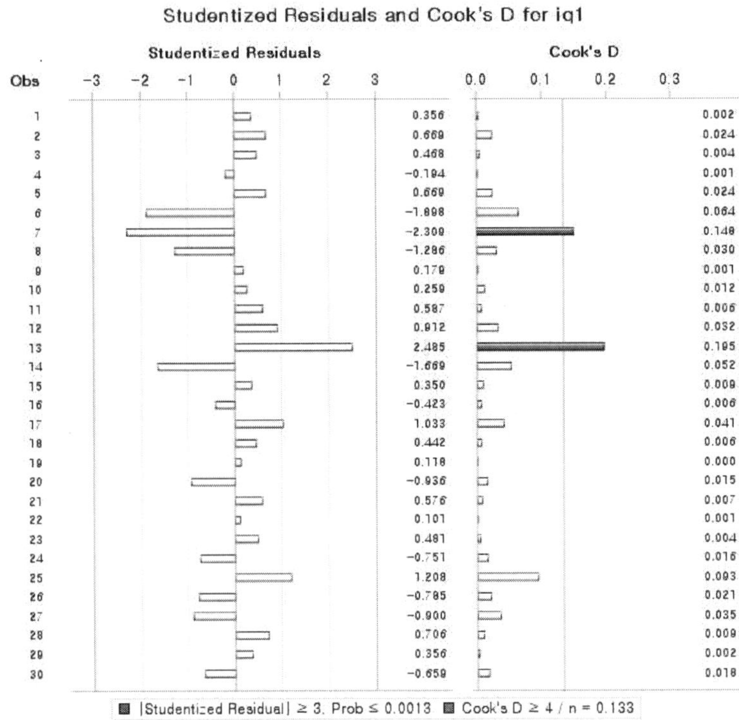

Sum of Residuals	0
Sum of Squared Residuals	2059.94585
Predicted Residual SS (PRESS)	2309.87443

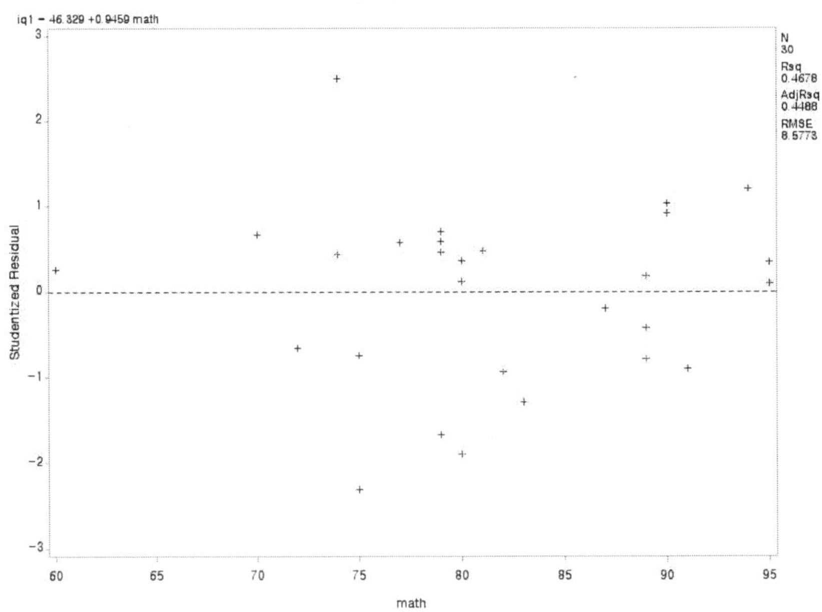

결과 9.3에서 회귀분석에 대한 결과는 결과 9.1과 동일하므로 여기서는 생략하였다. 표준화잔차와 독립변수인 수학점수(math)의 산점도를 살펴보면 0을 중심으로 비교적 랜덤하게 분포하고 있다고 할 수 있으므로 독립변수인 수학점수와 종속변수인 지능지수사이에 선형관계가 있다고 한 기본적인 가정이 타당하다고 할 수 있다. ■■■

오차항의 등분산성

오차항의 분산이 모든 X_i에 대하여 동일한지를 검토하기 위해서는 잔차 또는 표준화잔차와 종속변수의 예측값 $\hat{Y}_i$의 산점도를 작성함으로써 알 수 있다. 작성된 산점도가 [그림 9-2]의 (a)와 같은 형태로 나타나면, 오차항이 등분산성을 만족한다고 할 수 있다. 그러나, (b)와 같은 형태의 산점도는 오차항의 분산이 Y의 증가함수라고 할 수 있으므로 오차항에 대한 등분산성의 가정이 만족되지 않는다.

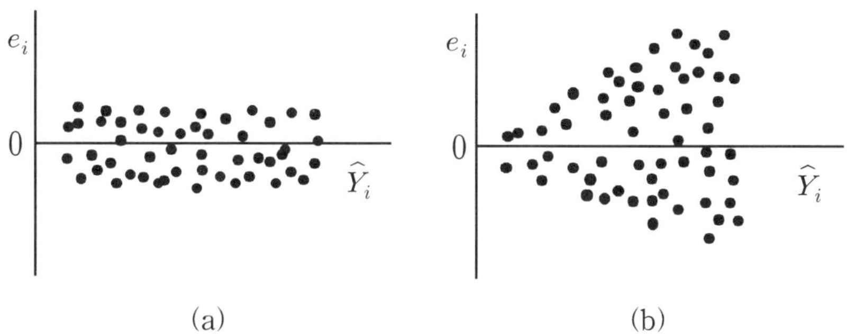

[그림 9-2] 예측값 $\hat{Y}$와 표준화잔차의 산점도

프로그램 9.4는 오차항의 등분산성을 검토하기 위한 프로그램으로 표준화잔차와 종속변수 iq1의 예측값을 산점도를 작성해야 한다. 따라서, **MODEL** 문에 예측값(**P**)과 잔차(**R**)를 출력하도록 하였으며 **PLOT**문을 이용하여 표준화잔차(**STUDENT.**)와 종속변수 iq1의 예측값(**P.**)에 대한 산점도를 작성하도록 하였다.

프로그램 9.4
등분산성 검토

```
PROC REG DATA=class;
  MODEL iq1=math/P R;
  PLOT STUDENT.*P.;
RUN;
```

결과 9.4

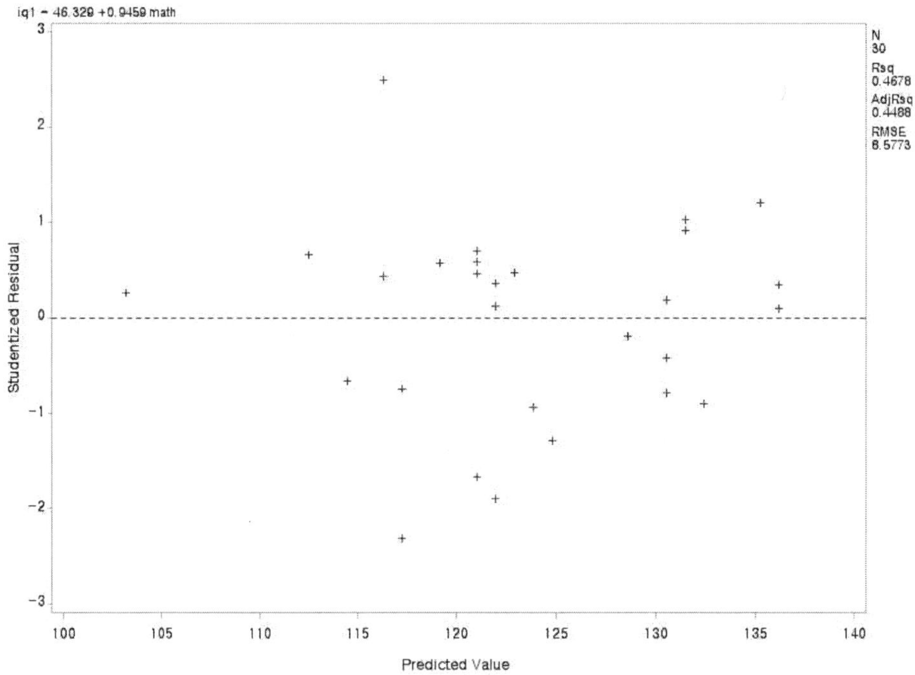

결과 9.4에서도 산점도를 제외한 결과는 결과 9.1과 결과 9.2에 제시된 것과 동일하므로 생략하였다. 오차항의 등분산성을 검토하기 위해서 작성된 산점도를 살펴보면 0을 중심으로 비교적 랜덤하게 분포하고 있어 가정된 오차항의 등분산성에 모순이 없다고 할 수 있다. ■■■

오차항의 정규성

선형회귀모형에서 오차항이 정규분포를 한다는 가정을 만족하지 못하면 의미 있는 회귀분석 결과가 될 수 없다. 오차항의 정규성을 검토하기 위해서는 잔차 또는 표준화잔차를 정규확률지에 표시하는 방법과 잔차들의 히스토그램을 작성하여 분포의 형태를 관찰하는 방법이 있다. 정규확률지에 그림을 작성하는 방법은 잔차 e_i들을 크기순으로 나열한 후, 이 순서화된 잔차 $e_{(i)}$에 해당되는 누적확률 $p_i = (i-1/2)/n$을 정규확률지에 표시하는 것으로 이는 **UNIVARIATE** 프로시저에서 **PLOT** 옵션을 사용하면 정규확률도로 제공된다.

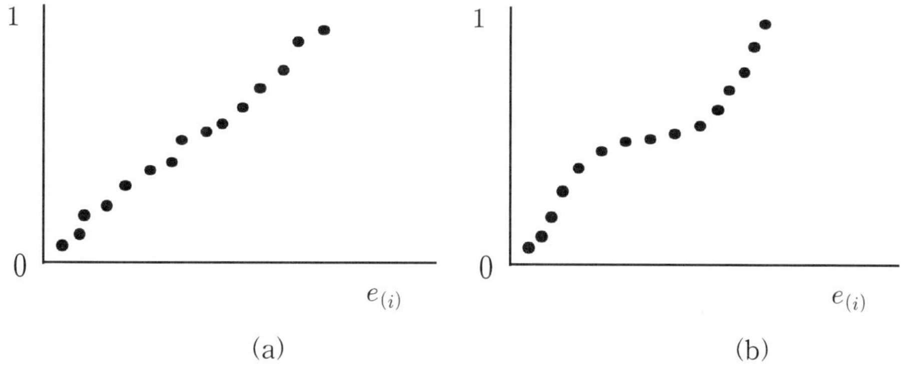

[그림 9-3] 정규확률지

이러한 방법으로 작성된 정규확률도가 [그림 9-3]의 (a)처럼 직선에 가까우면 오차항이 정규분포를 한다고 할 수 있다. [그림 9-3]의 (b)는 직선이 아니고 양 끝부분이 급격하게 변하는 것을 볼 수 있다. 이는 오차항의 분포가 정규분포보다 꼬리 부분이 두꺼운 분포를 따른다고 할 수 있다.

오차항이 정규성을 만족하는지를 검토하기 위한 다른 방법으로 회귀분석 결과 얻어진 표준화잔차를 5장에서 설명한 **UNIVARIATE** 프로시저에서 변수로 지정하여 정규성에 대한 검정을 할 수 있다. **UNIVARIATE** 프로시저에서 **NORMAL** 옵션을 사용하면 몇 가지 정규성 검정을 위한 통계량과 이에 대한 유의확률 값을 제공해주며, **PLOT** 옵션을 지정하여 얻어지는 정규확률도와 상자그림, 히스토그램 등을 이용하면, 표준화잔차가 정규분포를 따르는지를 검정할 수 있다.

프로그램 9.5
정규성 검토

```
PROC REG DATA=class;
  MODEL iq1=math/ R;
  OUTPUT OUT=reg_out STUDENT=sresid;
RUN;
PROC UNIVARIATE DATA=reg_out NORMAL PLOT;
  VAR sresid;
RUN;
```

프로그램 9.5는 오차항의 정규성을 검토하기 위한 프로그램이다. 이를 위해서는 표준화잔차가 정규분포를 따르는지를 검토해야 하므로 **MODEL** 문에 잔차를 출력하도록 **R**을 지정하였고, 이 결과를 **OUTPUT OUT** 명령어를 사용하여 reg_out이라는 SAS파일에 저장하도록 하였다. 이 때 표준화잔차를 나타내는 변수의 이름은 sresid로 지정하였다. **UNIVARIATE** 프로시저에서 사용될 SAS파일로 표준화잔차(sresid)가 포함된 reg_out을 지정하였고, **NORMAL**과 **PLOT** 옵션을 지정하여 정규성 검정에 필요한 통계량과 그래프들을 출력하도록 하였다. 오차항이 정규성을 만족하는지를 검토하기 위한 방법으로는 표준화잔차를 정규확률지에 그려보는 방법(정규확률도)과 검정통계량을 이용하여 검정을 하는 방법이 있다.

결과 9.5

```
                         UNIVARIATE 프로시저

            변수:  sresid  (Studentized Residual)

                                 적률

             N                       30    가중합                    30
             평균            0.00479278    관측치 합         0.14378332
             표준 편차       1.01097262    분산              1.02206564
             왜도            -0.3003051    첨도               0.6246495
             제곱합          29.6405928    수정 제곱합       29.6399037
             변동계수        21093.6694    평균의 표준 오차   0.1845775

                           기본 통계량의 측정

                     위치                      변동성

                 평균     0.004793     표준 편차           1.01097
                 중간값   0.304820     분산                1.02207
                 최빈값   0.355668     범위                4.79386
                                       사분위 범위         1.33839

   Note: 표시된 최빈값은 2개의 최빈값(개수: 2) 중에 가장 작습니다.

                          위치모수 검정: Mu0=0

               검정             --통계량---    -------p값--------

               스튜던드의 t     t  0.025966    Pr >  |t|   0.9795
               부호             M         4    Pr >= |M|   0.2005
               부호 순위        S      11.5    Pr >= |S|   0.8176

                              정규성 검정

            검정                  ----통계량----    -------p값--------

            Shapiro-Wilk          W     0.951204    Pr < W       0.1821
            Kolmogorov-Smirnov    D     0.171232    Pr > D       0.0235
            Cramer-von Mises      W-Sq  0.137923    Pr > W-Sq    0.0338
            Anderson-Darling      A-Sq  0.731569    Pr > A-Sq    0.0501

                            사분위수(정의 5)

                          사분위수           추정값
```

100% Max	2.485255
99%	2.485255
95%	1.207933
90%	0.972415
75% Q3	0.587041
50% Median	0.304820
25% Q1	-0.751349
10%	-1.477650
5%	-1.898283
1%	-2.308602
0% Min	-2.308602

극값의 관측치

----최소값 부터---		----최대값 부터---	
값	관측치	값	관측치
-2.308602	7	0.705777	28
-1.898283	6	0.911934	12
-1.668950	14	1.032896	17
-1.286349	8	1.207933	25
-0.936163	20	2.485255	13

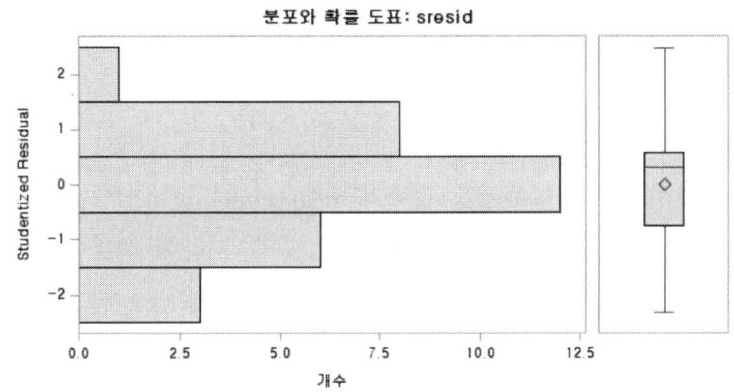

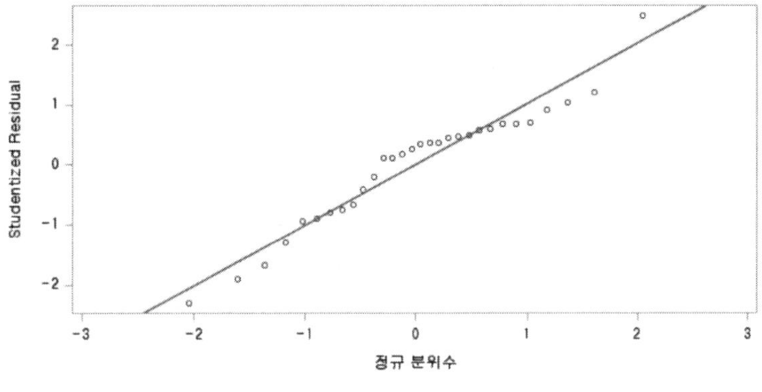

방법 1) 정규확률도

결과 9.5의 정규확률도를 보면 직선에 가깝게 나타나는 것을 볼 수 있다. 따라서, 오차항이 정규성을 만족한다고 할 수 있다.

방법 2) 검정통계량에 의한 방법

오차항의 정규성을 검정하기 위하여 Shapiro-Wilks의 통계량을 사용할 수 있다. 이 통계량의 유의확률은 0.1821로 유의수준 $\alpha = 0.05$인 경우 정규분포를 따른다는 귀무가설을 기각할 수 없다. 즉, 오차항은 정규분포를 따른다고 할 수 있다. ■■■

9.2 중회귀분석

종속변수에 영향을 미치는 독립변수가 두 개 이상인 경우 9.1절에서 설명된 단순선형회귀모형을 다음과 같은 중회귀모형으로 확장할 수 있다.

$$Y = \beta_0 + \beta_1 X_1 + \beta_2 X_2 + \cdots + \beta_p X_p + \epsilon.$$

여기서, β_0는 회귀직선의 절편을 나타내는 회귀계수이고, $\beta_1, \beta_2, \cdots, \beta_p$는 각각 p개 독립변수에 대한 회귀계수이며 오차항 ϵ에 대한 기본가정은 단순회귀모형과 동일하다. 이러한 중회귀모형의 예를 고려해보자.

2장의 자료에서 지능지수에 영향을 미치는 변수로 수학점수 뿐 아니라 다른 변수들을 고려해 볼 수 있다. 즉, 수학점수 외에 영어점수(eng)나 나이(age)와 같은 변수들이 지능지수에 영향을 미치는 변수인지를 알아보기 위해 이 3개의 변수를 독립변수로 하는 중회귀모형을 다음과 같이 설정할 수 있다.

$$(\text{지능지수}) = \beta_0 + \beta_1 \times (\text{수학점수}) + \beta_2 \times (\text{영어점수}) + \beta_3 \times (\text{나이}) + \epsilon.$$

여기서, 종속변수는 단순회귀모형에서와 마찬가지로 지능지수이며, 3개의 독립변수로 수학점수, 영어점수, 나이를 고려하였다.

1) 중회귀모형의 추론

이와 같이 설정되는 중회귀모형에 대해서 9.1절의 단순회귀분석과 마찬가지 방법에 의해 각 회귀계수 $\beta_0, \beta_1, \beta_2, \beta_3$를 추정하고, 추정된 회귀계수의 통계적 유의성을 검정하여 모형에 유의한 회귀계수만을 포함하도록 회귀직선을 추정한다. 또한, 결정계수를 이용하여 추정된 회귀직선의 설명력을 구할 수 있다.

중회귀분석을 위한 SAS 프로시저는 단순회귀분석과 동일하며, **MODEL** 문에 독립변수를 여러 개 지정하면 된다.

프로그램 9.6
중회귀분석

```
PROC REG DATA=class;
  MODEL iq1=math eng age;
RUN;
```

프로그램 9.6은 회귀모형에 대한 회귀분석을 수행하기 위한 프로그램으로 수학성적(math)과 영어점수(eng), 나이(age)를 독립변수로 지정하였으며, 지능지수(iq1)를 종속변수로 지정하였다.

결과 9.6

Dependent Variable: iq1

Number of Observations Read	30
Number of Observations Used	30

Analysis of Variance

Source	DF	Sum of Squares	Mean Square	F Value	Pr > F
Model	3	2243.76600	747.92200	11.95	<.0001
Error	26	1627.03400	62.57823		
Corrected Total	29	3870.80000			

Root MSE	7.91064	R-Square	0.5797
Dependent Mean	123.20000	Adj R-Sq	0.5312
Coeff Var	6.42097		

Parameter Estimates

Variable	DF	Parameter Estimate	Standard Error	t Value	Pr > |t|
Intercept	1	-9.04572	27.19854	-0.33	0.7421
math	1	0.72903	0.19432	3.75	0.0009
eng	1	0.31870	0.20112	1.58	0.1251
age	1	2.26558	1.34583	1.68	0.1043

결과 9.6을 보면 절편을 나타내는 회귀계수에 대한 유의확률이 0.7421로 $H_0 : \beta_0 = 0$이라는 귀무가설을 기각할 수 없다. 따라서, 이러한 경우 절편을 포함하지 않는 회귀모형을 다시 적합시킨 다음 이 결과를 이용하여 회귀계수를 추정해야 한다. 실제로 지능지수는 음의 값을 가질 수 없으므로 절편을 포함하지 않는 회귀모형을 적합시키는 것이 타당하다. ■■■

프로그램 9.7
절편을 포함하지 않는 모형

```
PROC REG DATA=class;
  MODEL iq1=math eng age / NOINT;
RUN;
```

프로그램 9.7은 절편을 포함하지 않는 모형을 적합시키기 위한 프로그램으로 MODEL문에 NOINT 옵션을 지정하였다.

결과 9.7

Model: MODEL1
Dependent Variable: iq1

Number of Observations Read	30
Number of Observations Used	30

Note: No intercept in model. R-Square is redefined.

Analysis of Variance					
Source	DF	Sum of Squares	Mean Square	F Value	Pr > F
Model	3	457584	152528	2520.42	<.0001
Error	27	1633.95578	60.51688		
Uncorrected Total	30	459218			

Root MSE	7.77926	R-Square	0.9964
Dependent Mean	123.20000	Adj R-Sq	0.9960
Coeff Var	6.31433		

Parameter Estimates					
Variable	DF	Parameter Estimate	Standard Error	t Value	Pr > |t|
math	1	0.71880	0.18868	3.81	0.0007
eng	1	0.30615	0.19427	1.58	0.1267
age	1	1.92373	0.85431	2.25	0.0327

결과 9.7을 보면 절편을 나타내는 **Intercept** 부분에 대한 추론이 없음을 알 수 있다. 먼저 설정된 회귀모형에 대한 적합성을 검정해보면 F 검정통계량 값이 2520.42이고, 이에 대한 유의확률 값이 0.0001보다 작으므로 모형이 유의하다고 할 수 있다. 위 결과에서는 3개 독립변수에 대한 회귀계수의 추정값과 이

에 대한 유의확률이 나타나 있다. 먼저 수학점수(math)의 회귀계수(β_1)에 대한 추정값은 0.71880이고, 영어점수(eng)의 회귀계수(β_2)에 대한 추정값은 0.30615, 나이(age)에 대한 회귀계수(β_3)의 추정값은 1.92373이다. 따라서, 적합된 회귀직선은 다음과 같다.

$$\widehat{(\text{지능지수})} = 0.7188 \times (\text{수학점수}) + 0.3062 \times (\text{영어점수}) + 1.9237 \times (\text{나이}).$$

또한, 추정된 회귀모형에 의한 설명력은 수정된 결정계수(Adj R-Sq) 값이 0.9960이므로 99.6% 자료를 설명하고 있음을 알 수 있다. ■■■

2) 변수선택법

종속변수에 영향을 미치는 독립변수가 많은 경우 모든 독립변수들을 포함하여 회귀모형을 적합시키면, 실제로는 영향을 미치지 않는 변수가 포함되어 추정된 회귀모형의 설명력이 떨어지거나 종속변수에 중요한 영향을 미치는 변수가 추정된 회귀직선에서 제외되는 경우가 발생한다. 따라서, 고려할 수 있는 모든 독립변수들의 조합을 모형에 적합시켜서 최적의 모형을 찾는 것이 중요하다. 그러나, 모든 독립변수들의 조합을 구하고, 이들에 대해 회귀모형을 적합시킨 후 이들을 비교하는 문제는 쉽지 않은 경우가 많다. 이러한 경우 적합된 모형들을 비교하기 위해서 여러 가지 측도들을 고려할 수 있다.

일반적으로 중회귀분석에서 최적의 회귀모형을 찾는 방법으로 변수선택법(variable selection method)이 사용된다. 중회귀분석에서 최적의 모형을 선택하기 위한 변수선택법은 중요한 변수들을 모형에 포함시키는 방법에 따라 4가지 방법으로 구분된다.

모든 가능한 회귀(all possible regression)

모든 독립변수들의 조합에 대해 회귀모형을 적합시키는 방법으로 독립변수의 수가 p개인 경우 (2^p-1)가지의 모형을 모두 적합시킨 다음 모형선택기준을 사용하여 비교한다.

앞으로부터 선택(forward selection)

독립변수들 중에서 가장 큰 영향을 미치는 변수부터 하나씩 추가하면서 주어진 유의수준에서 더 이상 중요한 변수가 없다고 판단될 때의 모형을 최적 모형으로 선택한다. 이 방법에 의해서는 앞 단계에서 한번 선택된 변수는 모형에서 제거되지 않는다.

뒤로부터 제거(backward elimination)

모든 독립변수들을 포함하는 모형을 적합시킨 상태에서 모형에 가장 영향력이 작은 변수부터 하나씩 제거해 가면서 주어진 유의수준에서 더 이상 제거할 변수가 없을 때의 모형을 최적 모형으로 선택한다. 이 방법에 의하면 앞 단계에서 제거된 변수는 다시 모형에 포함될 수 없다.

단계별 회귀(stepwise regression)

앞으로부터 선택하는 방법과 뒤로부터 제거하는 방법은 설명한 바와 같이 앞 단계에서 한 번 추가 또는 제거된 변수는 다음 단계에서 다시 고려되지 않는다. 그러므로 변수들 사이에 존재하는 관계에 의해 어느 특정 변수가 같이 포함되면 변수의 영향력이 커지는 경우 또는 특정변수가 포함되면 선택된 변수의 중요성이 현저하게 떨어지는 경우를 고려하지 않는 문제점이 있다. 단계별 회귀는 이러한 문제점을 해결할 수 있는 방법으로 앞으로부터 선택하는 방법에서 변수를 추가할 때 앞 단계에서 선택된 변수가 새로운 변수가 추가되어도 중요성을 상실하지 않는지를 단계별로 확인하여 최적의 모형을 선택하는 방법이다.

☞모형의 선택 기준

회귀모형에서 종속변수를 설명하기 위한 독립변수들 중에서 어떤 독립변수들을 포함시키는 것이 최적의 모형이 되는지를 판단하는 것은 매우 중요한 문제이다. 최적의 모형을 선택하기 위한 모형의 선택기준으로 다음과 같은 측도들이 사용된다.

① **결정계수**(R-square) : 0과 1사이의 값을 가지며, 1에 가까운 값을 가질수록 모형의 설명력이 높다.

② **수정된 결정계수**(adjusted R-square) : 결정계수 값이 모형에 중요하지 않은 독립변수가 추가되는 경우에도 증가하는 문제를 해결하기 위해 보정한 값으로 결정계수와 동일한 기준을 가진다.

③ **오차평균제곱**(MSE : Mean Square of Error) : 가장 작은 값을 가지는 모형을 최적 모형으로 선택한다.

④ C_p **통계량** : 구해진 통계량 값이 독립변수의 수 p와 가장 가까운 값을 가지는 모형을 최적 모형으로 판단하는 기준으로 가장 널리 사용되는 방법이다.

REG 프로시저에서 모형선택 기준을 이용하여 최적의 모형을 찾기 위한 일반형식은 다음과 같다.

```
PROC REG DATA=sas파일명;
  MODEL 종속변수=독립변수1 독립변수2 ...
     / SELECTION= SLENTRY= SLSTAY=;
RUN;
```

일반형식에서 각 명령어들이 의미하는 내용은 다음과 같다.

SELECTION=

변수선택방법을 지정하기 위한 옵션으로 각 방법에 대한 명령어는 다음과 같다. 특별히 변수선택방법이 지정되지 않으면, 모든 독립변수들을 포함하여 모형을 적합시킨다.

- **RSQUARE** : 결정계수
- **ADJRSQ** : 수정된 결정계수
- **CP** : C_p 통계량
- **MSE** : 오차제곱평균
- **FORWARD** : 앞으로부터 선택
- **BACKWARD** : 뒤로부터 제거
- **STEPWISE** : 단계별 선택

SLENTR(SLE)=

변수를 추가할 때 기준이 되는 유의수준을 지정하기 위한 옵션으로 이 옵션이 지정되지 않으면 **FORWARD**인 경우 0.5이 사용되고, **STEPWISE**인 경우에는 0.15가 사용된다.

SLSTAY(SLS)=

변수를 제거할 때 기준이 되는 유의수준을 지정하기 위한 옵션으로 이 옵션이 지정되지 않으면 **BACKWARD**인 경우 0.1이 사용되고, **STEPWISE**인 경우 0.15가 사용된다.

프로그램 9.8
모형선택기준

```
PROC REG DATA=class;
  MODEL iq1=math eng age / NOINT
    SELECTION=RSQUARE ADJRSQ CP MSE;
RUN;
```

프로그램 9.8은 최적모형을 선택하기 위한 여러 가지 측도들을 얻기 위한 프로그램으로 결과 9.5에서 절편을 포함하지 않는 모형이 적합한 것으로 나타났기 때문에 여기서도 **MODEL**문에 **NOINT** 옵션을 지정하였으며, 모형선택 기준으로 결정계수를 얻기 위한 **RSQUARE**, 수정된 결정계수를 얻기 위한 **ADJRSQ**, C_p통계량을 얻기 위한 **CP**, 오차제곱평균을 얻기 위한 **MSE** 옵션을 지정하였다.

결과 9.8

Dependent Variable: iq1

R-Square Selection Method

Number of Observations Read	30
Number of Observations Used	30

Note: No intercept in model. R-Square is redefined.

Number in Model	R-Square	Adjusted R-Square	C(p)	MSE	Variables in Model
1	0.9941	0.9939	16.7982	93.48429	math
1	0.9934	0.9931	22.2498	104.86078	age
1	0.9906	0.9903	43.1501	148.47525	eng
2	0.9961	0.9958	3.4834	63.72305	math age
2	0.9958	0.9955	6.0706	69.31476	math eng
2	0.9945	0.9941	15.5131	89.72298	eng age
3	0.9964	0.9960	3.0000	60.51688	math eng age

결과 9.8은 3개의 독립변수의 모든 조합을 고려한 7개의 모형에 대해서 결정계수(**R-square**)와 수정된 결정계수(**Adjusted R-square**), C_p통계량 **C(p)**, 오차평균제곱(**MSE**)의 4가지 모형 선택기준을 제공해준다. 이 예제에서 모형은 하나의 독립변수가 포함되는 경우와 2개의 독립변수가 포함되는 경우, 3개의 독립변수가 모두 포함되는 경우의 7개 모형이 가능하며, 각 모형에 대해 구해진 최적 모형을 선택하기 위한 측도가 나타나 있다. 이러한 결과를 고려하여 볼 때 2개의 독립변수를 포함하는 모형 중 수학점수(math)와 나이(age)를 포함하는 모형이 결정계수와 수정된 결정계수 값이 가장 크며, C_p 통계량 값은 독립변수의 수인 3과 가장 근사한 값을 가지고, 오차제곱평균도 가장 작음을 알 수 있다. ■■■

이제 주어진 모든 독립변수들을 고려하여 최적의 모형을 찾기 위한 방법으로 변수선택법을 이용하는 예를 설명하고자 한다. 앞에서도 설명된 바와 같이 여러 가지 변수선택법 중에서 일반적으로 널리 사용되는 방법은 단계적 변수선택법이다. 여기서는 이 방법을 이용하여 모형에 어떤 변수들이 포함되는 것이 최적 모형이 되는지를 살펴보자.

프로그램 9.9
변수선택법

```
PROC REG DATA=class;
  MODEL iq1=math eng age
        / NOINT SELECTION=STEPWISE
                SLENTRY=0.05 SLSTAY=0.05;
RUN;
```

프로그램 9.9은 변수선택법 중 단계별회귀 방법을 이용하여 최적의 변수 집합을 얻기 위한 프로그램이다. 여기서도 절편을 포함하지 않는 모형을 적합시키기 위해서 **MODEL**문에 **NOINT** 옵션을 지정하였으며, 단계별회귀 방법을 지정하기 위해서 **STEPWISE**를 지정하였다. 단계별회귀 방법을 이용한 변수선택시 변수의 추가 또는 제거의 기준이 되는 유의수준을 모두 0.05로 지정하였다.

결과 9.9

Stepwise Selection: Step 1

Variable math Entered: R-Square = 0.9941 and C(p) = 16.7982

Note: No intercept in model. R-Square is redefined.

Analysis of Variance					
Source	DF	Sum of Squares	Mean Square	F Value	Pr > F
Model	1	456507	456507	4883.25	<.0001
Error	29	2711.04441	93.48429		
Uncorrected Total	30	459218			

Variable	Parameter Estimate	Standard Error	Type II SS	F Value	Pr > F
math	1.51023	0.02161	456507	4883.25	<.0001

Bounds on condition number: 1, 1

Stepwise Selection: Step 2

Variable age Entered: R-Square = 0.9961 and C(p) = 3.4834

Note: No intercept in model. R-Square is redefined.

Analysis of Variance					
Source	**DF**	**Sum of Squares**	**Mean Square**	**F Value**	**Pr > F**
Model	2	457434	228717	3589.23	<.0001
Error	28	1784.24531	63.72305		
Uncorrected Total	30	459218			

Variable	Parameter Estimate	Standard Error	Type II SS	F Value	Pr > F
math	0.81428	0.18336	1256.71721	19.72	0.0001
age	2.71137	0.71096	926.79910	14.54	0.0007

Bounds on condition number: 105.6, 422.4

All variables left in the model are significant at the 0.0500 level.

No other variable met the 0.0500 significance level for entry into the model.

Note: No intercept in model. R-Square is redefined.

Summary of Stepwise Selection								
Step	**Variable Entered**	**Variable Removed**	**Number Vars In**	**Partial R-Square**	**Model R-Square**	**C(p)**	**F Value**	**Pr > F**
1	math		1	0.9941	0.9941	16.7982	4883.25	<.0001
2	age		2	0.0020	0.9961	3.4834	14.54	0.0007

결과 9.9는 단계적 변수선택법의 각 단계별 결과와 최종적으로 선택된 변수들에 대한 회귀계수 및 유의확률을 제공해준다. 이를 보면 유의수준이 0.05일 때 최적모형에 포함되는 변수는 수학점수(math)와 나이(age) 변수로 이 모형의 결정계수 값은 0.9961로 약 99.61% 모형을 설명하고 있음을 알 수 있으며, C_p 통계량 값은 3.4834로서 독립변수의 수 3과 거의 유사한 값을 가짐을 알 수 있다. 결과 9.9의 제일 마지막 부분에 나타난 메시지는 현재 포함된 두 개의 변수(math, age)가 유의수준이 0.05일 때 모형에 계속 포함되며, 이 유의수준 하에서는 더 이상 모형에 추가될 변수가 없다는 것을 알려준다. ■■■

프로시저요약

9장

단순회귀분석

```
PROC REG DATA=sas파일명;
  MODEL 종속변수=독립변수 / NOINT;
RUN;
```

회귀모형 오차항 분석

```
PROC REG DATA=sas파일명;
  MODEL 종속변수=독립변수 / P R CLM;
  OUTPUT OUT=sas파일명 통계량키워드=변수명;
  PLOT 세로축변수*가로축변수;
RUN;
```

중회귀분석

```
PROC REG DATA=sas파일명;
  MODEL 종속변수=독립변수1 독립변수2 ~ / NOINT;
RUN;
```

변수선택

```
PROC REG DATA=sas파일명;
  MODEL 종속변수=독립변수1 독립변수2 ~
                  / SELECTION= SLENTRY= SLSTAY=;
RUN;
```

실 습 문 제

9장

9.1 실습문제 8.2의 자료파일 exam 8_2에 대해 물음에 답하시오.

- 단순선형회귀모형을 가정하고, x(홍보비용)를 독립변수로 하고, y(예금유치액)를 종속변수로 하여 회귀식을 추정하시오.
- 모집단 회귀계수 β_1에 대한 유의성 검정을 하고, 만약 유의할 경우 추정치 b_1 값의 의미를 설명하시오.
- 회귀모형의 선형성을 만족하는지를 검토하시오.
- 오차항의 등분산성을 만족하는지를 검토하시오.
- 오차항의 정규성을 만족하는지를 검토하시오.

9.2 대학입학 수학능력시험에서 수리영역성적, 언어영역성적 그리고 지능지수가 대학에서의 성적에 어떤 영향을 미치는가를 분석하기 위하여 1학년 학생 10명을 임의로 선정하여 조사한 다음의 자료가 test.txt 파일로 저장되어 있다고 하자.

대학기말성적	65	84	78	73	52	82	92	89	75	56
수리영역성적	39	71	43	62	21	64	74	47	52	68
언어영역성적	52	84	64	59	40	59	72	65	54	45
지능지수	116	131	129	116	121	124	132	125	112	114

- SAS파일명은 exam9_2로 하고, 대학기말성적은 y, 수리영역성적은 x1 언어영역성적은 x2, 지능지수는 x3로 하여 파일을 구성하시오.
- 세 개의 독립변수가 모두 포함되는 중회귀모형을 가정하고 회귀선을 추정하시오.
- 단계별회귀 방법을 이용하여 최적의 회귀모형을 구하고, 이 결과와 위의 결과를 비교하시오.
- 최종적으로 결정된 모형의 설명력은 얼마인가? 설명하시오.

제 10장

분산분석
(Analysis of Variance)

6장에서는 두 개의 독립적인 정규모집단의 모평균을 검정하기 위해서 t-검정을 이용한 분석방법에 대해 설명하였다. 이 장에서 설명하고자 하는 분산분석(Analysis of Variance : ANOVA)은 세 개 이상의 정규모집단의 모평균에 차이가 있는지를 검정하는 방법이다. 분산분석은 요인(factor)별 모평균에 차이가 있는지를 검정하는 방법으로 요인의 수가 1개인 일원분산분석(one-way ANOVA)과 요인의 수가 2개인 이원분산분석(two-way ANOVA)으로 구분되며 이원분산분석은 반복이 있는 경우와 반복이 없는 경우로 구분하여 분석한다([그림 10-1] 참조).

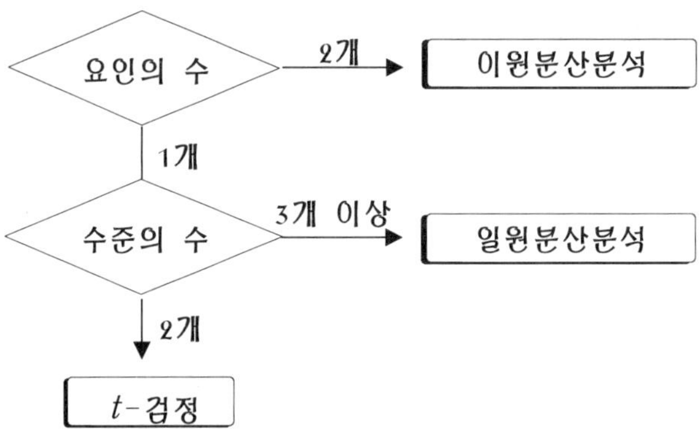

[그림 10-1] 모평균 차이 검정

분산분석을 위해서 SAS에서는 **ANOVA** 또는 **GLM** 프로시저가 사용되는데, **ANOVA** 프로시저는 균형자료(balanced data) 즉, 요인에 따라 자료가 p개 수준으로 분류되었을 때 각 수준별로 자료의 수가 동일한 경우에 대해서 사용되는 분석방법으로 균형자료의 경우에 대해서는 **GLM** 프로시저보다 자료의 처리속도가 빠르고, 분석을 위한 공간도 작게 든다는 장점이 있다. 그러나, 불균형자료(unbalanced data)에는 사용할 수 없으므로 이러한 경우에 **GLM** 프로시저가 사용된다.

PROC ANOVA ...
PROC GLM ...

☞ 다중비교

세 개 이상의 독립적인 정규모집단에서 모평균에 차이가 있는지를 검정하기 위해서 분산분석 방법을 사용한다. 세 개의 모집단을 고려하는 경우 귀무가설은 세 모집단의 모평균이 모두 같다는 것이다. 분석 결과 귀무가설이 기각되는 경우, 즉 세 모집단의 모평균이 모두 같지 않다고 판단되는 경우 어느 모집단의 모평균 사이에 차이가 있는지를 분석하는 것이 중요하다. 이러한 분석을 **다중**

비교(multiple comparison)라고 하며, 분산분석에서 설정된 모형이 통계적으로 유의한 경우, 즉 귀무가설이 기각되는 경우에는 다중비교를 통하여 실제 어떤 모집단의 어떠한 모평균의 차이가 존재하는지를 분석하게 된다.
분산분석에서 고려되는 다중비교 방법에는 여러 가지가 있다. 최소유의차를 이용하여 분석하는 LSD **검정법**, Tukey**의 표준화 검정법**, Duncan**과** Scheffe, Dunnett**의 방법** 등이 있다. 이러한 다중비교방법의 결과가 모두 동일하게 나타나지 않으므로 이들 각 방법의 결과를 종합하여 결론을 내리는 것이 좋으며, 일반적으로 Duncan의 다중비교방법이 가장 많이 사용된다.

10.1 일원분산분석

일원분산분석은 요인의 수가 1개이고 그 요인이 3개 이상의 수준으로 분류되는 정규모집단의 모평균에 차이가 있는지를 검정하기 위해 사용되는 방법으로 검정하고자 하는 종속변수와 요인을 나타내는 변수(범주형 변수)를 이용하여 요인의 수준별 평균을 구한 다음 이들 평균 사이에 통계적으로 유의한 차이가 있는지를 검정하는 방법이다. 분산분석에서 귀무가설은 다음과 같이 설정된다.

$$H_0 : p\text{개 모집단의 모평균이 모두 동일하다.}$$
$$(\mu_1 = \mu_2 = \cdots = \mu_p)$$

분산분석 결과 귀무가설이 기각된다는 것은 p개 모집단의 모평균 중에서 하나라도 같지 않다는 것을 의미하는 것이므로 p개 모집단의 모평균 중 어느 모집단의 모평균 사이에 통계적으로 유의한 차이가 있는지를 분석해야 한다. 따라서, 2단계 분석방법으로 다중비교 분석방법을 사용한다. 물론, 설정된 귀무가설이 통계적으로 유의하지 않는 경우, 즉 귀무가설이 기각되지 않는 경우 다중비교는 할 필요가 없다.

1) PROC ANOVA

ANOVA 프로시저는 요인에 따라 p개 수준으로 자료가 분류되었을 때 각 수준별로 자료의 수가 동일한 균형자료의 경우에 대해서 사용된다.

```
PROC ANOVA DATA=sas파일명;
  CLASS 요인 변수;
  MODEL 종속변수=요인 변수;
  MEANS 요인 변수 / 다중비교옵션;
RUN;
```

일반형식에서 각 명령어의 사용방법은 다음과 같다.

sas파일명

분산분석에서 사용될 SAS파일명을 지정한다.

CLASS

요인 변수를 지정하는 명령어로 주어진 요인에 따라 p개 수준으로 분류된 집단의 모평균에 차이가 있는지를 검정하게 된다. 여기서 지정되는 요인 변수는 반드시 범주형 변수이어야 한다.

MODEL

검정하고자 하는 종속변수와 요인 변수의 관계를 지정한다.

MEANS

요인을 구성하는 p개의 수준별 종속변수의 평균값을 출력해준다

다중비교를 위한 옵션

다중비교 분석이 필요한 경우 어떠한 다중비교기준을 사용할 것인지를 지정하는 옵션으로 **LSD, DUNCAN, TUKEY, SCHEFFE, DUNNETT** 등이 사용될 수 있다.

프로그램 10.1은 지역별로 영어점수에 차이가 있는지를 알아보기 위한 프로그램이다. 여기서, 요인을 나타내는 변수는 지역(reg)이고 이 변수는 명목형 변수이며, 실제로 모평균의 차이를 검정하고자 하는 변수는 영어점수(eng)이다. 이 예에서 귀무가설은 "지역별로 영어점수에 차이가 없다"는 것이다.

프로그램 10.1 ANOVA 프로시저의 기본적인 사용

```
PROC ANOVA DATA=class;
  CLASS reg;
  MODEL eng=reg;
  MEANS reg;
RUN;
```

결과 10.1을 보면, 요인 변수인 지역은 3개 수준(서울, 광역시, 지방)으로 분류되고, 수준별 영어점수에 차이가 없다는 귀무가설에 대한 F-검정 결과, 검정

통계량 값은 0.45이고, 유의확률 값은 0.6419로 통계적으로 유의한 차이가 없다고 결론지을 수 있다. 이 분석에서의 귀무가설은 지역별로 영어점수에 차이가 없다는 것인데, 분석 결과 지역에 따른 영어점수의 차이는 통계적으로 유의하지 않다고 결론지을 수 있다. 이와 같이 통계적으로 유의한 차이가 없는 경우에는 다중비교 분석방법이 필요하지 않다. ■■■

결과 10.1

Dependent Variable: eng

Source	DF	Sum of Squares	Mean Square	F Value	Pr > F
Model	2	60.466667	30.233333	0.45	0.6419
Error	27	1811.000000	67.074074		
Corrected Total	29	1871.466667			

R-Square	Coeff Var	Root MSE	eng Mean
0.032310	10.29741	8.189876	79.53333

Source	DF	Anova SS	Mean Square	F Value	Pr > F
reg	2	60.46666667	30.23333333	0.45	0.6419

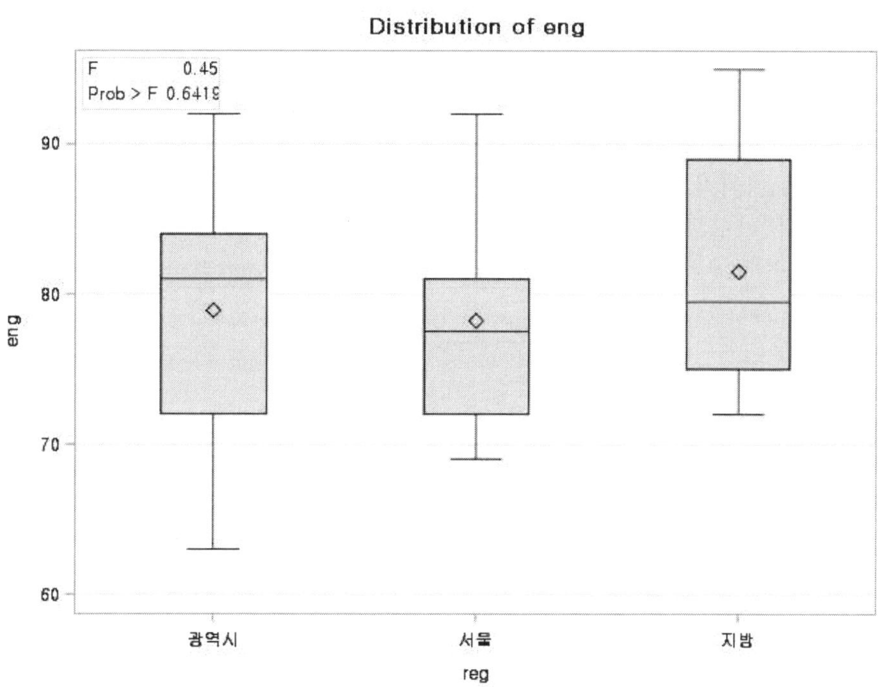

```
                    The ANOVA Procedure

           Level of              -------------eng-------------
           reg            N              Mean          Std Dev

           광역시         10        78.9000000       9.13418488
           서울           10        78.2000000       7.45057790
           지방           10        81.5000000       7.89162707
```

2) PROC GLM

GLM 프로시저는 요인에 따라 p개 수준으로 자료가 분류되었을 때 각 수준별로 자료의 수가 다른 불균형자료의 경우에 사용되는 프로시저로 일반적인 사용방법은 다음과 같다. 다음 일반형식에서 각 명령어의 사용방법은 ANOVA 프로시저와 같다.

```
PROC GLM DATA=sas파일명;
  CLASS 요인 변수;
  MODEL 종속변수=요인 변수;
  MEANS 요인 변수 / 다중비교옵션;
RUN;
```

프로그램 10.2는 연령별로 지능지수에 차이가 있는지를 검정하고자 하는 프로그램이다. 여기서, 요인 변수는 연령(age)인데 자료에서 연령변수를 살펴보면 이는 명목형 변수가 아니라 연속형 변수이다. 따라서, 연령을 다음과 같이 3개의 범주로 구분하여 연령을 나타내는 새로운 변수를 n_age로 설정하였다.

age	n_age
20세	1
21세	2
22세 이상	3

새로 생성된 n_age는 범주형 변수이며, 이를 포함하는 새로운 SAS 파일 aa를 이용하여 분산분석을 실시하였다. n_age 변수에 따라 지능지수에 차이가 있는지를 검정하기 위한 모형에서의 귀무가설은 다음과 같이 설정될 수 있다.

H_0 : 연령별로 지능지수에 차이가 없다.

여기서, 귀무가설이 기각되는 경우 즉, 연령에 따라 지능지수에 차이가 있다면 어느 연령 사이에 차이가 있는지를 DUNCAN의 다중비교 방법에 의해 알아보고자 한다. 요인변수는 연령(n_age)으로 이 변수는 명목형 변수이고, 실제로 모평균의 차이를 검정하고자 하는 변수는 지능지수(iq1)이다. 그런데, 세 수준으로 구분된 연령(n_age) 변수의 수준별 관측치수가 각각 12, 10, 8명으로 동일하지 않다. 이러한 자료가 불균형자료로서 이 때는 **GLM** 프로시저를 사용하여 분석해야 한다.

프로그램 10.2

GLM 프로시저와 다중비교

```
DATA aa;
  SET class;
    IF age=20 THEN n_age=1;
    ELSE IF age=21 THEN n_age=2;
    ELSE n_age=3;
RUN;
PROC GLM DATA=aa;
  CLASS n_age;
  MODEL iq1=n_age;
  MEANS n_age / DUNCAN;
RUN;
```

결과 10.2를 살펴보면 연령별로 지능지수에 차이가 없다는 귀무가설에 대한 F-검정 결과 검정통계량 값은 7.42이고, 이 때 유의확률 값은 0.0027로 유의수준 5%에서 귀무가설은 기각된다. 즉, 연령에 따라 지능지수에 통계적으로 유의한 차이가 있다고 결론지을 수 있다. 이러한 경우 어느 연령 사이에 실제로 지능지수의 모평균에 차이가 있는지를 검정하기 위해 다중비교를 사용한다.

결과 10.2

```
                         Class Level Information

                      Class         Levels    Values
                      n_age              3    1 2 3
                       Number of observations    30
---------------------------------------------------------------------------
Dependent Variable: iq1
                                  Sum of
 Source                 DF       Squares     Mean Square    F Value    Pr > F
 Model                   2   1372.408333      686.204167       7.42    0.0027
 Error                  27   2498.391667       92.533025
 Corrected Total        29   3870.800000

                  R-Square     Coeff Var      Root MSE        iq Mean
                  0.354554      7.807962      9.619409       123.2000
 Source                 DF      Anova SS     Mean Square    F Value    Pr > F
 n_age                   2   1372.408333      686.204167       7.42    0.0027
---------------------------------------------------------------------------
```

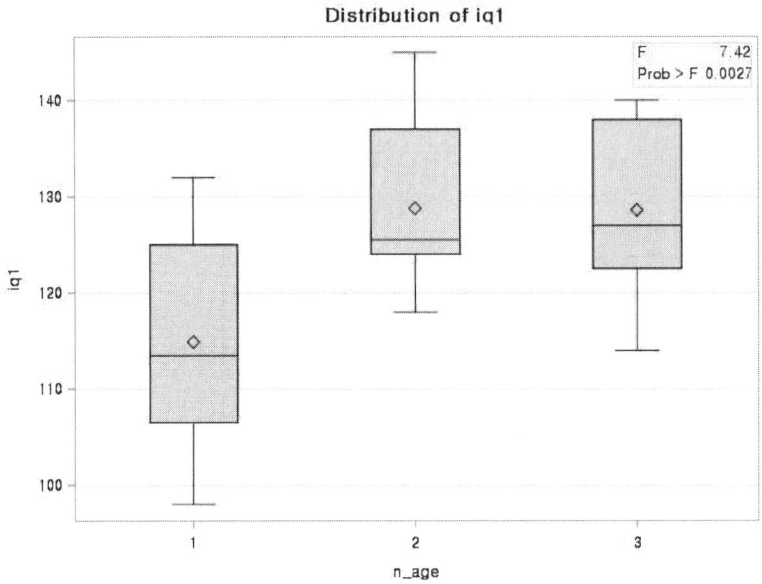


```
                 Duncan's Multiple Range Test for iq1

노트 : This test controls the Type I comparisonwise error rate, not the
       experimentwise error rate.

                 Alpha                              0.05
                 Error Degrees of Freedom             27
                 Error Mean Square              92.53302
                 Harmonic Mean of Cell Sizes     9.72973

                   노트: Cell sizes are not equal.

                Number of Means            2           3
                Critical Range         8.949       9.402

        Means with the same letter are not significantly different.

        Duncan Grouping          Mean       N    n_age

                      A       128.800      10    2
                      A
                      A       128.625       8    3

                      B       114.917      12    1
```

DUNCAN의 다중비교 결과를 보면, 연령이 2와 3인 경우에는 **Duncan Grouping**에서 동일한 A문자로 나타나 있고, 연령이 1인 경우에만 B문자로 다르게 나타나 있다. 이는 연령이 2와 3인 모집단의 모평균에는 차이가 없고, 이들 그룹과 연령이 1인 그룹 사이에만 모평균에 차이가 있다는 것을 의미한다. 즉, 원래의 연령변수(age)로 분석하면, 연령이 20세인 그룹(n_age=1)의 모평균이 21세 또는 22세 이상인 그룹(n_age=2 또는 3)보다 지능지수가 낮은 것으로 결론지을 수 있다. 이러한 다중비교 결과는 일반적으로 다음과 같은 표현방법을 사용한다.

20세　　21세　22세이상

■■■

10.2 이원분산분석

이원분산분석은 종속변수에 영향을 미치는 요인(처리)이 2개인 경우로, 두 처리(요인)에 대한 영향의 정도를 파악하기 위해 사용되는 방법이다. 이원분산분석은 실험의 형태에 따라 반복이 있는 경우와 반복이 없는 경우로 구분할 수 있으며, 각 수준별로 실험에 의해 관측된 관측치가 1개인 경우는 반복이 없는 경우이고, 관측치가 2개 이상인 경우는 반복이 있는 경우이다.

반복이 없는 경우

H_0 : 처리 A와 처리 B의 효과가 없다.

$$\begin{pmatrix} H_0: \alpha_1 = \alpha_2 = \cdots = \alpha_p \\ H_0: \beta_1 = \beta_2 = \cdots = \beta_q \end{pmatrix}$$

여기서, 처리 A의 효과를 α라 할 때 p는 α의 수준의 수이며, 처리 B의 효과를 β라 할 때 q는 β의 수준의 수이다.

반복이 있는 경우

H_0 : 처리 A의 효과와 처리 B의 효과, 교호작용의 효과가 없다.

$$\begin{pmatrix} H_0: \alpha_1 = \alpha_2 = \cdots = \alpha_p \\ H_0: \beta_1 = \beta_2 = \cdots = \beta_q \\ H_0: \gamma_{ij} = 0 \end{pmatrix}$$

여기서, α, p, β, q는 반복이 없는 경우에서 정의되었으며, $\gamma_{ij}(i=1,2,\cdots,p,$ $j=1,2,\cdots,q)$는 A의 i번째 처리와 B의 j번째 처리 사이의 교호작용의 효과를 나타낸다.

본 교재에서는 반복이 있는 이원분산분석의 예를 설명하며, 반복이 없는 경우의 이원분산분석에 대한 SAS 프로그램과 분석방법도 동일하다. 이원분산분석을 위한 **ANOVA**와 **GLM** 프로시저의 일반형식은 다음과 같다. 여기서, 각 명령어의 사용방법은 10.1절에서 설명된 것과 동일하며, 검정하고자 하는 각 요인 변수를 **CLASS**와 **MODEL**문에 지정하고, 교호작용의 효과를 검정하기 위해서는 두 요인변수를 다음과 같이 곱 형태로 지정하면 된다.

```
PROC ANOVA[GLM] DATA=sas파일명;
  CLASS 요인변수1 요인변수2 ;
  MODEL 종속변수=요인변수1 요인변수2
                요인변수1*요인변수2;
  MEANS 요인변수1 요인변수2 요인변수1*요인변수2
        / 다중비교옵션 ;
RUN;
```

☞ 교호작용

반복이 있는 이원분산분석에서 각각의 요인별 수준의 조합에서 생기는 **교호작용**(interaction)의 효과를 분리하여 종속변수에 영향을 미치는지를 검정하는 것을 교호작용 효과의 검정이라고 한다.
분산분석 결과 두 요인별 수준 사이에 교호작용이 존재한다는 것은 요인 A의 수준 변화에 따라 요인 B의 효과가 변하고 있다는 것을 의미한다. 이와 같은 교호작용의 효과를 ANOVA 또는 GLM 프로시저에 의해 통계적으로 검정할 수 있다.
교호작용의 효과를 시각적으로 파악하기 위한 방법으로 **평균 프로파일 플롯**(means profile plot)이 사용된다. 평균 프로파일 플롯은 각 요인의 수준별 평균을 구한 다음 이들 값을 연결하여 시각적으로 교호작용의 효과를 판단하기 위한 방법이다. 평균 프로파일 플롯의 형태가 일정한 간격을 두고 평행하게 나타나는 경우는 교호작용이 없는 경우이며, 교호작용이 존재하는 경우에는 서로 교차하는 부분이 존재하게 된다.

프로그램 10.3은 연령과 전공이라는 두 요인이 지능지수에 영향을 미치는지를 알아보기 위해 이원분산분석을 이용하여 분석하고자 한다. 여기서, 연령과 전공별로 1명 이상의 학생들의 지능지수가 자료로 이용되므로 이 경우 반복이 있는 이원분산분석이며, 따라서, 지능지수에 대한 연령별 전공별 교호작용의 효과도 분석해 볼 수 있다. 여기서, 고려되는 귀무가설은 다음과 같다.

H_0: 연령별로 지능지수에 차이가 없다.
H_0: 전공별로지능지수에 차이가 없다.
H_0: 지능지수에 대해 연령과 전공의 교호작용 효과가 없다.

프로그램 10.3

반복이 있는 경우 이원분산분석

```
PROC GLM DATA=aa;
  CLASS n_age dept;
  MODEL iq1= n_age dept n_age* dept;
  MEANS n_age dept n_age* dept;
RUN;
```

결과 10.3을 보면 연령별 효과에 대한 유의확률 값이 0.0047로 지능지수에 연령의 효과가 있음을 알 수 있으며, 전공에 따른 효과는 유의확률 값이 0.8497로 효과가 없다고 판단할 수 있다. 그리고, 연령과 전공에 대한 교호작용 효과를 검정하기 위한 유의확률 값도 0.7748로 교호작용의 효과가 없다고 결론지을 수 있다. ■■■

결과 10.3

Class Level Information

Class	Levels	Values
n_age	3	1 2 3
dept	2	전산 통계

Number of observations 30

Dependent Variable: iq

Source	DF	Sum of Squares	Mean Square	F Value	Pr > F
Model	5	1428.623810	285.724762	2.81	0.0391
Error	24	2442.176190	101.757341		
Corrected Total	29	3870.800000			

R-Square	Coeff Var	Root MSE	iq Mean
0.369077	8.187893	10.08748	123.2000

Source	DF	Type I SS	Mean Square	F Value	Pr > F
n_age	2	1372.408333	686.204167	6.74	0.0047
dept	1	3.734697	3.734697	0.04	0.8497
n_age*dept	2	52.480779	26.240389	0.26	0.7748

Source	DF	Type III SS	Mean Square	F Value	Pr > F
n_age	2	1294.721188	647.360594	6.36	0.0061
dept	1	8.155693	8.155693	0.08	0.7795
n_age*dept	2	52.480779	26.240389	0.26	0.7748

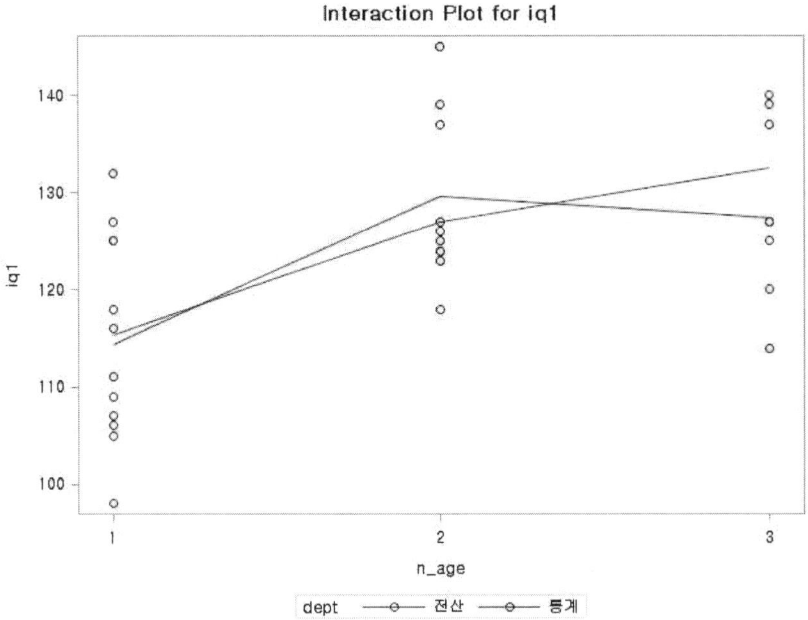

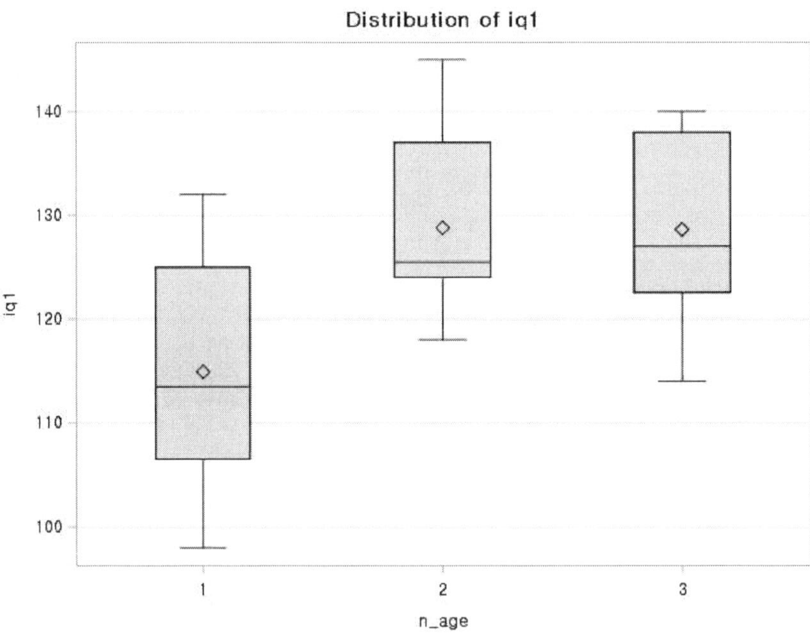

Level of n_age	N	iq Mean	iq Std Dev
1	12	114.916667	10.5697539
2	10	128.800000	8.5348957
3	8	128.625000	9.3646371

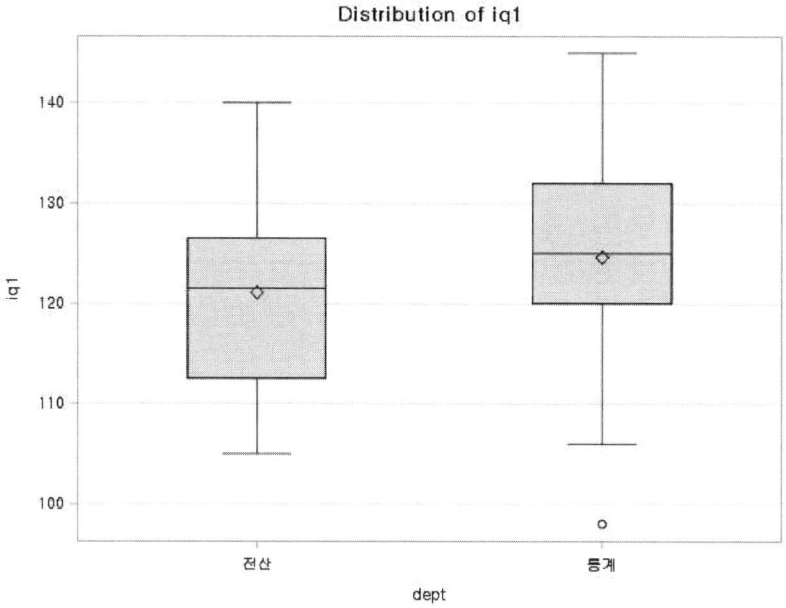

Level of dept	N	iq Mean	iq Std Dev
전산	12	121.083333	11.0737883
통계	18	124.611111	11.9614031

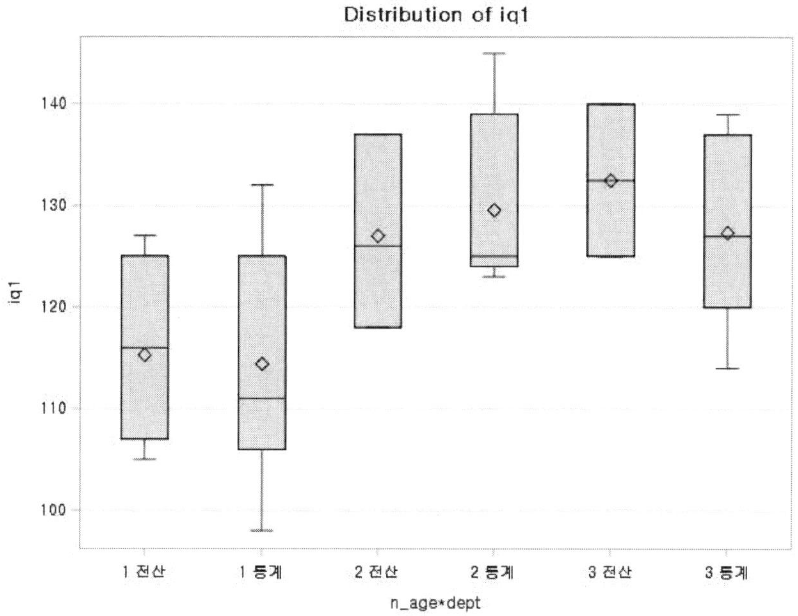

Level of n_age	Level of dept	N	iq Mean	iq Std Dev
1	전산	7	115.285714	8.6931829
1	통계	5	114.400000	13.9032370
2	전산	3	127.000000	9.5393920
2	통계	7	129.571429	8.7532307
3	전산	2	132.500000	10.6066017
3	통계	6	127.333333	9.6055539

프로시저요약

10장

▌일원분산분석 (균형자료인 경우)

```
PROC ANOVA DATA=sas파일명;
  CLASS 요인변수;
  MODEL 종속변수=요인변수;
  MEANS 요인변수1
        / LSD, DUNCAN, TUKEY, SCHEFFE, DUNNETT;
RUN;
```

▌일원분산분석 (불균형자료인 경우)

```
PROC GLM DATA=sas파일명;
  CLASS 요인변수;
  MODEL 종속변수=요인변수;
  MEANS 요인변수
        / LSD, DUNCAN, TUKEY, SCHEFFE, DUNNETT;
RUN;
```

▌이원분산분석 (균형자료인 경우)

```
PROC ANOVA DATA=sas파일명;
  CLASS 요인변수1 요인변수2;
  MODEL 종속변수=요인변수1 요인변수2
                           요인변수1*요인변수2;
  MEANS 요인변수1 요인변수2 요인변수1*요인변수2
        / LSD, DUNCAN, TUKEY, SCHEFFE, DUNNETT;
RUN;
```

▌이원분산분석 (불균형자료인 경우)

```
PROC GLM DATA=sas파일명;
  CLASS 요인변수1 요인변수2;
  MODEL 종속변수=요인변수1 요인변수2
                           요인변수1*요인변수2;
  MEANS 요인변수1 요인변수2 요인변수1*요인변수2
        / LSD, DUNCAN, TUKEY, SCHEFFE, DUNNETT;
RUN;
```

실 습 문 제

10장

10.1 어느 음료회사에서 같은 맛을 가지는 음료수를 무색, 분홍, 오렌지, 초록으로 제조하여 판매하고 있다. 음료수의 색상이 판매량과 관계가 있는지를 알아보기 위해서 일정한 인구를 갖는 여섯 지역을 선택하여 각각의 판매량을 조사하여 다음과 같은 결과를 얻었다.

지역 \ 색상	무색	분홍색	오렌지색	초록색
1	26	31	27	30
2	28	28	25	29
3	25	30	28	32
4	29	27	24	31
5	27	29	26	32
6	27	29	26	32

□ SAS파일명을 exam10_1로 하고, 색상의 변수명은 color, 판매량의 변수명은 sale로 하여 파일을 구성하시오.

□ 음료수의 색상이 판매량에 영향을 미친다고 할 수 있는지 유의수준 5%에서 검정하시오. 필요하다면 다중비교도 실시하시오.

10.2 어떤 화학분석에서 3가지 온도 60℃, 80℃, 100℃에 대한 유효성분 추출량(단위:g)이 다음과 같았다.

60℃	80℃	100℃
25	20	40
40	24	42
42	23	36
36	26	
30		

□ SAS파일명은 exam10_2로 하고, 온도에 대한 변수명은 temperature, 추출량은 yang, 각각의 온도를 나타내는 값을 a, b, c로 설정하여 파일을 구성하시오.

□ 온도에 의한 유효성분 추출량에 차이가 있는지 유의수준 5%에서 검정하시오. 필요하다면 다중비교도 실시하시오.

10.3 다음은 3가지 다이어트 음식에 포함된 콜레스테롤 함량을 4개의 다른 실험실에서 측정한 결과이다.

	음식 A	음식 B	음식 C
실험실 1	3.4	2.6	2.8
실험실 2	3.0	2.7	3.1
실험실 3	3.3	3.0	3.4
실험실 4	3.5	3.1	3.7

□ SAS파일명은 exam10_3으로 하고, 음식의 종류를 나타내는 변수명을 food, 실험실의 변수명을 lab, 함량의 변수명은 mat로 지정하여 파일을 구성하시오.

□ 음식에 포함된 콜레스테롤 함량이 음식의 종류와 어느 실험실에서 실험이 이루어졌는지에 따라 다르다고 할 수 있는지 유의수준 5%에서 검정하시오.

제 11 장

설문지 분석

실생활에서 통계학이 가장 널리 사용되는 분야는 통계조사 또는 설문조사에 대한 자료분석이다. 이러한 통계조사는 분석하고자 하는 집단의 현상을 통계적 방법에 의해 수량화하고, 이를 분석하여 원하는 결론을 이끌어내거나 조사 대상 집단의 객관적이고 구체적인 특징을 파악하기 위해서 사용된다. 통계조사를 실시하기 위해서는 많은 비용과, 인력, 시간이 필요하므로 조사의 기획단계에서부터 조사 목적에 맞는 설문지를 작성하고, 정확한 조사가 이루어지도록 관리하는 것이 무엇보다도 중요하다.

이 장에서는 이러한 통계조사에서 사용되는 설문지를 작성할 때 고려해야 하는 기본원칙과 설문지를 작성하는 과정을 설명하고, 실제 설문조사에서 얻어진 결과를 이용하여 조사 결과를 요약하는 방법과 작성된 설문지 문항의 신뢰도분석(reliability test)에 대한 내용을 설명하고자 한다,

11.1 설문지 작성

설문지는 통계조사에서 가장 중요한 부분 중의 하나로 작성된 설문지에 의해 조사를 실시하고, 조사된 결과를 바탕으로 하여 분석자가 원하는 결과들을 이끌어내기 위해서 사용된다. 실제로 여러 사회현상을 설명하기 위해서 설문지를 이용한 통계조사방법이 사용되며, 여론조사가 이러한 설문조사의 전형적인 예이다. 이 절에서는 설문지를 작성하기 위한 단계와 설문지 작성시 고려되어야 하는 몇 가지 기본 원칙에 대해 설명하고자 한다.

통계조사에서 원하는 정보를 얻기 위해서 사용되는 설문지는 일반적으로 분석자가 필요하다고 판단되는 정보를 얻기 위해 답변을 요구하는 질문 형식으로 구성된다. 그런데, 이와 같이 작성된 설문지에 의해 얻어진 자료의 결과가 분석자가 요구하는 모든 정보를 제공해 주는 것이 실제로 불가능하므로 사전조사의 단계를 거쳐서 최종적으로 원하는 정보들을 모두 얻을 수 있는 설문지를 작성하는 것이 좋다. 일반적으로 설문지는 다음과 같은 단계별로 작성하여 각 단계에서 발생되는 문제점을 수정, 보완해가면서 작성해야 한다.

설문지 작성 단계

1단계 설문조사를 통해서 얻고자 하는 정보를 결정한다. 얻고자 하는 정보를 결정하는데 있어서 응답자가 답변하기 곤란한 내용이나 많은 시간 또는 생각을 필요로 하는 내용은 가능한 피하는 것이 조사의 효율성을 높일 수 있는 방법이다.

2단계 설문조사방법을 결정한다. 설문조사방법은 조사원이 직접 응답자를 면접

하여 조사하는 면접조사(interview survey)와 우편을 이용한 우편조사(post survey), 전화를 이용하는 전화조사(tele survey), 인터넷을 이용하는 인터넷조사(internet survey)와 이동전화를 이용하는 모바일조사(mobile survey) 등이 있다.

3단계 설문지에 포함될 각 문항의 내용과 질문 형태를 결정한다. 문항의 구체적인 내용과 질문 형태는 분석자의 의도가 응답자에게 잘 전달될 수 있도록 표현되도록 해야 한다.

4단계 설문지에 포함될 문항의 수와 순서를 결정하여 1차적으로 설문지를 구성한다. 이렇게 작성된 설문지는 사전조사(pre survey)를 통하여 그 내용이 추가 또는 삭제되거나 수정된다.

5단계 사전조사를 통하여 설문지의 내용을 수정, 보완한다. 1차적으로 작성된 설문지에 문제점을 찾거나 또는 원하는 정보를 얻을 수 있는지를 검토하여 문제점이 발견되면, 그 단계에서부터 설문지를 수정, 보완하는 작업을 수행한다.

6단계 설문조사에 사용될 최종 설문지를 작성한다.

다음은 설문지를 작성할 때 고려되어야 하는 몇 가지 중요한 기본 원칙을 설명하고 있다.

설문지 작성의 기본원칙

1) 설문지의 각 문항은 간단, 명료하고 구체적이어야 하며, 일반적으로 듣기에 부담이 없는 평이하고 친근한 문장을 사용해야 한다.
2) 신상에 대한 자세한 내용이나 응답자가 듣기에 기분이 상할 수 있는 내용은 가능한 포함하지 않도록 한다.
3) 분석자가 원하는 응답을 유도하기 위한 표현이나 전문적인 용어를 사용한 질문은 피한다.
4) 수량이나 정도를 파악하기 위해서는 형용사나 부사(가끔, 자주, 항상, 대부분 등)의 사용을 피하고, 정확한 의미를 전달할 수 있는 숫자를 사용하는 것이 좋다.
5) 설문조사에서 응답해야 하는 문항의 수가 너무 많으면, 응답자가 지루함을 느끼게 되어 올바른 조사가 이루어지기 어려우므로 전체 문항수가 너무 많지 않도록 하고, 각 문항에서 응답자가 선택해야 하는 보기도 너무 많지 않도록 조정한다.

재활용 여론에 대한 전화조사를 위한 설문지

Ⅰ. 환경문제에 대한 시각

1) 당신은 쓰레기를 줄이는 수단으로 재활용캔을 사용하는 것이 얼마나 효과가 있다고 생각하십니까?
①절대적 ②매우 효과적 ③꽤 효과적 ④약간 효과적 ⑤전혀 효과없음
⑥모르겠음

2) 경제성장과 환경보호문제에서 정부는 어떠한 태도를 취해야 한다고 생각하십니까?
①경제성장이 최우선 ②경제성장 쪽으로 ③환경보호쪽으로
④환경보호가 최우선 ⑤모르겠음

3) 경제성장과 환경보호문제에서 정부가 어느 쪽을 지지해 왔다고 생각하십니까?
①경제성장이 최우선 ②경제성장 쪽으로 ③환경보호쪽으로
④환경보호가 최우선 ⑤모르겠음

Ⅱ. 재활용 프로그램에서는 재활용하기 전에 각 품목별로 몇 가지 단계를 거치도록 하고 있습니다. 다음 각 항목의 일에 대해서 당신은 어떻게 느끼고 있는지를 응답해주십시오.

1) 음료캔과 플라스틱 통을 물로 닦는다.
①아주 귀찮다 ②조금 귀찮다 ③전혀 문제없다 ④모르겠다

2) 내용물이 남아 있는 캔이나 통을 닦는다.
①아주 귀찮다 ②조금 귀찮다 ③전혀 문제없다 ④모르겠다

3) 쓰레기로부터 재활용품을 골라낸다.
①아주 귀찮다 ②조금 귀찮다 ③전혀 문제없다 ④모르겠다

4) 재활용품을 지정장소로 운반한다.
①아주 귀찮다 ②조금 귀찮다 ③전혀 문제없다 ④모르겠다

5) 신문이나 잡지 등을 정리해서 묶는다.
①아주 귀찮다 ②조금 귀찮다 ③전혀 문제없다 ④모르겠다

6) 재활용품을 옮기기 전까지 집에 보관한다.
①아주 귀찮다 ②조금 귀찮다 ③전혀 문제없다 ④모르겠다

7) 재활용품을 정리해서 집 앞에 내놓는다.
①아주 귀찮다 ②조금 귀찮다 ③전혀 문제없다 ④모르겠다

- 출처 : 김영원 외 (1998) 표본조사의 이해와 활용

Ⅲ. 다음은 환경문제에 대한 당신의 의견을 듣고자 합니다. 각 항목에 대해 당신의 의견을 답해주십시오.

1) 나 같은 사람은 좋은 환경을 만드는데 기여할 수 있다.
①전적으로 동의 ②다소 동의 ③다소 반대 ④전적으로 반대 ⑤모르겠음

2) 우리의 미래 환경에 대한 주요 결정은 전적으로 권력을 가진 사람들에 의해 이루어진다.
①전적으로 동의 ②다소 동의 ③다소 반대 ④전적으로 반대 ⑤모르겠음

3) 환경문제는 기본적으로 우연히 발생하는 사건이다.
①전적으로 동의 ②다소 동의 ③다소 반대 ④전적으로 반대 ⑤모르겠음

4) 환경문제에 대한 시민들의 적극적인 참여는 생태문제 해결에 많은 도움이 된다.
①전적으로 동의 ②다소 동의 ③다소 반대 ④전적으로 반대 ⑤모르겠음

5) 환경 개선을 위한 시민들의 노력이 종종 권력을 가진 사람들에 의해 약화된다.
①전적으로 동의 ②다소 동의 ③다소 반대 ④전적으로 반대 ⑤모르겠음

6) 행복한지 불행한지가 문제일 뿐 환경문제는 신경쓸 필요가 없다.
①전적으로 동의 ②다소 동의 ③다소 반대 ④전적으로 반대 ⑤모르겠음

7) 환경이 계속해서 오염되고 있지만 자연의 정화능력에 의해 이들은 곧 정상으로 되돌아올 것이다.
①전적으로 동의 ②다소 동의 ③다소 반대 ④전적으로 반대 ⑤모르겠음

8) 환경을 보호하기 위해서 정부에서 강력한 제재조치를 취해야 한다.
①전적으로 동의 ②다소 동의 ③다소 반대 ④전적으로 반대 ⑤모르겠음

9) 환경오염을 유발하는 기업체에서 오염방지 기술개발에 적극적으로 나서야 한다.
①전적으로 동의 ②다소 동의 ③다소 반대 ④전적으로 반대 ⑤모르겠음

10) 부탁을 받는다면 환경단체에서 자원봉사할 용의가 있다.
①전적으로 동의 ②다소 동의 ③다소 반대 ④전적으로 반대 ⑤모르겠음

Ⅳ. 다음 질문은 통계작성을 위해서만 사용됩니다.

1) 당신의 성별은 무엇입니까? (남자 , 여자)

2) 당신의 최종학력은 무엇입니까?
①8학년 이하 ②고등학교 중태 ③고등학교 졸업 ④전문대학/직업학교
⑤대학교 중태 ⑥대학교 졸업 ⑦대학원 졸업 ⑧응답 거절

3) 당신의 인종은 무엇입니까?
①흑인 ②백인 ③히스패닉 ④아시안 ⑤기타 ⑥응답거절

- 출처 : 김영원 외 (1998) 표본조사의 이해와 활용

이제 실제 설문지를 이용하여 조사된 자료를 코딩하고, 분석하는 방법을 설명하고자 한다. 여기서, 고려되는 설문조사 결과는 1994년에 플로리다 조사연구센터에서 일부 도시를 대상으로 재활용 여론에 대한 전화조사를 위한 설문지 중의 일부를 발췌하여 설명의 편의를 위해 수정한 것이다. 다음은 재활용 여론에 대한 전화조사를 위한 설문지이다. 이 설문지는 크게 다음의 4가지 항목에 대한 의견을 질문하고 있다.

Ⅰ. 환경문제에 대한 시각
Ⅱ. 재활용 프로그램을 실천할 때 느끼는 생각
Ⅲ. 환경문제에 대한 의견
Ⅳ. 통계작성을 위한 기본적인 항목 조사

11.2 자료 코딩과 파일 구성

[그림 11-1]은 조사된 설문지에 대하여 SAS에서 읽어들일 수 있도록 물리적인 자료파일을 작성하기 위한 순서를 그림으로 표현한 것이다.

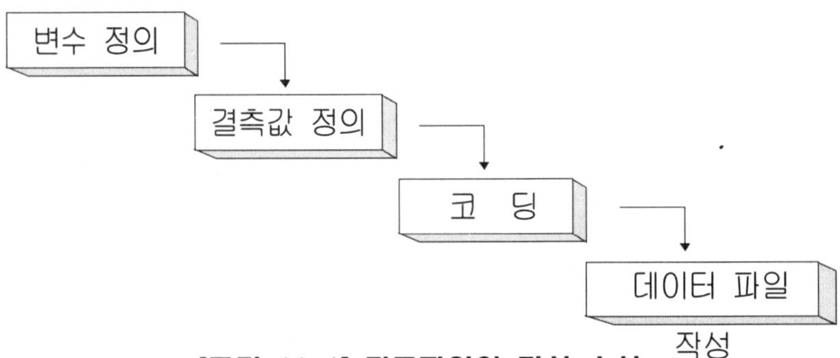

[그림 11-1] 자료파일의 작성 순서

이러한 자료파일의 작성 순서를 단계적으로 살펴보자.

1단계 변수 정의

조사된 설문지를 데이터 파일로 작성하기 위해서는 제일 먼저 설문 문항에 대하여 변수명(variable name)을 정의하여야 한다. 예를 들어, 앞의 설문지는 환경문제에 대한 시각을 묻는 3문항, 재활용 프로그램에 대한 시각을 묻는 7문항, 환경문제에 대한 의견을 묻는 10문항 그리고 응답자의 기본사항을 묻는 3문항으로 구성되어 있다. 그러므로, 다음과 같이 각 문항에 대하여 변수이름을 지정할 수 있다.

- 환경문제에 대한 시각을 묻는 3문항: a1 - a3,
- 재활용 프로그램에 대한 시각을 묻는 7문항 : b1 - b7
- 환경문제에 대한 의견을 묻는 10문항 : c1 - c10
- 기본사항에 대한 3문항 : 성별(sex), 학력(learning), 인종(race)

각 문항에 대한 변수명을 지정하였으면 지정된 변수의 유형과 입력될 자료의 열 자리수(형식)를 정의하여야 한다. 본 설문지에서는 모든 문항에서 응답자가 응답하여야 하는 보기가 10개 미만으로 입력 자리수가 한 자리수이므로 열의 자리수는 1로 한다. 만약에 문항의 보기가 10개 이상이거나 연령과 같이 두 자리수의 응답이 있을 수 있는 경우에는 이러한 응답 결과를 포함할 수 있는 최대 자리수로 정의하면 된다. 또한, 본 설문지에서는 모든 변수의 유형을 숫자변수로 지정하여도 된다. 만약, 성별을 묻는 문항에서 남자를 “M", 여자를 "F"로 입력하고자 할 경우에는 성별 변수를 문자변수로 지정하면 된다.

2단계 결측값 정의

설문조사에서 “해당없음”, “응답거부” 등으로 데이터가 누락되었을 경우에 이를 지정하기 위해서 결측값을 사용되는데, 이로부터 데이터가 어떻게 누락되었는지를 알 수 있다. SAS에서 결측값(missing value)을 처리하기 위해서 주로 “응답거부”는 “점(.)”으로 정의하고, “해당없음”은 변수의 열자리수가 한 자리이면 “9”로, 두 자리이면 “99”로 정의한다. 본 설문지에서는 응답자가 모든 문항에 응답하여야 하므로 “해당없음”은 없다. 그러므로, “응답거부”인 경우에는 “점(.)”을 지정하면 된다.

3 단계 코딩

조사된 설문지를 자료파일로 작성하기 전에 코딩양식(coding form)을 작성하고, 이에 준하여 조사된 설문지의 내용을 코딩지(coding sheet)에 코딩해야 한다. 만약, 조사된 설문지의 수가 작고, 조사문항도 작을 경우에는 생략할 수도 있지만 대부분의 조사에서 설문지 수와 조사문항 수가 많으므로 먼저 코딩을 하는 것이 좋다. 코딩을 통하여 자료파일을 작성하면 비표본 오차를 줄일 수 있을 뿐 아니라 SAS에서 자료를 쉽고 정확하게 읽어들일 수 있도록 해준다. 본 설문지에 대해서 앞의 1, 2단계로부터 [표 11-1]과 같이 코딩양식을 작성할 수 있으며, 코딩양식에 따라 조사된 설문지를 코딩할 수 있다. [표 11-2]는 설문지를 코딩양식에 따라 코딩한 결과의 일부이다.

4 단계 데이터 파일의 작성

[표 11-2]와 같이 코딩된 자료를 워드 프로세서(한글 또는 MS WORD) 또는

입력 프로그램(메모장 등)을 이용하여 입력하고, 입력이 완료된 후 파일을 저장할 때는 반드시 텍스트 파일 또는 아스키 파일의 형태로 저장해야 한다. 이 자료 파일(rec.txt)은 출판사 홈페이지 http://www.freeaca.com/의 자료실에서 다운로드 받을 수 있다.

[표 11-1] 조사된 설문지의 코딩 양식

입력 컬럼	변수 이름	변수 유형	자리수	변수의 내용	응답범주와 내용
1-2	id	숫자	2	설문지 번호	
3	a1	숫자	1	환경문제에 대한 시각 1-3	1 ~ 6
4	a2	숫자	1		1 ~ 5
5	a3	숫자	1		1 ~ 5
6	b1	숫자	1	재활용 프로그램 1-7	1 ~ 4 1 : 아주 귀찮다 2 : 조금 귀찮다 3 : 전혀 문제없다 4 : 모르겠다
7	b2	숫자	1		
8	b3	숫자	1		
9	b4	숫자	1		
10	b5	숫자	1		
11	b6	숫자	1		
12	b7	숫자	1		
13	c1	숫자	1	환경문제에 대한 의견 1-10	1 ~ 5 1 : 전적으로 동의 2 : 다소 동의 3 : 다소 반대 4 : 전적으로 반대 5 : 모르겠음
14	c2	숫자	1		
15	c3	숫자	1		
16	c4	숫자	1		
17	c5	숫자	1		
18	c6	숫자	1		
19	c7	숫자	1		
20	c8	숫자	1		
21	c9	숫자	1		
22	c10	숫자	1		
23	sex	문자	1	성별	M : 남성 F : 여성
24	learning	숫자	1	최종학력	1 ~ 8
25	race	숫자	1	인종	1 ~ 6

[표 11-2] 조사된 설문지의 코딩

```
 1 3 5 5 4 4 4 3 4 4 4 2 2 2 2 2 4 3 3 2 2 F 2 2
 2 2 4 1 3 1 3 3 4 3 3 2 1 3 1 2 4 4 1 2 2 M 5 4
 3 3 3 5 2 1 3 2 3 2 3 2 1 3 1 5 4 3 2 2 2 F 1 2
 4 3 4 3 2 1 2 1 1 1 2 1 1 2 2 3 4 4 2 3 1 M 7 2
 5 2 4 5 3 3 2 3 2 3 3 3 1 5 1 2 5 2 2 1 1 F 2 1
 6 5 4 5 1 1 1 1 4 3 1 2 2 5 2 2 2 2 2 2 2 F 2 2
 7 2 5 5 2 2 2 2 2 1 1 2 2 2 2 2 2 2 3 3 3 F 1 2
 8 3 2 5 2 1 2 1 4 1 4 1 2 2 2 3 4 4 3 4 2 F 3 2
 9 1 5 5 3 2 3 3 3 3 3 1 2 2 1 3 5 2 4 4 4 F 3 2
10 1 1 1 2 1 2 3 3 1 3 1 3 3 2 3 3 1 2 2 2 F 3 2
11 6 5 2 3 3 3 3 3 3 3 2 2 5 2 2 2 5 5 5 2 F 3 2
```

11.3 설문조사 자료분석

설문조사 결과를 분석하는 방법은 조사자의 목적에 따라 여러 가지 통계적 방법이 사용될 수 있다. 그러나, 이러한 통계분석에 앞서 먼저 자료의 코딩과 입력과정에서 발생할 수 있는 오류를 검토해야 한다. 이러한 과정을 데이터 크리닝(data cleaning) 과정이라고 하는데, 이는 설문지의 각 문항별로 가질 수 있는 값의 범위(응답 범주)를 벗어나는 자료가 없는지를 먼저 검토하는 것이다. 이를 위해서 각 문항에 대한 도수분포표를 출력하여 코딩 또는 입력의 오류를 확인하는 방법이 사용된다. 자료에 대한 사전 검토작업이 끝나면 조사자가 얻고자 하는 정보를 제공해주는 여러 가지 통계적 분석기법들을 사용하여 자료분석을 하게 된다.

일반적으로 설문조사 자료는 이산형 자료이거나 5점(또는 3점) 척도의 형태로 얻어지게 되는데 이러한 자료를 분석하기 위한 통계적 분석기법이 사용된다. 설문조사 자료를 분석하는 기본적인 통계적 분석방법으로 첫째, 각 문항별로 자료의 분포상태를 파악하기 위해 도수분포표 또는 그래프로 요약하는 방법, 둘째, 카이제곱 검정을 이용한 독립성검정, 동질성검정, 적합도검정 방법, 셋째, 설문조사 결과에서 5점(또는 3점) 척도로 얻어진 결과 값을 점수화하여 연속형 자료로 변환한 다음 집단간 유의한 차이가 존재하는지를 분석하기 위한 평균차 검정 또는 분산분석 방법이 있다. 이제 2절에서 고려된 재활용 여론조사 결과를 이용하여 실제로 자료분석을 하는 프로시저와 결과 해석방법을 살펴보자.

1) 데이터 크리닝 과정

앞에서 설명한 바와 같이 자료를 코딩 또는 입력하는 과정에서 발생할 수 있는 오류가 없는지를 검토하기 위해 각 문항별로 도수분포표를 작성하여 입력된 값이 각 문항의 응답범주를 벗어나지 않는지를 확인한다. 이를 위해서 6장에서 설명된 **FREQ** 프로시저를 이용할 수 있다.

프로그램 11.1

SAS 파일 구성과 도수분포표 출력

```
DATA recycle;
  INFILE 'c:\sas\rec.txt';
  INPUT id a1-a3 b1-b7 c1-c10 sex $
        learning race;
RUN;
PROC FREQ DATA=recycle;
  TABLES a1-a3 b1-b7 c1-c10 sex learning
         race;
RUN;
```

프로그램 11.1은 [표 11-1]에 주어진 코딩양식에 따라 변수명을 지정하여 자료를 읽어들인 후 모든 변수에 대한 도수분포표를 출력하기 위한 프로그램이다. 여기서, SAS파일명은 recycle로 지정하였으며, 성별을 나타내는 변수 sex는 문자변수이므로 $ 기호를 사용하였다. SAS파일 recycle는 모두 24개의 변수와 57개의 관측치를 포함하고 있으며, **FREQ** 프로시저에 의해 id를 제외한 23개 변수의 도수분포표를 얻을 수 있다. 지면 관계로 전체 결과는 생략하고, a1, a2 2개 변수에 대한 결과만을 제시하였다.

결과 11.1

a1	빈도	백분율	누적 빈도	누적 백분율
1	12	21.05	12	21.05
2	20	35.09	32	56.14
3	18	31.58	50	87.72
4	2	3.51	52	91.23
5	2	3.51	54	94.74
6	3	5.26	57	100.00

a2	빈도	백분율	누적 빈도	누적 백분율
1	11	19.30	11	19.30
2	4	7.02	15	26.32
3	8	14.04	23	40.35
4	24	42.11	47	82.46
5	9	15.79	56	98.25
8	1	1.75	57	100.00

결과 11.1을 보면, 변수 a1(1~6)은 [표 11-1]에 주어진 응답범주를 벗어나는 값이 없으나, 변수 a2는 응답범주가 1~5인데 8의 값이 있음을 알 수 있다. 이는 잘못된 자료이므로 코딩양식을 검토하여 어느 단계에서 오류가 발생했는지를 파악하여 수정해야 한다. 만약 실제 조사에서 이 값이 얻어진 것이면, 이 자료는 결측값으로 간주하여 분석에서 제외시켜야 한다. 입력과정에서 오류가

발생한 것이라면 어떤 관측값에서 문제가 발생했는지 먼저 찾아야 한다. 이를 찾기 위해서 프로그램 11.2를 고려해볼 수 있다.

프로그램 11.2

DATA Cleaning 과정

```
DATA clean;
 SET recycle;
  if a2=8;
PROC PRINT DATA=clean;
 VAR id a2;
RUN;
```

프로그램 11.2는 SAS파일 recycle에서 변수 a2 값이 8인 자료만 뽑아서 새로운 sas파일 clean을 구성한 다음 변수 id와 a2 값만을 출력하도록 한 것이다. 결과 11.2를 보면 33번째 관측치의 a2 값이 8로 잘못 입력되어 있음을 알 수 있다. 실제 이 값은 5인데 잘못 입력된 것이라고 한다. 그러면 원자료 파일인 rec.txt 파일에서 이 값을 5로 수정한 후 프로그램 11.1을 다시 실행시켜서 sas 파일 recycle를 다시 구성해야 한다. ■■■

결과 11.2

```
OBS  id  a2
  1  33   8
```

2) PROC TABULATE

각 문항별 자료를 요약하는 방법은 위에서 설명한 **FREQ** 프로시저를 사용하여 얻어지는 도수분포표를 이용할 수도 있으며, 5장에서 설명된 여러 가지 그래프를 작성하기 위한 프로시저를 이용할 수 있다. 여기서는 여러 가지 요약 통계량과 자료를 테이블의 형태로 표현하기 위한 **TABULATE** 프로시저를 설명하고자 한다. 이 프로시저의 일반형식은 다음과 같다.

```
PROC TABULATE DATA=sas파일명;
  FORMAT 변수명1 출력형식1. 변수명2 출력형식2. ~;
  CLASS 변수명1 변수명2 ~ / 옵션;
  TABLE 변수명1*F=출력형식1 변수명2*F=출력형식2 ~
        / 옵션;
RUN;
```

일반형식에서 각 명령어의 사용방법은 다음과 같다.

sas파일명

테이블을 작성하고자 하는 변수가 포함된 SAS파일명을 지정한다.

FORMAT

각 변수에 대한 출력형식을 지정한다. 여기서 사용되는 출력형식은 이 명령어가 사용되기 전에 먼저 **FORMAT** 프로시저에 의해 지정되어야 한다. 출력형식이 지정되지 않으면, 원 자료의 형태대로 출력된다. **FORMAT** 프로시저에 대한 자세한 내용은 뒤에서 자세하게 설명될 것이다.

CLASS

분류변수를 지정한다.

CLASS 옵션

분류변수를 처리하기 위해 다음의 옵션들을 지정할 수 있다.

- **MISSING** : 결측값이 존재하는 관측치도 포함하여 테이블을 구성하도록 제어
- **DESCENDING** : 분류변수의 범주들을 내림차순으로 출력
- **ORDER= DATA** : 자료가 입력된 순서에 따라 정렬
  FORMATED : 출력형식에 따라 정렬
  FREQ : 빈도수에 따라 정렬

TABLE

테이블에 포함될 변수와 출력 형태(순서)를 지정하기 위한 명령어로 다음과 같은 기능을 가지고 있다.

- <u>변수의 출력형식 지정</u>

  TABLE 변수*F=전체자릿수.소수점이하자릿수;

  변수 x를 1234.56과 같이 표현하고자 하는 경우 x*F=6.2와 같이 표시
- <u>변수의 출력 레이블 변경</u>

  TABLE 변수='출력 레이블'*F=출력형식;
- <u>2차원(다차원) 테이블 작성</u>

  TABLE 변수명1*변수명2*F=출력형식;

- 행과 열로 구성된 2차원 테이블

  TABLE **행변수,열변수*F=출력형식;**

- 행과 열로 구성된 다차원 테이블

  TABLE **행변수1(행변수2 행변수3 ...),**
  행변수1(열변수2 열변수 3 ...)*F=출력형식;

- 전체 빈도수와 이에 대한 레이블 지정

  TABLE **변수명 ALL='출력 레이블';**

- 통계량 출력

  TABLE **변수명,'통계량이름'='출력레이블'*F=출력형식;**

TABLE 옵션

TABLE의 옵션에서 사용가능한 통계량은 UNIVARIATE 프로시저나 MEANS 프로시저에서 지정되는 모든 통계량이 사용될 수 있다. TABLE 명령어에서 자주 사용되는 옵션은 다음과 같다.

- PRINTMISS : 도수가 0인 항목을 포함하여 테이블 작성
- MISSTEXT=' ' : 빈도수가 0인 경우 . 대신 사용될 레이블을 지정

프로그램 11.3 TABULATE 프로시저의 기본적인 사용

```
PROC TABULATE DATA=recycle;
  CLASS sex race / ORDER=FREQ;
  TABLE sex* F=6.1 race* F=6.1;
RUN;
```

프로그램 11.3은 성별과 인종을 나타내는 두 변수를 테이블로 요약하여 표현하기 위한 프로그램이며, ORDER=FREQ 옵션에 의해 빈도수가 높은 항목순서로 출력되도록 하였다. 출력형식은 두 변수 모두 전체 자리수는 6자리이고, 소수점 이하 자릿수는 1자리로 지정하였다.

결과 11.3

sex		race				
F	M	2	1	4	5	6
N	N	N	N	N	N	N
42.0	15.0	51.0	3.0	1.0	1.0	1.0

결과 11.3은 변수 sex와 race의 각 항목별 도수를 나타낸다. 여기서, N은 관측치의 수를 나타내며, **CLASS** 명령어의 **ORDER=FREQ** 옵션에 의해 도수가 많은 순서로 출력되었다. 그리고, race 변수의 경우 3의 값을 가지는 관측치가 없기 때문에 이 항목은 테이블에서 제외되었다. ■■■

TABULATE 프로시저를 사용하는 목적은 조사 결과를 테이블의 형태로 요약하는 것이다. 그런데, 결과 11.3에서 볼 수 있는 것과 같이 테이블에 대한 형식이 **FORMAT**으로 지정되지 않으면, 출력된 테이블을 이용하여 문항의 특성을 파악하기 어렵다. 즉, 테이블에서 race 변수가 가지는 값 1,2, … ,6이 의미하는 바를 쉽게 알 수 없게 된다. 따라서, 각 변수의 이름과 문항별 항목이 의미하는 내용을 실제로 테이블에 나타낼 수 있는 방법을 이용하는 것이 좋다. 변수의 이름을 나타내기 위해서는 **DATA** 명령문에서 **LABEL** 명령어를 사용하여 출력될 각 변수의 내용을 정의한다. 이 명령어에 대한 일반적인 형식은 다음과 같다.

```
DATA sas파일명;
  SET 기존의 sas파일명;
    LABEL 변수명1='변수이름' 변수명2='변수이름' ... ;
RUN;
```

프로그램 11.4는 **LABEL** 명령어를 사용하여 SAS파일 recycle에 대해서 분류변수로 사용되는 3개 변수(sex, learning, race)가 테이블에서 각각 성별과 최종학력, 인종으로 표현되도록 지정하기 위한 프로그램이다. 이 프로그램을 실행한 후 SAS파일 recycle을 사용하여 프로그램을 실행한 결과에서는 각 변수가 표시될 때 여기서 지정된 변수라벨이 출력된다.

프로그램 11.4

LABEL 명령어 사용

```
DATA recycle;
  SET recycle;
    LABEL sex='성별'
          learning='최종학력'
          race='인종';
RUN;

PROC TABULATE DATA=recycle;
  CLASS sex race / ORDER=FREQ;
  TABLE sex* F=6.1 race* F=6.1;
RUN;
```

결과 11.4는 라벨을 지정한 후 프로그램 11.1과 동일한 프로그램을 다시 실행시킨 결과이다. 이를 살펴보면 동일한 결과지만 변수 sex와 race가 LABEL 문에 지정된대로 각각 성별과 인종으로 출력됨을 알 수 있다. ■■■

결과 11.4

성별		인종				
F	M	2	1	4	5	6
N	N	N	N	N	N	N
42.0	15.0	51.0	3.0	1.0	1.0	1.0

각 문항의 항목별 내용을 표현하기 위해서는 **FORMAT** 프로시저가 사용되며, 이 프로시저의 일반형식은 다음과 같다.

```
PROC FORMAT;
  VALUE 형식명1 항목1='이름' 항목2='이름' ~;
  VALUE $형식명2 항목1='이름' 항목2='이름' ~;
     ≀
  VALUE 형식명n 항목1='이름' 항목2='이름' ~;
RUN;
```

VALUE

각 문항을 나타내는 변수들의 항목 값의 이름을 지정하는 명령어로 변수의 형식을 나타내는 이름(형식명)을 지정한 다음 각 항목의 값과 이 값을 표시할 이름을 지정한다. **VALUE** 명령어는 필요한 변수에 대해서만 지정하면 되고, 지정하고자 하는 변수가 문자변수인 경우에는 변수의 형식을 나타내는 이름을 두 번째 예와 같이 **$형식명**으로 표현해야 한다. 또한, 여기서 주어진 항목을 묶어줄 수도 있는데 이는 프로그램 11.6을 참조하면 된다.

프로그램 11.5

PRINTMISS 명령어 사용

```
PROC TABULATE DATA=recycle;
  CLASS sex race;
  TABLE sex*race*F=4.1;
  TABLE sex*race*F=4.1 / PRINTMISS;
RUN;
```

프로그램 11.5는 **PRINTMISS** 옵션의 사용방법을 알아보기 위한 프로그램이다. 이 옵션은 도수가 0인 항목을 포함하여 테이블을 작성하도록 하는 옵션으로 결과 11.5의 첫 번째 결과표에서는 **PRINTMISS** 옵션을 사용하기 않았기 때문에 도수가 0인 항목을 제외하고 테이블을 작성하였으나, 두 번째 결과표는 이 옵션을 사용하여 도수가 0인 항목을 포함하여 테이블이 작성되었음을 볼 수 있다.

결과 11.5

성별					
F		M			
인종		인종			
1	2	2	4	5	6
N	N	N	N	N	N
3,0	39,0	12,0	1,0	1,0	1,0

성별									
F					M				
인종					인종				
1	2	4	5	6	1	2	4	5	6
N	N	N	N	N	N	N	N	N	N
3,0	39,0	.	.	.	.	12,0	1,0	1,0	1,0

프로그램 11.6

FORMAT 프로시저의 사용

```
PROC FORMAT;
  VALUE f_b 1='아주 귀찮다' 2='조금 귀찮다'
            3='전혀 문제없다' 4='모르겠다';
  VALUE f_c 1='전적으로 동의' 2='다소 동의'
            3='다소 반대' 4='전적으로 반대'
            5='모르겠음';
  VALUE $f_sex 'F'='여자'  'M'='남자';
  VALUE f_learning 1='8학년'
                   2='고등학교 중퇴'
                   3='고등학교 졸업'
                   4='전문대학/직업학교'
                   5='대학교 중퇴'
                   6='대학교 졸업'
                   7='대학원 졸업'
                   8='응답 거절';
  VALUE f_race 1='흑인' 2='백인' 3-<6='기타'
               6='응답 거절';
RUN;
```

프로그램 11.6은 b1-b7의 7개 변수에 대한 형식명은 f_b, c1-c10의 10개 변수의 형식명은 f_c로 지정하였다. 형식명은 동일한 내용의 항목인 경우에는 한 번만 작성하고, 이를 이용하면 된다. 또한, 성별을 나타내는 변수 sex의 형식명은 이 변수가 문자변수이므로 $f_sex로 지정하고, learning과 race 변수의 형식명을 각각 f_learning과 f_race로 지정하였다. 각 변수에 대해서 항목의 내용을 표시할 항목의 이름을 지정하였으며, 인종을 나타내는 변수 race는 3, 4, 5 항목을 나타내는 빈도수가 거의 없기 때문에 이들 항목을 묶어서 기타로 지정하였다. 이와 같이 **FORMAT** 프로시저에서 직접 몇 개의 항목을 묶어서 하나의 새로운 항목으로 만들 수 있다.

프로그램 11.7
FORMAT을 지정한 테이블 작성

```
PROC TABULATE DATA=recycle;
  FORMAT sex $f_sex. race f_race.;
  CLASS sex race / ORDER=FREQ;
  TABLE sex*F=7.1 race*F=9.1 ;
RUN;
```

프로그램 11.7은 성별과 인종을 나타내는 두 변수의 관계를 파악하기 위해 테이블로 표현하기 위한 프로그램으로 **FORMAT** 명령어에서 지정된 변수의 출력형식은 프로그램 11.6에서 지정된 각 변수의 형식명이다.

결과 11.7

성별		인종			
여자	남자	백인	흑인	기타	응답 거절
N	N	N	N	N	N
42.0	15.0	51.0	3.0	2.0	1.0

결과 11.3과 결과 11.4, 결과 11.7은 같은 자료에 대해서 테이블을 작성한 것이지만 결과 11.4는 **LABEL**문을 지정한 경우이고, 결과 11.7은 **LABEL**과 프로그램 11.6에서 실행된 **FORMAT** 프로시저의 결과를 지정한 경우로서 결과 11.7이 작성된 테이블로부터 자료의 특성을 쉽게 파악할 수 있음을 알 수 있다. 결과 11.7에서 인종(race) 변수에 대한 결과가 앞에서의 결과 11.3, 11.4와 다르게 출력된 이유는 프로그램 11.6의 **FORMAT** 프로시저에서 인종(race) 변수의 경우 자료값이 3, 4, 5인 경우를 모두 묶어서 기타로 지정하였기 때문이다. ■■■

TABULATE 프로시저의 **TABLE** 명령어에서 변수가 지정되는 형식에 따라 다양한 형태의 테이블을 얻을 수 있다. 1차원 테이블, 행과 열로 구성되는 2차원 테이블과 다차원 테이블을 얻기 위한 몇 가지 프로그램을 살펴보자.

프로그램 11.8

출력 레이블을 변경한 2차원 테이블 작성

```
PROC TABULATE DATA=recycle;
  FORMAT sex $f_sex. b1 f_b.;
  CLASS sex b1;
  TABLE b1='음료캔과 플라스틱통 처리' * sex* F=6.1
RUN;
```

프로그램 11.8은 설문지의 Ⅱ-1)번 문항을 나타내는 변수 b1에 대해서 성별에 따른 응답자의 분포를 나타내는 2차원 테이블을 작성하기 위한 프로그램이다. 여기서, 변수 b1의 출력 레이블을 '음료캔과 플라스틱통 처리'로 설정하였고, 결과 11.8을 보면 이 명령어의 사용방법을 쉽게 이해할 수 있다.

결과 11.8

음료캔과 플라스틱통 처리							
아주 귀찮다		조금 귀찮다		전혀 문제없다		모르겠다	
성별		성별		성별		성별	
여자	남자	여자	남자	여자	남자	여자	남자
N	N	N	N	N	N	N	N
1.0	3.0	11.0	3.0	29.0	8.0	1.0	1.0

프로그램 11.9는 최종학력에 따라 설문지의 Ⅲ-10)번의 환경단체에 자원봉사할 생각이 있는지를 묻는 문항에 대한 변수 c_10의 분포를 나타내는 테이블을 작성하기 위한 프로그램이다.

프로그램 11.9

행과 열로 구성되는 2차원 테이블 작성

```
PROC TABULATE DATA=recycle;
  FORMAT learning f_learning. c10 f_c.;
  CLASS learning c10;
  TABLE learning,c10='환경단체에 자원봉사할
          생각'* F=8.1 ALL='전체'* F=5.1
          / MISSTEXT='없음';
RUN;
```

결과 11.9를 살펴보면 ALL 명령어를 사용하여 **전체** 빈도수를 나타내도록 하였으며, 전체 빈도수에 대한 레이블을 ='전체'로 나타내었고 MISSTEXT= 옵션을 사용하여 도수가 없는 칸은 '없음'으로 출력하도록 하였다. ■■■

결과 11.9

	환경단체에 자원봉사할 생각					전체
	전적으로 동의	다소 동의	다소 반대	전적으로 반대	모르겠음	
	N	N	N	N	N	N
최종학력						
8학년	1.0	5.0	1.0	없음	없음	7.0
고등학교 중퇴	2.0	4.0	없음	없음	없음	6.0
고등학교 졸업	4.0	12.0	없음	2.0	1.0	19.0
대학교 중퇴	1.0	2.0	1.0	없음	2.0	6.0
대학교 졸업	2.0	7.0	1.0	없음	없음	10.0
대학원 졸업	2.0	2.0	2.0	1.0	없음	7.0
응답 거절	없음	1.0	없음	1.0	없음	2.0

프로그램 11.10

테이블 작성시 백분율 표시

```
  PROC TABULATE DATA=recycle;
    FORMAT sex $f_sex. b7 f_b.;
    CLASS sex b7;
    TABLE
     b7='재활용품을 정리해서 집앞에 내놓는 일'*F=3.0,
        (sex ALL='전체')*('N'='응답자수'*F=5.0
         'PCTN'='백분율'*F=6.2) / RTS=25;
RUN;
```

프로그램 11.10은 설문지의 Ⅱ-7)번 문항을 나타내는 변수 b7에 대해서 성별에 따른 응답자와 전체 **응답자수** 및 **백분율**을 나타내는 테이블을 작성하기 위한 프로그램이다. PCTN 명령어를 이용하여 응답자수의 백분율을 표시하도록 하였다.

결과 11.10

	성별				전체	
	여자		남자			
	응답자수	백분율	응답자수	백분율	응답자수	백분율
재활용품을 정리해서 집앞에 내놓는 일						
아주 귀찮다	2	3.51	1	1.75	3	5.26
조금 귀찮다	1	1.75	2	3.51	3	5.26
전혀 문제없다	32	56.14	10	17.54	42	73.68
모르겠다	7	12.28	2	3.51	9	15.79

3) 문항 신뢰도 분석

일반적으로 어떠한 문제에 대해서 응답자의 의견을 묻는 설문조사 자료는 대부분 5점(또는 3점) 척도의 형태로 얻어지는 경우가 많다. 여기서 고려하는 설문조사에서도 재활용에 대한 생각이나 환경문제에 대한 동의 정도를 알아보기 위해서 각각 3점과 4점 척도를 사용하고 있다. 이런 자료는 단순히 카이제곱 검정을 통한 독립성검정이나, 동질성검정의 분석방법 외에는 적용할 수 있는 통계적 분석기법이 없다. 따라서, 이러한 자료들의 값을 점수로 변환하여 이들 점수의 합을 구하여 이 값을 근거로 응답자의 의견을 양적으로 표현하고 분석하는 방법이 많이 사용된다. 이러한 통계적 분석방법을 적용하기 위해서는 먼저 문항의 신뢰도 분석이 이루어져야 한다. 문항의 신뢰도분석을 위해서 SAS에서는 **CORR** 프로시저가 사용된다.

☞ 문항 신뢰도분석

문항의 **신뢰도분석**(reliability analysis)이란 설문지를 작성할 때 원하는 정보를 얻기 위해서 작성된 각 설문 문항들이 서로 유기적인 관계를 가지고 있는 문항들인지를 검정하는 방법으로 각 문항과 그 문항을 제외한 나머지 전체 문항에 대한 상관계수를 구하여 이 값을 근거로 각 문항의 타당성을 검정하게 된다.

구해진 상관계수 값이 음수로 나타나는 것은 부정적인 항목의 점수를 거꾸로 고려한 경우이므로 이를 수정해야 한다. 또한, 상관계수 값이 0에 가까운 값을 가지는 것은 이 문항이 응답자들이 구별하지 못하는 불분명한 문항이거나 모든 응답자들이 당연하게 동의(또는 반대)하는 문항일 수 있으므로 이러한 문항은 제외시키는 것이 좋다.

전체 문항의 일치도를 판단하기 위한 척도로 **크론바흐 알파**(Cronbach alpha) **계수**가 사용된다. 이 값은 각 문항의 동등성에 대한 가정이 만족되지 않으면 신뢰도를 과소추정하게 되어 작은 값을 가지게 되고, 1에 가까운 값을 가질수록 전체 문항의 타당성이 높다고 판단할 수 있다.

다음은 문항의 신뢰도분석을 위한 **CORR** 프로시저의 일반형식이다.

```
PROC CORR DATA=sas파일명 옵션;
  VAR 변수명1 변수명2 ~;
RUN;
```

일반형식에서 각 명령어의 사용방법은 다음과 같다.

sas파일명

신뢰도분석을 하고자 하는 변수가 포함된 sas파일명을 지정한다.

옵션

문항 신뢰도분석에 필요한 상관계수를 출력하고 필요없는 출력결과를 제어할 수 있다.

- **ALPHA** : 크론바흐 알파 계수 출력
- **NOSIMPLE** : 기술통계량 출력 제어
- **NOCORR** : 피어슨 상관계수 출력 제어

프로그램 11.11
문항 신뢰도분석 1단계

```
PROC CORR DATA=recycle NOSIMPLE NOCORR
                  ALPHA;
  VAR c1-c10;
RUN;
```

프로그램 11.11은 환경문제에 대한 응답자의 의견을 묻는 문항 Ⅲ의 10개 문항에 대한 신뢰도분석을 하기 위한 프로그램이다. 크론바흐 알파 계수를 구하기 위해 **ALPHA** 옵션을 지정하였다.

결과 11.11을 보면 **표준화 크론바흐의** α**계수**는 0.353802이며, 각 문항의 변수들에 대한 타당성을 검정하기 위해 각 변수가 제외되었을 때의 **합계에 대한 상관계수**가 제공된다. c1과 c4 변수를 보면 **합계에 대한 상관계수** 값이 각각 −0.046637과 −0.099714로 음의 값을 가지고 있다. 이는 이 변수의 문항에 대한 항목의 점수를 반대로 고려해야 한다는 것을 나타낸다. ■■■

결과 11.11

10 개의 변수:	c1 c2 c3 c4 c5 c6 c7 c8 c9 c10

크론바흐의 α계수	
변수	α계수
원데이터	0.414747
표준화	0.353802

변수를 제외했을 때의 크론바흐의 α계수				
	데이터 변수		표준화된 변수	
제외한 변수	합계에 대한 상관 계수	α계수	합계에 대한 상관 계수	α계수
c1	-.061650	0.450873	-.046637	0.402874
c2	0.245730	0.353115	0.204633	0.297793
c3	0.306129	0.324540	0.281868	0.262582
c4	-.113125	0.457986	-.099714	0.423307
c5	0.219179	0.363528	0.211532	0.294706
c6	0.102962	0.408724	0.045351	0.366036
c7	0.271068	0.343574	0.242146	0.280868
c8	0.242389	0.356109	0.231521	0.285696
c9	0.176692	0.383000	0.174932	0.310959
c10	0.096368	0.413492	0.105607	0.340898

프로그램 11.12는 두 변수 c1과 c4의 항목에 대한 점수를 반대로 변환하여 새로운 SAS파일 aa를 구성하였고, 이 파일을 이용하여 다시 문항 신뢰도분석을 하기 위한 프로그램이다.

프로그램 11.12

문항 신뢰도분석 2단계

```
DATA aa;
  SET recycle;
    c1=6-c1;
    c4=6-c4;
RUN;
PROC CORR DATA=aa NOSIMPLE NOCORR ALPHA;
  VAR c1-c10;
RUN;
```

결과 11.12를 보면 **표준화 크론바흐의 α계수**가 0.513727로 높아졌으며, **합계에 대한 상관계수**가 음의 값을 가지는 문항이 나타나지 않았다. 그런데, 변수 c10의 결과를 살펴보면 이 변수의 **합계에 대한 상관계수**는 0.005578로 거의 0에 가까운 값을 가지고 있고, 또 이 변수가 제외되었을 때의 전체 문항에 대한 **표준화 크론바흐의 α계수**는 0.548172로 제외시키기 전보다 0.513727보다 더 커짐을 알 수 있다. 따라서, 이 문항은 제외시키는 것이 좋다. ■■■

결과 11.12

10 개의 변수:	c1 c2 c3 c4 c5 c6 c7 c8 c9 c10

크론바흐의 α계수	
변수	α계수
원데이터	0.518267
표준화	0.513727

변수를 제외했을 때의 크론바흐의 α계수				
	데이터 변수		표준화된 변수	
제외한 변수	합계에 대한 상관 계수	α계수	합계에 대한 상관 계수	α계수
c1	0.127145	0.514202	0.148974	0.507369
c2	0.318041	0.458517	0.306625	0.459236
c3	0.324624	0.455520	0.313475	0.457065
c4	0.185868	0.502456	0.201924	0.491593
c5	0.253634	0.480739	0.260542	0.473671
c6	0.264505	0.480494	0.281297	0.467208
c7	0.330186	0.455528	0.324461	0.453567
c8	0.200549	0.497690	0.175976	0.499373
c9	0.166910	0.508341	0.161193	0.503763
c10	0.020833	0.548816	0.005578	0.548172

4) 연속형 자료로의 변환

다음은 문항의 신뢰도분석에 의해 얻어진 결과를 바탕으로 c1과 c4변수의 항목에 대한 점수를 반대로 변환하고, c10 변수는 제외시킨 다음 환경문제에 대한 의견을 나타내는 값(즉, c10을 제외한 9개 변수에 대한 점수의 합)을 계산하여 다른 통계분석에 사용하는 방법을 설명하고자 한다.

프로그램 11.13은 **SUM(OF** 변수명) 함수를 이용하여 c1부터 c9까지의 변수값을 모두 더해 환경문제에 대한 의견을 나타내는 c_all이라는 변수를 생성하고, 이 변수가 성별에 따라 차이가 있는지 검정하기 위한 프로그램이다. 여기서, 우리가 고려하는 귀무가설은 다음과 같다.

H_0: 성별에 따라 환경문제에 대한 의견에 차이가 없다.

프로그램 11.13

연속형 자료로 변환

```
DATA bb;
  SET aa;
    c_all=SUM(OF c1-c9);
RUN;
PROC TTEST DATA=bb;
  CLASS sex;
  VAR c_all;
RUN;
```

결과 11.13은 성별에 따라 환경문제에 대한 의견이 동일하다는 귀무가설을 검정하기 위한 검정통계량 값과 이에 대한 유의확률 값을 제공해준다. 먼저 분산의 동질성을 검정해 보면 유의확률이 0.3424로 유의수준 5%에서 분산이 동일하다고 할 수 있으므로 T-Tests 결과에서 분산이 동일한 경우(**Equal**)인 **Pooled** 방법의 결과를 이용해야 한다. 이 때 유의확률 값은 0.5349로 성별에 따른 환경문제에 대한 의견에 차이가 없다는 귀무가설을 기각할 수 없다. 즉, 환경문제에 대한 의견은 성별에 따라 다르지 않다고 결론지을 수 있다. 이러한 독립표본에 대한 모평균 검정은 6장의 6.2절에 자세하게 다루어졌으므로 이를 참조하기 바란다.

■■■

결과 11.13

Variable: c_all

sex	N	Mean	Std Dev	Std Err	Minimum	Maximum
F	42	28.4048	4.0549	0.6257	22.0000	40.0000
M	15	27.6000	4.8961	1.2642	20.0000	36.0000
Diff (1-2)		0.8048	4.2847	1.2888		

sex	Method	Mean	95% CL Mean		Std Dev	95% CL Std Dev	
F		28.4048	27.1412	29.6683	4.0549	3.3364	5.1706
M		27.6000	24.8887	30.3113	4.8961	3.5845	7.7216
Diff (1-2)	Pooled	0.8048	-1.7781	3.3876	4.2847	3.6123	5.2670
Diff (1-2)	Satterthwaite	0.8048	-2.1264	3.7359			

Method	Variances	DF	t Value	Pr > |t|
Pooled	Equal	55	0.62	0.5349
Satterthwaite	Unequal	21.263	0.57	0.5743

Equality of Variances				
Method	Num DF	Den DF	F Value	Pr > F
Folded F	14	41	1.46	0.3424

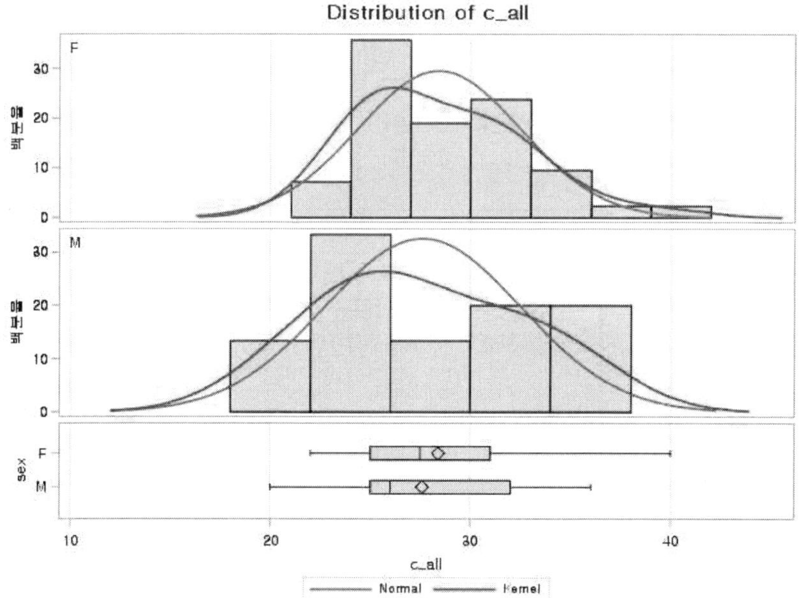

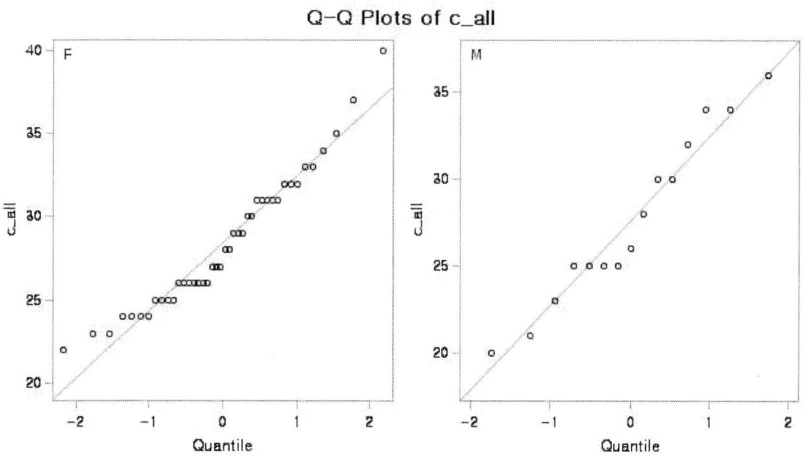

프로시저요약

11장

▌자료의 요약 (테이블 작성)

```
PROC TABULATE DATA=sas파일명;
  FORMAT 변수명1 출력형식1. 변수명2 출력형식2. ~;
  CLASS 변수명1 변수명2 ~ / 옵션;
  TABLE 변수명1*F=출력형식1 변수명2*F=출력형식2 ~
        / 옵션;
RUN;
```

▌라벨 지정

```
DATA sas파일명;
  SET 기존의 sas파일명;
   LABEL 변수명1='변수이름'
         변수명2='변수이름' ~;
RUN;
```

▌포맷 지정

```
PROC FORMAT;
 VALUE 형식명1 항목1='이름' 항목2='이름' ~;
 VALUE $형식명 항목1='이름' 항목2='이름' ~;
          ≀
 VALUE 형식명n 항목1='이름' 항목2='이름' ~;
RUN;
```

▌문항 신뢰도 분석

```
PROC CORR DATA=sas파일명
                    / ALPHA NOSIMPLE NOCORR;
  VAR 변수명1 변수명2 ~;
RUN;
```

실습문제

11장

※ 11장에서 구성된 SAS파일 recycle를 이용하여 다음 문제를 해결하시오. 변수 값의 출력형식은 상황에 따라 적절히 지정하시오.

11.1 응답자들의 최종학력(learning)별, 성별(sex)의 분포를 분석하고자 한다. 교재의 **프로그램** 11.3과 **프로그램** 11.5에서 작성된 **LABEL** 문과 **FORMAT**을 실행하여 테이블을 작성하시오.

11.2 환경문제에 대한 첫 번째 의견(c1)에 대한 인종(race)별 분포상태를 요약하는 테이블을 작성하시오. 단, 변수 c1은 문항의 내용이 테이블에 표시되도록 하시오.

11.3 최종학력(learning) 변수를 8학년 이하, 고등학교 졸업 이하, 전문대학, 대학교 중퇴 이상, 응답거절의 5개 항목으로만 구분하여 **FORMAT** 프로시저를 작성하시오.

11.4 성별(sex)에 따라 환경단체에 자원봉사할 용의가 있는지에 대한 문항(c10)에 차이가 있는지 검정하시오(카이제곱 검정 이용).

11.5 성별(sex), 최종학력(learning)별로 환경문제에 대학 시각(a1)이 어떠한지를 분석하기 위한 2차원 테이블을 작성하시오. 이 때 문제 11.3에서 정의된 **FORMAT**을 지정하고, 셀이 값이 0인 경우에는 "무"로 나타나도록 지정하시오.

11.6 **프로그램** 11.8을 참고하여 성별에 따라 나같은 사람은 좋은 환경을 만드는데 기여할 수 있다고 생각하는지(변수 c1)에 대한 테이블을 작성하시오. 이 때 각 문항별 응답자수와 백분율을 표시하도록 하시오.

※ 재활용품을 처리하는데서 느끼는 감정에 성별 또는 최종학력별, 인종별로 차이가 있는지를 검정해보고자 한다. 다음 문제를 해결하시오.

11.7 b1-b7의 7개 문항에 대한 문항 신뢰도분석을 실시하시오. 반대의 의미를 가지는 값이 있으면 이를 해결하고, 필요없다고 판단되는 문항이 있으면 이를 제거하여 새로운 SAS파일 n_recycle를 구성한 후 다시 문항 신뢰도분석을 실시하시오.

11.8 실습문제 11.7의 문항 신뢰도분석에 의해 최종적으로 선택된 문항들만을 이용하여 전체 문항의 내용을 포함하는 새로운 변수 b_all을 생성하시오. 이 때 새로 생성되는 SAS파일명은 new_b로 지정하시오.

11.9 실습문제 11.8에서 생성된 SAS파일 new_b를 이용하여 성별에 따라 재활용품을 처리하는데 느끼는 감정(b_all)에 차이가 있는지를 **TTEST** 프로시저를 이용하여 검정하시오.

11.10 실습문제 11.8에서 생성된 SAS파일 new_b를 이용하여 인종별로 재활용품을 처리하는데 느끼는 감정에 차이가 있는지를 **ANOVA** 또는 **GLM** 프로시저 중 적절한 프로시저를 이용하여 검정하시오. 통계적으로 유의한 차이가 있다면 다중비교를 통하여 어느 인종 사이에 차이가 있는지를 분석하시오.

11.11 최종학력을 실습문제 11.3에서 지정된 것과 같이 하여 새로운 변수 n_learning을 생성하고, 이 변수를 사용하여 최종학력별로 재활용품을 처리하는데 느끼는 감정(b_all)에 차이가 있는지를 검정하시오.

부 록

SAS OnDemand for Academics 활용

1.

SAS OnDemand for Academics의 소개

최근에 와서 어떠한 학문 분야를 막론하고 통계학을 응용하지 않는 분야는 찾아보기가 어려우며, 각 분야에서 다루어지는 방대한 양의 통계 자료를 해석하기 위해서는 통계 패키지의 사용이 필수적인 일이 되었다. 이러한 통계패키지에는 여러 가지 종류가 있지만, 그 중에서 가장 광범위하고 체계가 잘 갖추어진 것이 SAS(Statistical Analysis System)이며, 실제로 통계자료분석에서 SAS는 가장 널리 사용되고 있는 통계패키지이다. 2022년 현재까지 새로운 버전의 SAS 프로그램이 계속해서 보급되어, 지금은 SAS 9.4가 사용되고 있다. 그런데 SAS를 사용하기 위해서는 많은 비용을 지불하고 사용해야하기 때문에 이를 필요로 하는 대학생, 대학원생, 대학교수, 일반인 등이 사용하는데 많은 한계가 있었던 것이 사실이고, 대기업이나 큰 대학에서만 사용되고 있는 것이 현실이다.

그래서 2014년도부터 SAS사에서는 SAS 사용자를 확대하고 SAS 사용을 널리 보급하기 위한 차원으로 개인들을 위한 무료버전의 SAS 프로그램인 SAS University Edition(SAS UE)을 보급해왔다. 그러나, 이 프로그램은 가상머신 Virtualbox를 설치한 후 이를 기반으로 SAS가 작동되는 방식이었기 때문에 설치 단계에서 시스템의 환경적 오류가 발생하는 문제가 있었다. 이에 SAS사에서는 2021년 8월부터 SAS UE 서비스를 종료하고 클라우드 환경 기반의 무료 온라인 SAS 프로그램인 SAS OnDemand for Academics(SAS ODA)을 공급하기 시작하였다.

SAS ODA을 사용하기 위해서는 조금은 번거로운 과정이기는 하지만, SAS ODA 사용을 위한 온라인 등록절차가 필요하다. 따라서 이 장에서는 SAS ODA에 등록하는 과정에 대하여 자세히 살펴보고자 한다.

1.1 SAS ODA 등록하기

SAS ODA를 사용하기 위해서는 다음과 같은 단계를 거쳐 SAS ODA에 등록을 하는 절차가 필요하다.

Step 1. https://welcome.oda.sas.com/에 접속하기
Step 2. SAS 프로필 계정 생성하기
Step 3. Home Region 선택하기
Step 4. 계정 활성화하기

SAS ODA 등록을 완료하면, 승인 메일을 받게 되고, 이 메일을 통하여 계정을 활성화한 이후에는 https://welcome.oda.sas.com/ 사이트에 접속해서 로그인 한 후 SAS ODA를 바로 사용할 수 있다.

Step1. https://welcome.oda.sas.com/ 에 접속하기

SAS ODA를 사용하기 위해서는 https://welcome.oda.sas.com/ 에 접속해야 하는데 기존 SAS Profile이 존재하는 경우에는 로그인해서 SAS ODA를 사용하면 되지만, 기존 SAS Profile이 등록되어 있지 않은 경우에는 Sign In 하단의 "*Don't have a SAS Profile?*"을 선택해서 SAS 프로필 계정을 생성해야 한다([그림 A-1] 참조).

[그림 A-1]

Step 2. SAS 프로필 계정 생성하기

1) SAS 프로필 계정을 생성하기 위한 창에서 요구하는 개인정보를 양식에 근거하여 모든 필드에 작성하고, 이용 약관에 동의한다([그림 A-2] 참조).

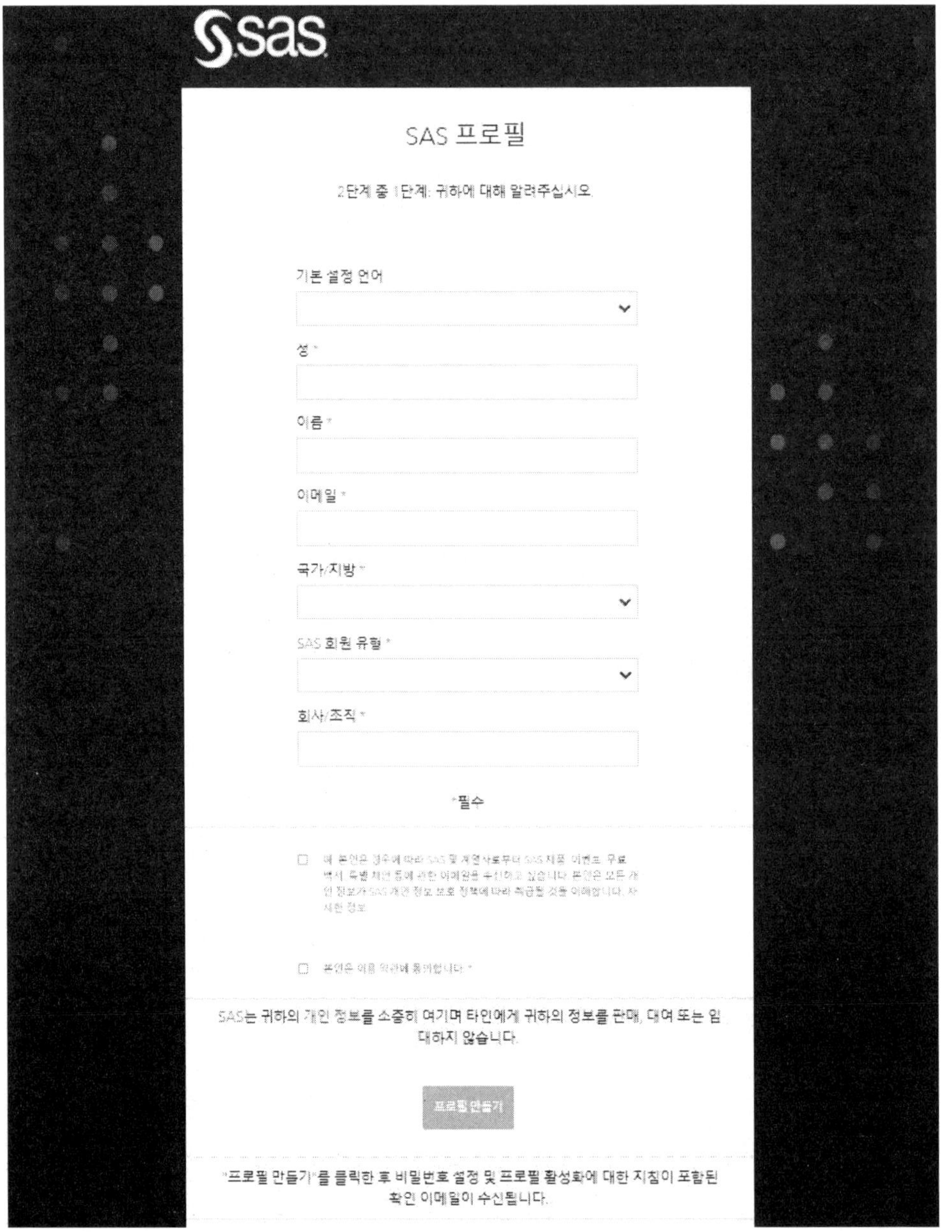

[그림 A-2]

2) 프로필 만들기를 클릭하면, 다음과 같은 창이 생성되고, 비밀번호 설정 및 프로필 활성화에 대한 지침이 포함된 확인 이메일을 이전에 입력한 메일주소로 수신하게 된다([그림 A-3] 참조).

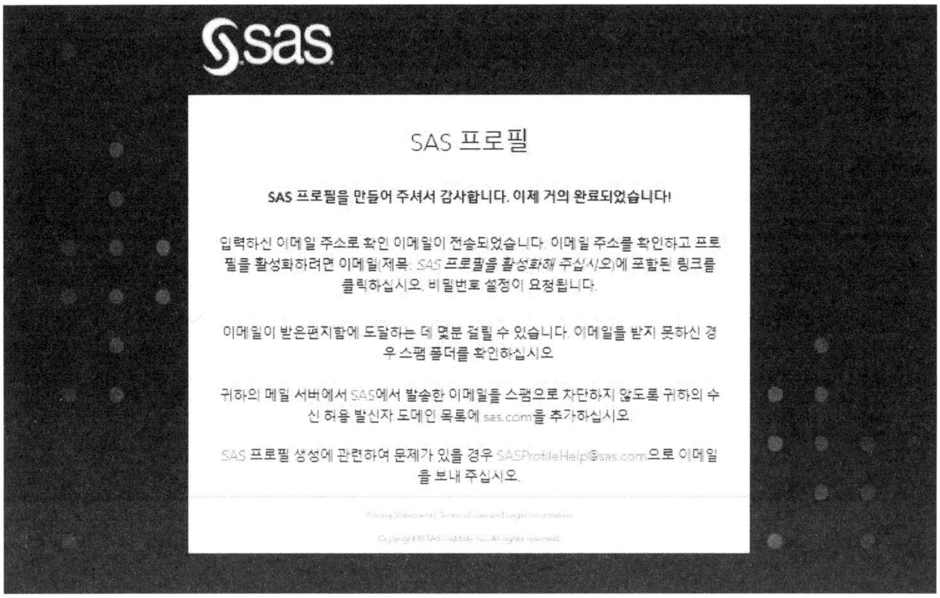

[그림 A-3]

메일을 확인해보면 **SAS 프로파일 활성화**를 할 수 있는 링크가 수신되었고, 이를 클릭하면 다음과 같이 비밀번호를 설정할 수 있는 창이 생성된다.

3) 비밀번호 설정 기준에 따라 비밀번호를 입력하고, 비밀번호 설정을 클릭하여 프로필 생성을 완료하면 다음과 같은 창이 생성되고, 프로필이 활성화되었다는 내용을 확인할 수 있다.

Step 3. Home Region 선택하기

프로필 생성을 완료한 후에 https://welcome.oda.sas.com/ 사이트에 다시 접속하면 다음과 같은 창이 생성되는데 여기서 이전에 생성한 프로필(이메일과 비밀번호)을 입력하고 이용약관에 동의한 후 Sign In을 클릭한다([그림 A-4] 참조).

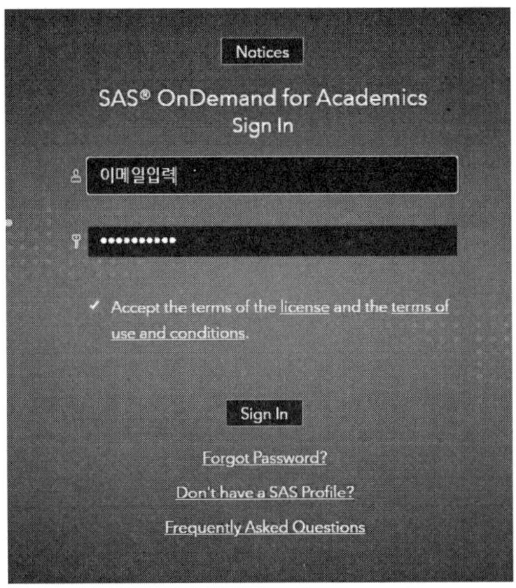

[그림 A-4]

그러면, 다음과 같이 home Region을 선택할 수 있는 창이 열리는데 여기서 SAS ODA를 사용할 지역을 선택하면 된다. 국내에서는 Asia Pacific을 선택하고, Submit을 클릭한다([그림 A-5] 참조). 그러면, home Region을 확인하기 위한 창이 뜨는데, 설정된 home Region은 바꿀 수 없기 때문에 정확하게 선택해야 한다. home Region을 확인하고, Yes를 클릭하면 [그림 A-6]과 같은 창이 열린다.

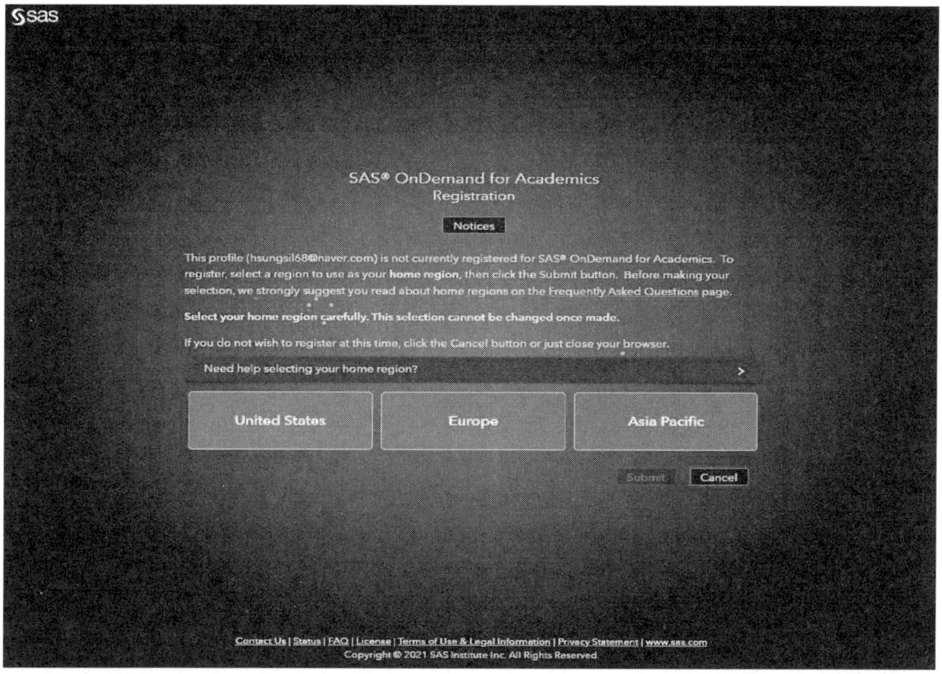
sas
SAS® OnDemand for Academics
Registration
Notices
This profile (hsungsil68@naver.com) is not currently registered for SAS® OnDemand for Academics. To register, select a region to use as your home region, then click the Submit button. Before making your selection, we strongly suggest you read about home regions on the Frequently Asked Questions page.
Select your home region carefully. This selection cannot be changed once made.
If you do not wish to register at this time, click the Cancel button or just close your browser.
Need help selecting your home region?
United States
Europe
Asia Pacific
Submit
Cancel
Contact Us | Status | FAQ | License | Terms of Use & Legal Information | Privacy Statement | www.sas.com
Copyright © 2021 SAS Institute Inc. All Rights Reserved.

[그림 A-5]

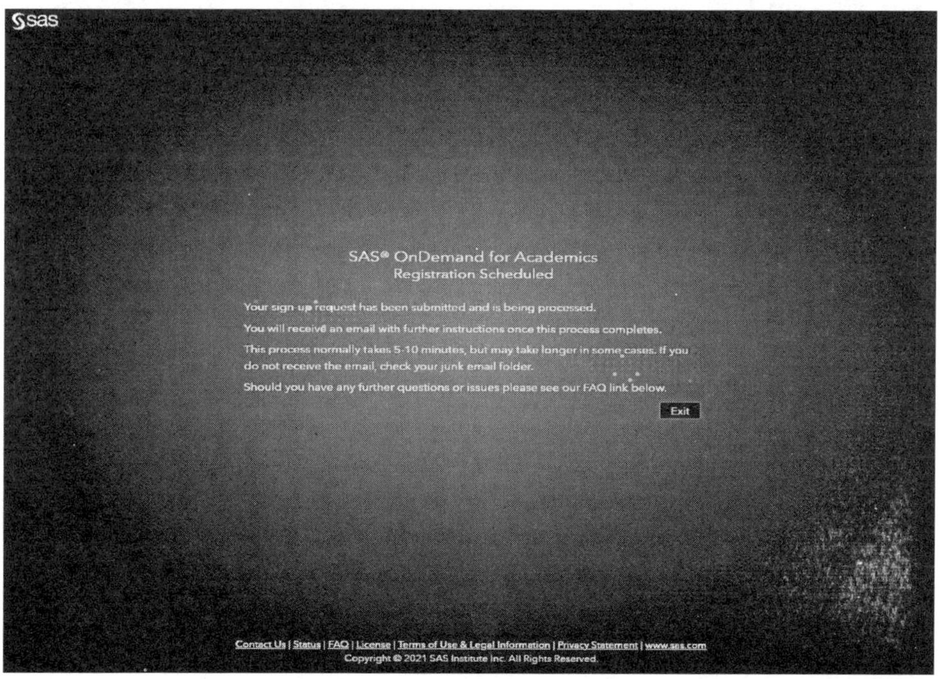
sas
SAS® OnDemand for Academics
Registration Scheduled
Your sign-up request has been submitted and is being processed.
You will receive an email with further instructions once this process completes.
This process normally takes 5-10 minutes, but may take longer in some cases. If you do not receive the email, check your junk email folder.
Should you have any further questions or issues please see our FAQ link below.
Exit
Contact Us | Status | FAQ | License | Terms of Use & Legal Information | Privacy Statement | www.sas.com
Copyright © 2021 SAS Institute Inc. All Rights Reserved.

[그림 A-6]

Step 4. 계정 활성화하기

프로필에 등록한 메일로 계정 활성화 메일을 수신하게 되면 SAS ODA 등록이 마무리 되고, 이후에는 https://welcome.oda.sas.com/ 사이트에 접속해서 로그인 한 후 SAS ODA를 바로 사용할 수 있다.

1.2 SAS ODA의 실행과 화면구성

SAS ODA를 사용할 수 있도록 등록이 되었으면 https://welcome.oda.sas.com/ 사이트에 접속해서 로그인 한 후 SAS ODA를 사용할 수 있다. 사이트에 접속해서 로그인 한 후에 나타나는 화면에서 "*SAS Studio*"를 선택하면 된다([그림 A-7] 참조).

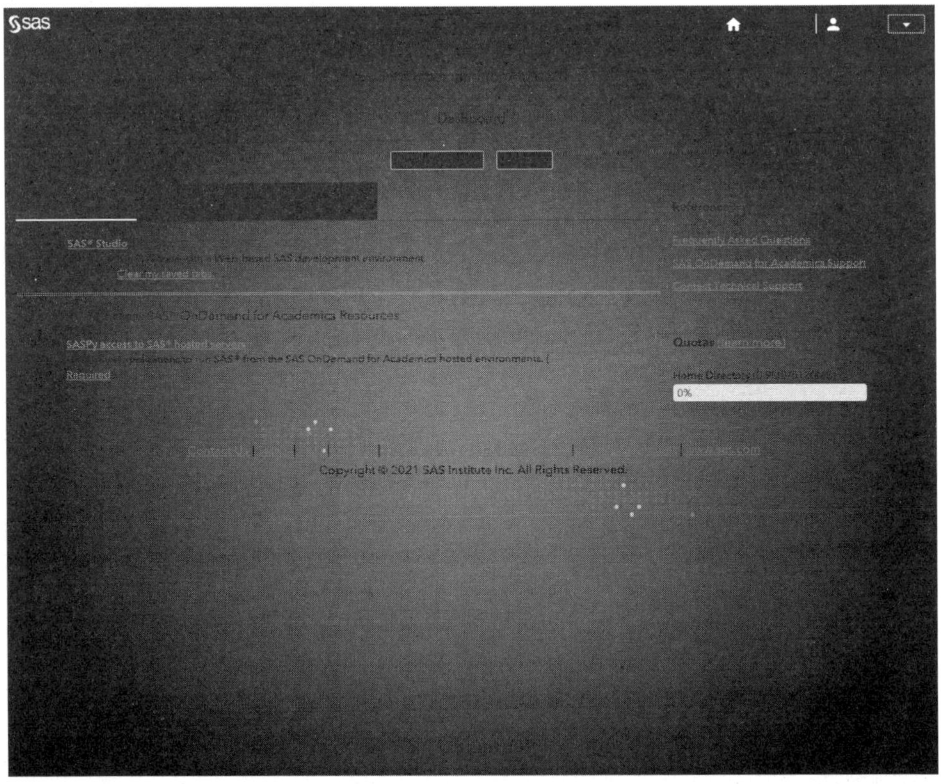

[그림 A-7]

이제 SAS 프로그램을 사용할 수 있는 SAS Studio 화면([그림 A-8] 참조)이 나타나게 되는데 이제부터 클라우드 환경 기반의 무료 온라인 SAS 프로그램인 SAS OnDemand for Academics(SAS ODA)을 사용할 수 있다.

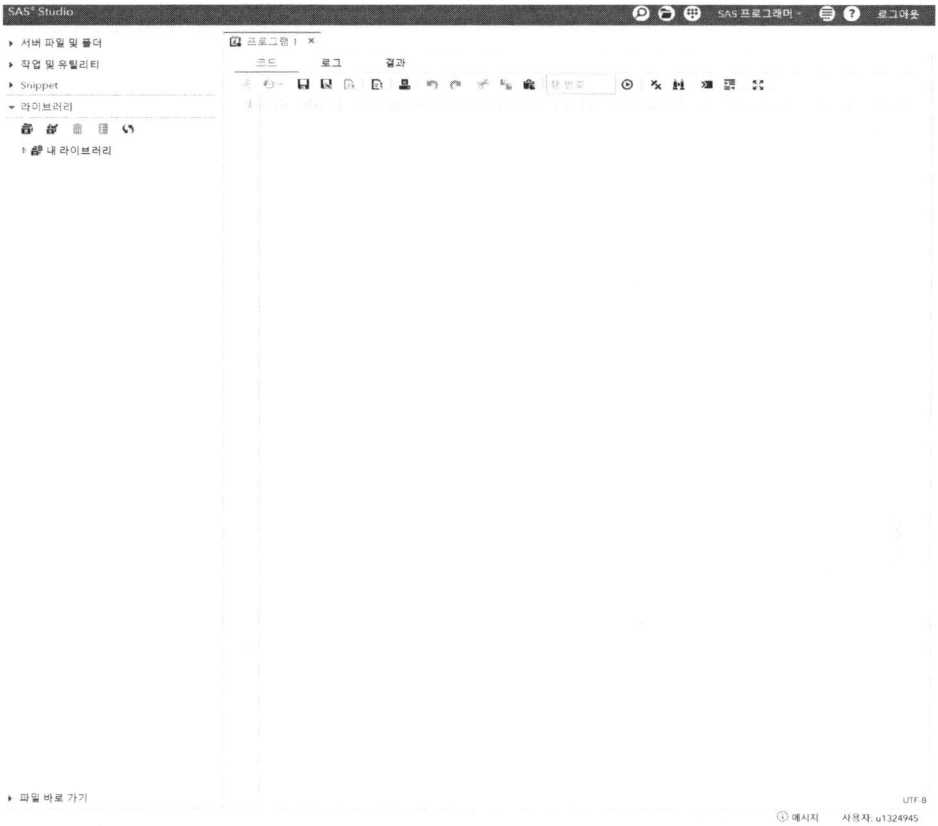

[그림 A-8] SAS ODA의 초기화면

[그림 A-8]에 있는 SAS ODA의 초기화면은 그 동안 사용해 왔던 SAS 9.x와 같은 유료버전의 SAS와는 좀 다른 형태를 하고 있으나, SAS를 사용하여 기본적인 통계분석을 수행하기에는 무리가 없다. 특히, 기존의 SAS UE와는 매우 유사하다. SAS ODA의 초기화면은 [그림 A-8]에 있는 것처럼 크게 **서버파일 및 폴더**, **작업 및 유틸리티**, snippet, **라이브러리** 등으로 구성된 파일관리 및 작업 창과 **코드**, **로그**, **결과** 등으로 구성된 프로그램 창으로 구성되어 있다. **서버파일 및 폴더 창**에서는 할당된 내폴더의 원자료, SAS 프로그램 파일, SAS 자료 등을 관리할 수 있다. 그리고 **라이브러리 창**에서는 영구파일로 저장된 샘플 SAS 데이터와 사용자에 의해서 새로 생성된 SAS 영구파일 등을 관리할 수 있다. SAS 9.x와 마찬가지로 프로그램의 **코드 창**에서는 프로그램을 입력하고, **결과 창**에서 실행된 결과를 얻게 된다.

[그림 A-9] SAS 프로그램의 코드 입력

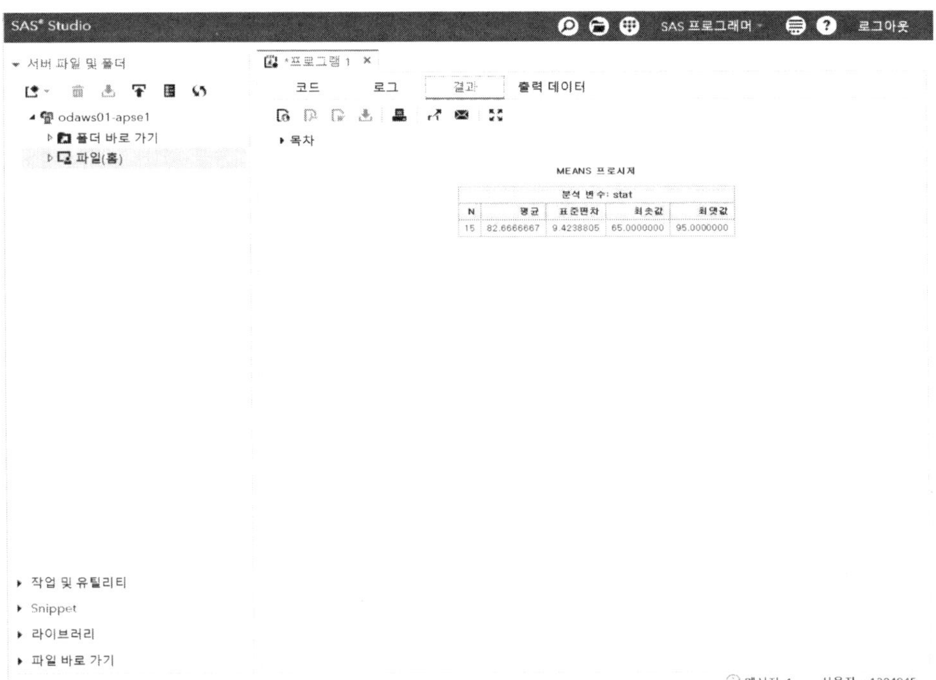

[그림 A-10] SAS 프로그램의 실행 결과

예를 들어 [그림 A-9]와 같이 분석용 SAS 데이터 test를 생성한 후에 기술통계량을 산출하는 매우 간단한 프로그램을 작성하고 실행시켜 보자. 우선, 프로그램 창에서 [그림 A-9]와 같이 프로그램 코드를 입력한 후에 실행시키면 [그림 A-10]과 같이 **결과 창**에서 결과를 얻을 수 있고, 이를 활용하여 통계분석을 수행하게 된다.

SAS 프로그램을 저장하기 위해서는 [그림 A-11]처럼 프로그램 창의 상단에 있는 프로그램 저장(또는 다른이름으로 저장) 아이콘을 클릭하여 원하는 파일이름을 지정하여 할당된 내폴더(예를 들면, /home/u1324945/sasuser.v94)에 저장할 수 있다. 할당된 내폴더는 개별 사용자 별로 유일한 주소가 할당되므로 사용자 별로 지정된 내폴더를 사용하면 된다.

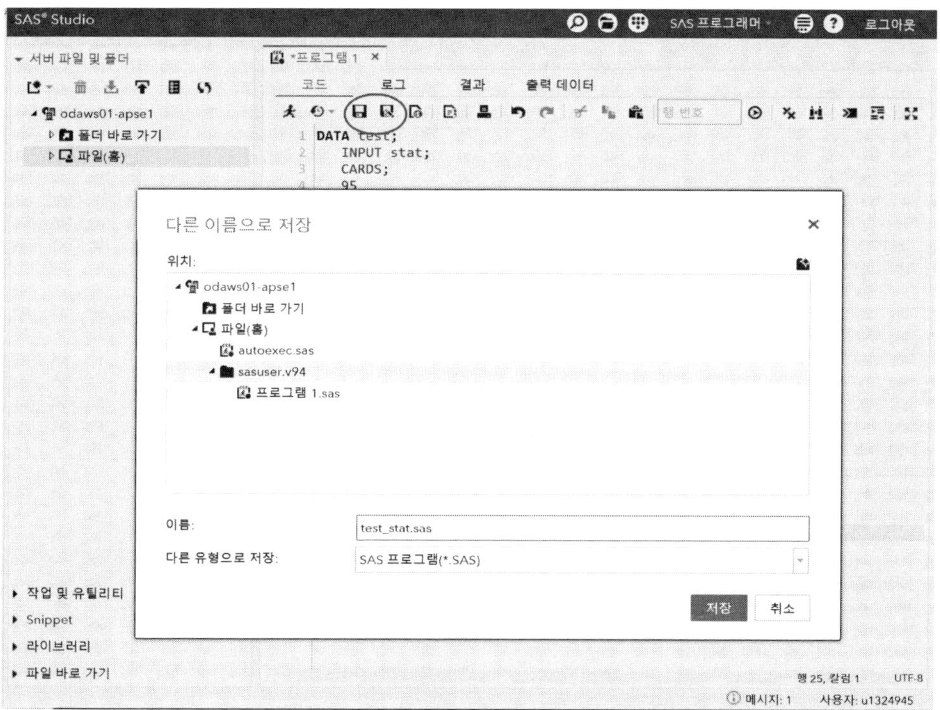

[그림 A-11] SAS 프로그램의 저장

생성된 SAS 파일 test의 내용을 확인하고 싶으면, 화면 좌측의 **라이브러리**의 내 라이브러리를 선택하면 라이브러리 WORK가 있고, 이를 선택하면 SAS 파일의 목록을 볼 수 있다. 여기서 [그림 A-12]와 같이 원하는 SAS 파일을 선택하면 화면의 우측에서 그 내용을 확인할 수 있다.

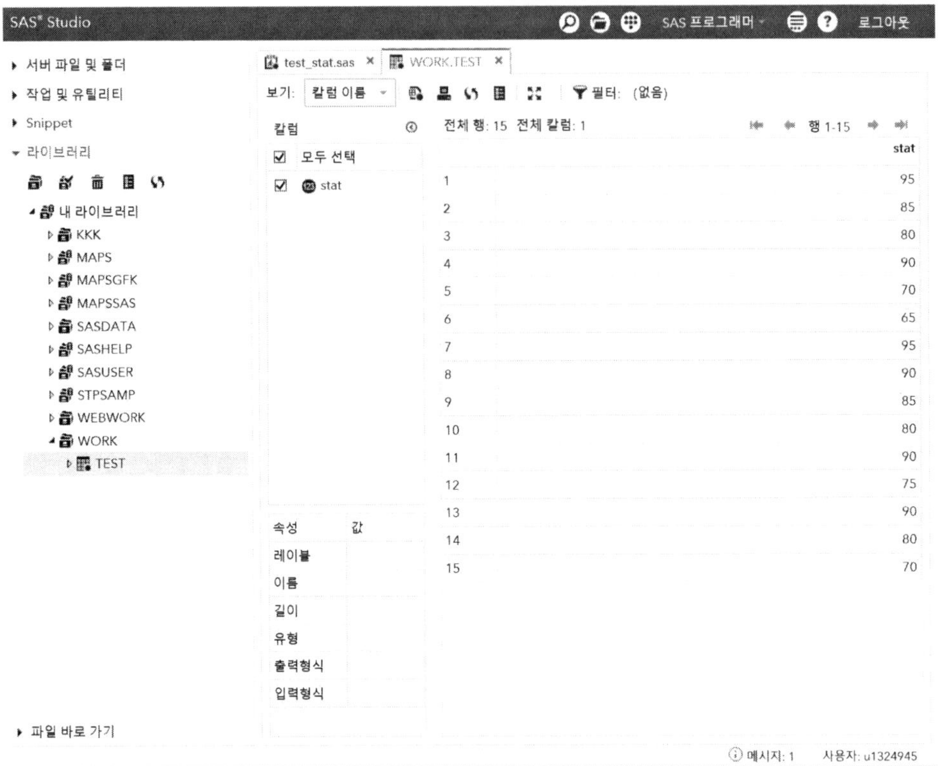

[그림 A-12] SAS 파일의 내용 보기

2.

SAS ODA 파일 다루기

2.1 SAS 파일 생성하기

2.2 엑셀 파일 가져오기

2.3 SAS 영구파일 만들기

이 장에서는 SAS ODA를 사용하여 텍스트 파일과 엑셀파일로 저장된 외부파일을 불러와서 SAS 파일로 생성하는 방법과 이를 SAS 영구파일로 저장하는 방법에 대하여 설명하는데, 이를 위해서 2장에서 소개한 자료를 사용하고자 한다.

2.1 SAS 파일 생성하기

이 절에서는 SAS ODA의 프로그램 창에서 프로그램을 통하여 SAS파일을 생성하는 두 가지 방법에 대해서 설명하고자 한다. SAS파일을 생성하는 첫 번째 방법은 외부에서 작성되어 아스키 파일(ASCII file)의 형태로 저장되어 있는 경우 이를 SAS로 불러들여 SAS 파일을 생성하는 방법이고, 두 번째 방법은 SAS의 프로그램 창에서 직접 자료를 입력하는 방법이다. 한편, SAS파일을 생성하는데 필요한 몇 가지 SAS 명령어와 기호는 2장에 소개되어 있으니 이를 참조하면 된다.

1) SAS ODA 프로그램 창에서 직접 자료를 입력하는 방법

자료를 SAS파일로 생성하기 위한 두 가지 방법 중 SAS ODA의 프로그램 창에서 직접 자료를 입력하여 SAS파일을 생성하는 방법은 2장에서 소개한 방법과 동일하다. 따라서 **프로그램 2.1**과 동일한 내용의 프로그램인 **프로그램 A.1**를 수행하여 SAS파일 exam1을 생성할 수 있다. 다만, 문자변수 값이 한글인 경우에는 1자를 3칸으로 인식하고 문자변수의 길이는 8자리가 디폴트이므로 문자변수의 값을 모두 인식하도록 지정할 필요가 있다. 생성된 SAS파일 exam1의 내용을 확인하기 위해서는 화면 좌측의 내라이브러리의 WORK 라이브러리에 나타나 있는 파일목록에서 원하는 파일을 선택하면 된다. 내 라이브러리의 WORK를 클릭하면, 프로그램 실행을 통하여 구성된 SAS파일 exam1이 생성되어 있으며, 이 파일을 클릭하면, WORK.EXAM1 파일의 내용을 확인해 볼 수 있다.

프로그램 A.1
SAS ODA의 프로그램 창에서 직접 자료를 입력하는 방법

```
DATA exam1;
  INPUT class id name $ 9. gender $
        dept $ age reg $ 9.;
 CARDS;
   1  1  김슬혀  M  통계  20  서울
   1  2  최경희  F  전산  20  광역시
   1  3  강희영  F  전산  20  서울
           ⌇          ⌇        ⌇
   1 14  한미라  F  전산  20  광역시
   1 15  임철민  M  통계  25  광역시
;
RUN;
```

2) 텍스트파일을 SAS ODA로 읽어들이는 방법

SAS파일을 생성하는 두 번째 방법은 외부에서 작성되어 아스키 파일 또는 텍스트 파일의 형태로 저장된 자료파일을 SAS ODA로 불러들이는 방법이다. 이 방법의 일반 형식은 2장에서 소개한 것과 동일하다. 다만, 할당된 내폴더를 사용해야 SAS파일을 생성할 수 있다. a2.txt와 a4.txt의 이름으로 저장되어 1반과 2반 학생들의 지능지수와 성적에 대한 자료를 SAS ODA로 불러와서 SAS 파일로 생성하기 위해서는 원자료 파일인 a2.txt와 a4.txt 파일을 SAS ODA의 할당된 내폴더(예를 들면, /home/u1324945/)에 먼저 저장(업로드)하여야 한다.

텍스트 파일과 엑셀 파일을 포함한 데이터 파일, SAS 영구파일 그리고 SAS 프로그램 파일 등을 할당된 내폴더에 저장(업로드)하기 위해서는 SAS Studio의 왼쪽부분에 위치한 작업 창의 **서버 파일 및 폴더**에서 업로드 아이콘을 클릭하여 얻게 되는 **파일업로드** 대화상자에서 **파일 업로드 위치**를 지정하고 업로드 하고자 하는 파일을 선택하면 된다. 파일 업로드를 성공적으로 수행하면 **서버 파일 및 폴더**의 **파일(홈)**에서 업로드 된 파일을 확인할 수 있다(그림 [A-13] 참조).

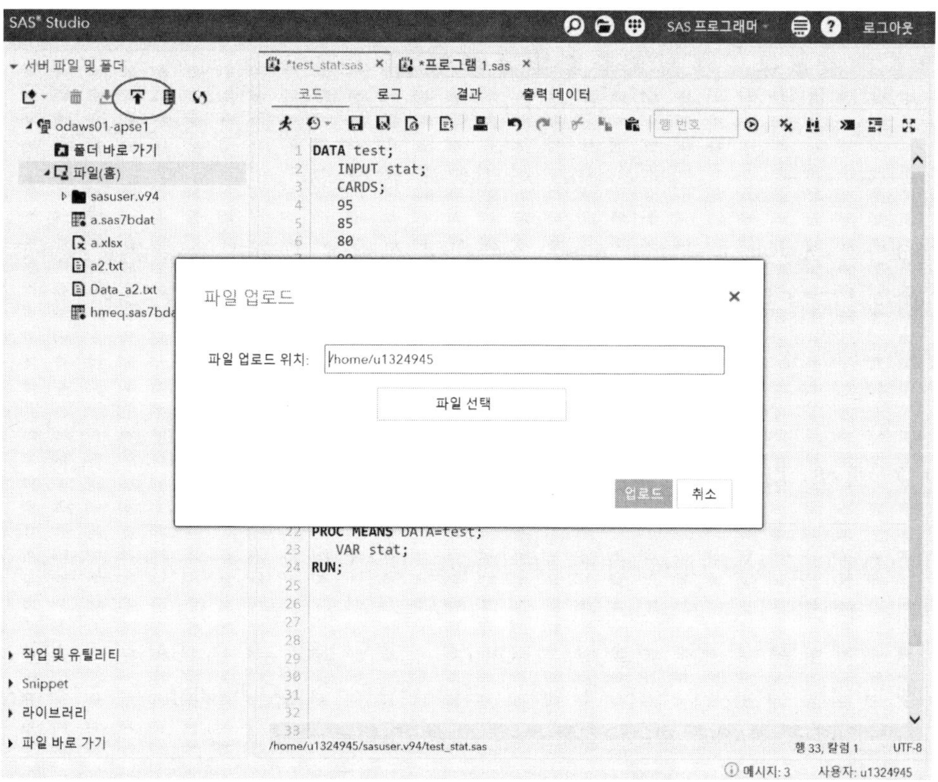

[그림 A-13] 파일 업로드 방법

그리고 SAS ODA에서는 일반적인 유료 SAS와는 다르게 **'경로'**를 다음과 같이 지정해야 한다.

'/home/u1324945/'

프로그램 A.2와 **프로그램 A.3**은 각각 자료의 입력형태가 자료와 자료 사이에 한 칸 이상의 공백(blank)이 포함되어 있는 경우와 자료들의 공백 없이 입력되어 있는 경우 이를 SAS로 불러들여서 SAS 파일 exam2와 exam4를 생성하기 위한 프로그램이다(2장 참조).

첫 번째와 같이 입력된 자료의 형태를 자유형식(free format)이라 하고, 두 번째와 같이 입력된 자료의 형태를 고정형식(fixed format)이라고 한다.

프로그램 A.2
텍스트 파일을 SAS ODA로 불러들이기 위한 방법-free format

```
DATA exam2;
 INFILE '/home/u1324945/a2.txt';
 INPUT class id name $ 9. math eng iq1
      iq2;
RUN;
```

프로그램 A.3
텍스트 파일을 SAS ODA로 불러들이기 위한 방법-fixed format

```
DATA exam4;
 INFILE '/home/u1324945/a4.txt';
 INPUT class 1 id 2-3 name $ 4-12 math 13-14
       eng 15-16 iq1 17-19 iq2 20-22;
RUN;
```

프로그램 A.2와 **프로그램 A.3**을 실행하여 생성된 SAS파일 exam2와 exam4는 앞에서 설명된 방법과 마찬가지로 내 라이브러리의 WORK에서 선택함으로써 그 내용을 확인해 볼 수 있다.

2.2 엑셀 파일 가져오기

2.1절에서는 SAS ODA에서 텍스트 파일을 명령문을 이용하여 SAS 파일로 생성하는 방법에 대하여 설명하였다. 이 절에서는 원 자료를 입력하기 위해서 흔히 사용되는 소프트웨어인 엑셀에서 데이터가 입력되었을 경우에 SAS로 가져오기 위한 방법을 설명한다. SAS ODA에서 엑셀 파일을 가져오기 위해서는 2.1절에서와 마찬가지로 SAS로 불러오고자 하는 엑셀 파일을 SAS ODA의 할당된 내폴더(예를 들면, /home/u1324945/)에 먼저 저장(업로드)하여야 한다. 외부에서 작성되어 엑셀 파일의 형태로 저장되어 있는 자료파일을 SAS로 불러들이기 위해서는

IMPORT 프로시져를 사용하는데, 그 일반 형식은 다음과 같다.

```
PROC IMPORT DATAFILE='엑셀 파일명'
  OUT=새로운 sas파일명
  DBMS=xlsx
  REPLACE;
RUN;
```

2반 학생들의 지능지수와 성적에 대한 자료가 엑셀 파일 a3.xlsx의 이름으로 저장되어 있다고 하자. 이 파일을 SAS ODA에 불러와서 SAS 파일로 생성하기 위해서는 원자료 파일인 a3.xlsx 파일을 할당된 내폴더에 저장(업로드) 하여야 한다. **프로그램 A.4**는 엑셀 파일 a3.xlsx를 SAS ODA로 불러들여서 SAS 파일 exam3을 생성하기 위한 프로그램이다.

프로그램 A.4

엑셀 파일을 SAS로 불러오기

```
PROC IMPORT DATAFILE='/home/
                        u1324945/a3.xlsx'
  OUT=exam3
  DBMS=xlsx
  REPLACE;
RUN;
```

프로그램 A.4를 실행하여 생성된 SAS파일 exam3는 **내 라이브러리**의 WORK에서 선택함으로써 그 내용을 확인해 볼 수 있다.

2.3 SAS 영구파일 만들기

1) 라이브러리 만들기

이 절에서는 SAS 자료 파일을 시스템에 영구적으로 보관할 수 있는 방법에 대해 설명하고자 한다. 영구파일로 한 번 만들어두면 다음부터는 자료를 불러오기 위한 **DATA** 단계를 실행시킬 필요가 없게 되어 대량의 자료를 SAS로 처리하고자 할 때 처리시간을 단축시킬 수 있다. 일반적으로 SAS 시스템에서 작성된 SAS 데이터 파일들은 **라이브러리**의 WORK 또는 사용자가 지정한 특정 라이브러리에 저장되게 된다. 먼저, 사용자가 특정 라이브러리를 지정하지 않은 경우에는 모두 WORK 라이브러리에 저장되고, 라이브러리의 이름 WORK는 생략이 가능하다.

두 번째는 사용자가 라이브러리의 이름과 SAS 자료 파일이 저장될 물리적인 저장위치를 지정하는 경우이다. 이때는 라이브러리의 이름을 SAS 데이터 파일의 이름과 함께 사용하여야 한다. 예를 들어, 일반적인 sample이라는 SAS 데이터 파일은 다음과 같은 형태 중의 하나로 SAS 프로그램에서 사용될 것이다. 단, WORK 라이브러리의 이름은 생략할 수 있으므로 ①과 ②는 동일한 표현이고, 일반적으로 ①과 같이 사용한다.

① sample

② work.sample

③ *libname*.sample (예를 들어, stat.sample, kmj.sample, han.sample 등)

한편, WORK 라이브러리는 임시 기억장소이기 때문에 이 라이브러리에 저장된 SAS 파일은 SAS 프로그램이 종료되면 자동적으로 삭제된다. 그러나 사용자가 지정한 특정 라이브러리에 SAS 자료 파일을 저장하면 영구파일로 작성되어 SAS 프로그램을 종료하더라도 지정된 경로의 위치에 이 파일이 그대로 존재하게 된다. 따라서 영구파일로 SAS 데이터 파일를 저장하기 위해서는 먼저 라이브러리를 생성하여야 하는데, 라이브러리를 만들기 위한 SAS 프로그램의 일반 형식은 다음과 같다.

LIBNAME 라이브러리 이름 '경로';

위의 일반형식에서 명령어의 의미는 다음과 같다.

LIBNAME

영구파일로 저장할 때 영구파일이 저장될 위치를 지정하기 위한 명령어로 라이브러리 이름과 영구파일이 저장될 위치, 즉 저장될 폴더 경로를 지정한다.

단, SAS ODA에서는 일반적인 유료 SAS와는 다르게 **'경로'**를 다음과 같이 지정한다.

'/home/u1324945/'

프로그램 A.5	
라이브러리 생성	`LIBNAME stat '/home/u1324945/';`

프로그램 A.5를 실행시키면 **로그 창**에 라이브러리 stat이 생성되었다는 메시지가 나타나는데, 이는 지금부터 라이브러리 stat을 사용할 있다는 의미이다. SAS Studio의 왼쪽부분에 위치한 **파일관리 및 작업 창**의 **라이브러리**를 클릭하면 다음과 같이 STAT이라고 하는 영구파일을 저장하기 위한 라이브러리가 **내 라이브러리**에 생성되었음을 알 수 있다([그림 A-14] 참조).

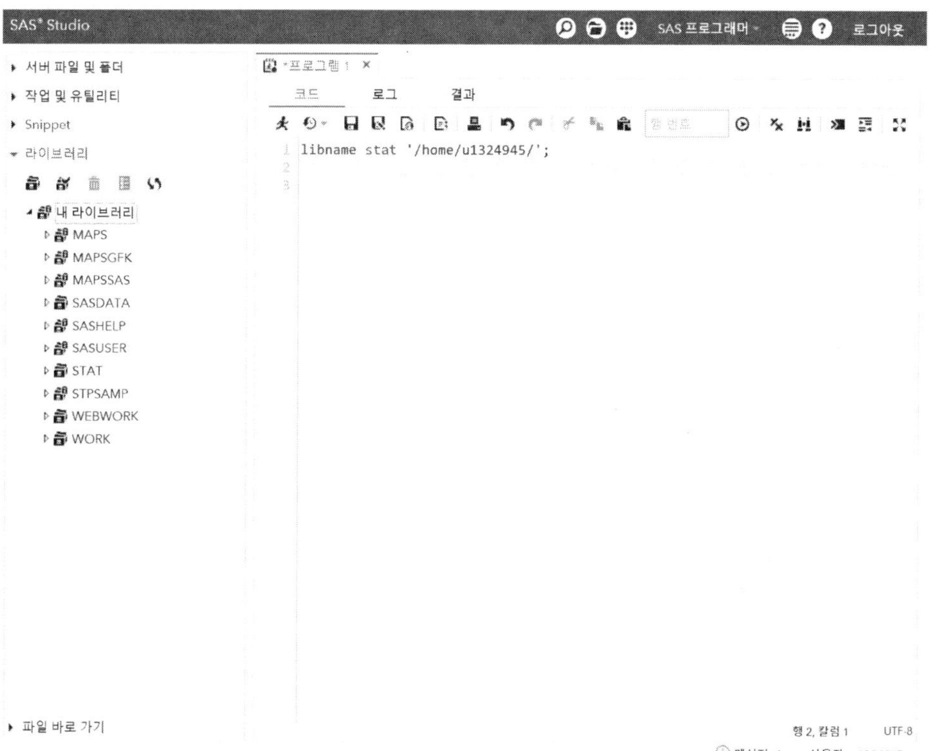

[그림 A-14] 라이브러리 생성

이제, 생성된 라이브러리 STAT을 사용해서 SAS 데이터 파일을 생성하면 할당된 내폴더에 그 파일이 영구적으로 저장되게 된다. 이와 같이 저장된 파일은 SAS를 종료해도 삭제되지 않기 때문에 다음 작업시에도 이 파일을 계속해서 사용할 수 있다.

2) SAS 영구파일의 생성과 사용

영구파일로 SAS 데이터를 저장하거나 이미 생성된 SAS 영구파일을 불러와서 분석에 사용하기 위해서는 먼저 라이브러리를 생성하여야 하는데, 라이브러리를 생성하는 방법은 앞에서 자세히 설명하였으니 이를 참조하면 된다.

먼저, SAS 데이터 파일을 영구파일로 저장하는 방법에 대해서 살펴보자. 일반적으로 SAS 데이터 단계에서 SAS 데이터 파일을 생성하기 위해서 지정되는 DATA 문의 SAS 파일이름 지정을 **라이브러리이름.SAS파일이름**(예를 들면, stat.exam1, stat.exam2, kmj.exam3, han.exam4 등)으로 지정한 후에 데이터 파일을 생성하면 된다. 물론 프로시저 단계에서 OUTPUT 문을 통해서 생성되는 SAS 데이터 파일도 동일하게 사용하여 영구파일로 생성할 수도 있다.

이제, 두 번째 자료파일 a4.txt를 SAS파일 Exam4로 생성하고, 이를 영구파일로 저장하는 방법을 살펴보자. **프로그램 A.6**는 저장 위치로 할당된 내폴더가 지정된 라이브러리 STAT을 생성하고, SAS 파일 Exam4를 지정된 위치에 영구파일로 저장하기 위한 것이다.

프로그램 A.6

영구파일 작성 방법

```
LIBNAME stat '/home/u1324945/' ;
DATA stat.Exam4;
  INFILE '/home/u1324945/a4.txt';
  INPUT class 1 id 2-3 name $ 4-12 math 13-14
        eng 15-16 iq1 17-19 iq2 20-22;
RUN;
```

이미 **프로그램 A.3**을 실행시켰다면 다음의 **프로그램 A.7**과 같이 **SET** 문을 사용해서 영구파일을 생성할 수도 있다. 일반적으로 분석용 최종 SAS 데이터 파일은 여러 번의 데이터 및 프로시저 단계을 거쳐 완성되기 때문에 이 방법이 많이 사용된다. **SET** 문에 대해서는 3장에서 자세하게 다루었으므로 이를 참조하기 바란다.

프로그램 A.7

영구파일 작성 방법

```
LIBNAME stat '/home/u1324945/' ;

DATA stat.exam4;
    SET exam4;
RUN;
```

이 프로그램을 실행시키면 **로그 창**에 라이브러리 STAT이 생성되었다는 메시지가 나타나며, STAT.EXAM4 데이터 파일이 생성되었다는 것도 보여준다. 이를 확인하기 위해서 **내 라이브러리**를 클릭하면 [그림 A-15]와 같이 STAT이라는 영구파일을 저장하기 위한 라이브러리가 생성되어 있고, 이 라이브러리를 클릭하면 Exam4 파일이 생성되어 있음을 알 수 있다. 더불어 이 파일을 활성화하여 파일 내용을 살펴볼 수도 있다.

영구파일의 속성을 알아보기 위해 SAS 프로그램을 종료하고 다시 접속한 후에 **작업 및 유틸리티**를 클릭해서 할당된 내폴더를 확인해 보면, "Exam4(.sas7bdat)"라는 SAS 데이터 파일이 저장되어 있음을 알 수 있다.

[그림 A-15] SAS 영구 파일의 생성

이제, 저장되어 있는 SAS 영구파일을 사용하는 방법에 대해서 설명하고자 한다. 먼저, SAS를 종료 후 다시 실행시킨 다음 할당된 내폴더에 저장되어 있는 SAS 영구파일 Exam4(.sas7bdat) 파일을 SAS 프로그램에서 사용하기 위해서는 단지 사용 전에 Exam4(.sas7bdat)가 저장되어 있는 경로가 지정된 라이브러리를 생성만 하면 된다. 예를 들어 다음과 같이 지정된 프로그램을 한번만 실행시키면 된다.

```
LIBNAME stat '/home/u1324945/' ;
```

물론, Exam4(.sas7bdat) 파일이 생성될 때 사용되었던 라이브러리 이름인 STAT을 동일하게 사용해도 되고, 전혀 새로운 이름의 라이브러리 이름을 지정하여도 문제가 없다.

이제, **내 라이브러리**를 클릭하면 라이브러리 STAT이 생성되어 있고, 이 라이브러리를 클릭하면 EXAM4 파일이 있음을 알 수 있다. 이제부터 이 SAS 데이터 파일을 사용하여 추가적인 분석을 수행할 수 있다.

찾아보기 subject index

ㄱ

ㄴ

ㄷ

ㄹ

ㅁ

ㅂ

ㅅ

ㅇ

ㅈ

ㅊ

ㅋ

ㅌ

ㅍ

ㅎ

A

B

C

D

E

F

O

P

Q

R

S

T

U

V

W

찾아보기 SAS index

A

B

C

D

E

F

O

P

Q

R

S

T

V

W

저자 소개

정기문
경성대학교 빅데이터응용통계학과 교수

한성실
부경대학교 데이터정보과학부 통계 · 데이터사이언스 전공 강사

SAS를 활용한
통계자료분석 실습 제4판
SAS OnDemand for Academics 활용법 수록

저　　자　정기문 · 한성실
발 행 인　김지영
발 행 처　자유아카데미
주　　소　경기도 파주시 회동길 37-42
　　　　　파주출판도시
전　　화　031-955-1321
팩　　스　031-955-1322
홈페이지　www.freeaca.com
전자우편　main@freeaca.com (대표)
　　　　　editor@freeaca.com (편집)
　　　　　crm@freeaca.com (영업)
등　　록　제406-2003-017호, 1980. 7. 12
제4판1쇄　2022년 2월 28일 발행
제4판4쇄　2026년 1월 20일 발행

저자와의
협의하에
인지생략

무단 복제를 금하며, 잘못된 책은 바꾸어 드립니다.
ISBN 979-11-5808-352-6 93310